LA VIDA DEL CRISTIANO CENTRADA EN CRISTO

THIS BOOK BELONGS TO
EVA SALGADO

D0920694

Alfonso Ropero Berzosa

LA VIDA DEL CRISTIANO CENTRADA EN CRISTO

Editorial CLIE
www.clie.es

EDITORIAL CLIE
C/ Ferrocarril, 8
08232 VILADECAVALLS
(Barcelona) ESPAÑA
E-mail: libros@clie.es
http://www.clie.es

© 2016 Alfonso Ropero Berzosa

Cualquier forma de reproducción, distribución, comunicación pública o transformación de esta obra solo puede ser realizada con la autorización de sus titulares, salvo excepción prevista por la ley. Diríjase a CEDRO (Centro Español de Derechos Reprográficos) si necesita fotocopiar o escanear algún fragmento de esta obra (www.conlicencia.com; 917 021 970 / 932 720 447).

© 2016 por editorial CLIE

LA VIDA DEL CRISTIANO CENTRADA EN CRISTO
ISBN: 978-84-944626-2-7
Depósito Legal: B. 15703-2016
Vida cristiana
Crecimiento espiritual
Referencia: 224973

Impreso en USA / *Printed in USA*

Datos biográficos

ALFONSO ROPERO BERZOSA, Th. M., Ph. D. (St Anselm of Canterbury University & St Alcuin House), escritor e historiador español, y director editorial de CLIE; ha dedicado casi tres décadas a la enseñanza de la historia del cristianismo y a la historia de la filosofía. Sus investigaciones se han plasmado en un buen número de libros, ensayos y conferencias. Ha editado las principales obras de los Padres de la Iglesia (*Grandes Autores de la Fe*, 13 vols.) y los comentarios y sermones de Lutero al Nuevo Testamento (*Comentarios de Lutero*, 8 vols.), *Introducción a la Filosofía, Filosofía y Cristianismo, Historia de los Mártires* y en la actualidad el *Gran Diccionario Enciclopédico de la Biblia*, premiado como el mejor libro en español por SEPA el 2013.

Siglas de las versiones bíblicas utilizadas

BJ   *Biblia de Jerusalén*. Desclee de Brouwer

BLA   *Biblia La Palabra*. Sociedad Bíblica Española

BSA   *Biblia versión de Serafín Asuejo*. Editorial Herder

DHH   *Dios habla hoy*. Sociedad Bíblica Española

LBLA   *La Biblia de las Américas*

NVI   *Nueva Versión Internacional*

NTV   *Nueva Traducción Viviente*

RV60   *Reina-Valera, revisión de 1960*. Sociedades Bíblicas Unidas

RV77   *Reina-Valera, revisión de 1977*. Editorial CLIE

ÍNDICE GENERAL

INTRODUCCIÓN

Fue en Drimoleague, en el bello condado de Cork (Irlanda del Sur), donde conocí la obra de John Macbeath, *La vida de un cristiano*[1], de mano de la señora Pearl Kingston, que en su avanzada edad había logrado pulir hasta el límite la perla del Evangelio que el Señor había colocado en su corazón; ejemplo maravilloso y digno de la gracia; trofeo de un amor que desde la cruz del Calvario llega a toda la humanidad.

Húmedo entre las húmedas pero cálidas paredes de una granja en el campo, fanal del Evangelio en medio de la comunidad ganadera, y saboreando un trozo de panal miel, con un persistente sabor a cera natural, acepté como una joya el regalo la vieja obra de John Macbeath, *La vida del cristiano*, serie de cuatro conferencias pronunciadas por el autor en diversas ocasiones. Sin pretensiones teológicas ni especulativas, *La vida del cristiano* se me ofreció en sus páginas con toda la fuerza de la convicción y de la claridad que aporta una larga e ininterrumpida comunión con el Libro de los libros y el Autor del mismo. Desde un principio pensé que algo así teníamos que tener en nuestra lengua, para nuestro pueblo, maduro y siempre por madurar. Una exposición directa y clara de la vida del cristiano, su comienzo, su carácter y su desarrollo. No es que no haya nada en castellano sobre el tema, ¡todo lo contrario! Pero sin desmerecer lo ya existente el escrito de John Macbeath desprende una unción especial. Capta el interés desde la primera página a la última, no importa el grado de conocimiento y madurez que uno tenga. En un sentido se trata de un clásico. Es decir, transciende la idiosincrasia del lugar y las diferencias de cultura porque se dirige al espíritu universal de todos los seres humanos, en el cual todos y cada uno de los lectores pueden encontrase reflejados. John Macbeath no nos dice a él mismo, sino que nos dice a nosotros en cuanto cristianos. Escribe lo que nosotros escribiríamos si encontráramos oportunidad y talento.

---

1. John Macbeath, *The Life of a Christian*, Marshall, Morgan & Scott Ltd, Londres s/f. El autor fue un predicador escocés, pastor de diversas iglesias bautistas en Escocia e Inglaterra. Fue Presidente de la Unión Bautista de Escocia en 1934-1935. Impartió clases de Religión Comparada, Homilética y Teología Pastoral en el *Scottish Baptist College*. Falleció en 1967, a la edad de 87 años. Su sepelio tuvo lugar en la Iglesia bautista de Haven Green de Ealing, en Londres, donde era pastor emérito.

La agilidad de la obra se debe a su origen y naturaleza: conferencias pronunciadas ante una gran audiencia. Esa misma agilidad y frescura ganarían en consistencia y solidez temática si fueran debidamente complementadas, como corresponde a un libro, cuyas características de confección y uso son bien distintas. Así lo pensé desde un principio y así lo llevé a cabo. Desgraciadamente hay demasiadas charlas impresas, que adolecen de una parcialidad nada beneficiosa para la edificación integral del lector. Creo que Macbeath comprendería mi intención, al fin y al cabo no reclamaba inspiración inerrante para su escrito. Ni permanencia inalterable. Tampoco le hemos pedido su parecer. Hace tiempo que forma parte de esa hueste de seres célicos que contemplan la Majestad en las alturas. Lo mejor era permitirnos algunas libertades partiendo de su escrito como sólido armazón sobre el que construir un edificio más acabado, más completo, con más capacidad, donde muchos puedan entrar y salir llevándose algún buen recuerdo que otro. En todo hemos seguido la máxima de Pablo. «Yo, respondiendo al don que Dios me ha concedido, he puesto los cimientos como buen arquitecto; otro es el que levanta el edificio. Mire, sin embargo, cada uno cómo lo hace» (1 Corintios 3:10).

Había demasiadas intuiciones no desarrolladas que no podíamos dejar pasar por alto sin ahondarlas bíblica y espiritualmente. Así la obra fue creciendo más allá de sus dimensiones originales, de tal modo y en tal cantidad que es imposible decir qué queda del original excepto su osamenta. Las ventanas han sido ampliadas con nuevas ilustraciones sacadas de la literatura cristiana y la bóveda se ha elevado con la aportación de material sacado de otras canteras de la teología y de la espiritualidad evangélica. Al final, como dice Pablo en el pasaje anteriormente citado, «el único cimiento válido es Jesucristo, y nadie puede poner otro distinto», y eso es lo único que más nos ha preocupado y siempre y en todo momento tenido en cuenta.

En la actualidad no abundan los libros sobre vida cristiana, parece que son más interesantes, o más urgentes, los que tienen que ver con motivación y autoayuda. Incluso los que hay, parecen ignorar o pasar por alto la esencia de la vida cristiana, la perla de gran precio, lo que san Pablo define como «Cristo en vosotros la esperanza de gloria» (Colosenses 1:27). Esta es la *Gran Omisión* denunciada certeramente por Dallas Willard, aquella que consiste en una profesión de fe para alcanzar el pasaporte al cielo, sin nunca llegar al compromiso del seguimiento de Cristo. Esto explica la frustración y la decepción existente en muchos cristianos que no logran ver el efecto de la gracia en el carácter del cristiano, antes bien se observa una gran disparidad entre lo que se profesa y lo que se practica. La Gran Comisión de predicar el Evangelio a todo el mundo se convierte en parodia cuando se olvida el discipulado y el crecimiento de la vida en Cristo. «La gran omisión de la Gan Comisión no es obediencia a Cristo, sino discipulado y aprendizaje de Él»[2].

Muchos pastores y autores se han centrado unilateralmente en los deberes del cristiano, lo que él tiene que hacer por Dios: orar, alabar, estudiar la Biblia, ofrendar, dar testimonio, evangelizar..., dejando en un segundo plano el camino más excelente de lo que Dios ha hecho por él en su Hijo, que va mucho más allá del perdón de los pecados y la promesa de vida eterna.

Lo que Dios ha hecho *por* y *en* el cristiano es ni más ni menos que algo totalmente inaudito, anunciado desde hacía siglos por los profetas de antaño: una «nueva creación» (2 Corintios 5:17). Nueva creación que genera una nueva criatura: *el nuevo ser en Cristo*. Esta es la radical novedad y profundidad de la nueva creación: el hecho de pasar a formar parte vital del mismo ser de Cristo. «El hecho de estar en Cristo y con Cristo es una situación tan radicalmente nueva que es comparable al acto de la creación»[3]. De esto realmente se trata, del milagro creativo del Dios que renueva todas las cosas, que justifica al impío y da vida al pecador. El mismo Dios «que ordenó que la luz resplandeciera en las tinieblas», es el que «hizo brillar su luz en nuestro corazón para que conociéramos la gloria de Dios que resplandece en el rostro de Cristo» (2 Corintios 4:6, *NVI*).

El Cristo vivo que por el poder de su Resurrección vive en cada cristiano, operando una gloriosa obra mediante el poder de su Espíritu, que no es otra cosa que ir configurando a sí mismo a todos aquellos y aquellas que viven en la fe de su palabra, se expresa en una actitud de apertura personal al gran don de Dios. La gran transformación que define el *ethos* cristiano, la acción que opera desde dentro a fuera, desde el interior al exterior. Es un hecho comprobado que de la calidad de la vida interior depende la actividad exterior. «Tenemos un excelente punto de partida –escribía Francis Schaeffer– con tal de que retengamos esto: lo fundamental es lo interior, lo exterior es simplemente el resultado»[4].

Lo grandioso del cristiano no tiene nada que ver con una religión o una iglesia, unas costumbres o unas creencias, sino con la admirable persona de Jesucristo, la cual está al principio, al final y en el medio de la vida cristiana. «El cristiano no es meramente alguien que observa las reglas que le impone la Iglesia. Es un discípulo de Cristo. El mismo Jesús viviendo en nosotros por su Espíritu es nuestra regla de vida. La obediencia a esta ley nos conforma a Él como persona. Nos llena de la vida y la libertad que

---

2. D. Willard, *La gran omisión*, p. xiv, Vida, Miami 2015.

3. Federico Pastor-Ramos, *Para mí, vivir es Cristo. Teología de San Pablo*, Verbo Divino, Estella 2010, p. 418.

4. Francis A. Schaeffer, *La verdadera espiritualidad*, Logoi, Miami 1974, p. 27.

Él nos enseñó a buscar»[5]. Es una identificación personal tan íntima con el Señor Jesús que parece increíble que sea posible.

Muchas iglesias, de corte calvinista, tienden a enfatizar tanto el pecado, la «depravación total», que llevan a multiplicar las imágenes negativas del hombre, incluso regenerado, como desecho de maldad, gusano infecto, pecador miserable indigno de la vida eterna, criatura depravada, etc., que como bien dice el teólogo reformado Anthony A. Hoekema, dejan en un segundo plano el mensaje esperanzador de la renovación en Cristo. «Hemos escrito nuestra pecaminosidad persistente en mayúscula, y nuestro nuevo nacimiento en Cristo en minúsculas. Creemos en nuestra depravación tan firmemente que creemos que hemos de practicarla, mientras que apenas nos atrevemos a creer en nuestra novedad de vida»[6]. Precisamente la labor pastoral más apremiante en nuestros días es enseñar y concienciar a los creyentes de la nueva vida que Dios les otorga en Cristo.

Una de las conquistas más emocionantes y esperanzadora de nuestros siglo es la comprensión íntima y profunda de la vida de Cristo en el creyente: «Ya no vivo yo, más vive Cristo en mí» (Gálatas 2:20). La fe cristiana no es otra cosa que la transformación de nuestra vieja naturaleza, el nacimiento en nosotros de un nuevo ser, al que podemos calificar de «cristiforme», en cuanto llamado a configurarse a imagen de Cristo. El cristiano es aquel cuya vida ha experimentado un cambio tal que puede decir con propiedad que es una nueva persona, un hombre nuevo en Cristo Jesús. Un proyecto divino de vida que no anula la persona humana, sino al contrario, la realiza por completo y la lleva hasta el límite de su capacidad espiritual y moral. «La vida en Cristo nos hace reales», decía el Dr. Nels F.S. Ferré, porque «Cristo es esa clase de vida real, de vida de amor genuino. Amor que nos hace genuinos, auténticos»[7].

Según el genial escritor británico Chesterton, «el hombre más importante de la tierra es el hombre perfecto», el cual, desgraciadamente, no existe[8]. Sin embargo, Jesucristo conminó a sus discípulos a ser «perfectos» como el Padre celestial es perfecto (Mateo 5:48). Por su parte, el apóstol Pablo dice que su misión consiste en proclamar, amonestar y enseñar a todos los hombres con toda sabiduría, «a fin de poder presentar a todo hombre perfecto en Cristo» (Colosenses 1:28). ¡Qué duda cabe que el cristianismo está por sacar lo mejor del hombre y no por conformarse con esa triste edición de cristianos sedicentes! La meta, el fin, el propósito de la vida cristiana no es nada menos que llegar «a la condición de un hombre

5. Thomas Merton, *El hombre nuevo*, Plaza & Janés, Barcelona 1974, p. 116-117.

6. Anthony A. Hoekema, *El cristiano visto por sí mismo*, CLIE, Barcelona 1980, p. 14.

7. Nels F. S. Ferré, *God´s New Age*, Harper & Bros., New York 41962, p. 75.

8. G. K. Chesterton, *Lo que está mal en el mundo*, en *Obras Completas* I, p. 686.

maduro, a la medida de la estatura de la plenitud de Cristo» (Efesios 4:13), para eso «nos ha reconciliado en su cuerpo de carne, mediante su muerte, a fin de presentarnos santos, sin mancha e irreprensibles delante de Él» (Colosenses 1:22). Ciertamente no es una tarea fácil llegar a la condición de ser perfecto, pero la dificultad de la empresa no excusa que no sea acometida con vigor, pues nada ordena el Señor que no provea con su gracia la capacidad para llevar a cabo lo que manda[9]. Por eso hay que seguir «adelante», a fin de poder alcanzar aquello para lo cual también fuimos alcanzados por Cristo Jesús (Filipenses 3:12). Desde el momento de nuestra conversión «Cristo nos alcanzó», tomó posesión de nosotros, para que nosotros podamos también tomar posesión de Él y vivir de su vida en el poder de su Resurrección. Cristo se ha unido a nosotros y a nosotros nos ha unido a Él, «así, el descenso de Dios a lo humano ha provocado el ascenso del hombre a lo divino» (León Magno).

Lo más crucial e importante de la historia ocurre cuando la persona se encuentra con Dios en Cristo y descubre el poder transformante de su gracia, hasta el punto de llegar a ser un hombre nuevo, a imagen y semejanza del primer Hombre Nuevo, a saber, Jesucristo. No hay nada más grande a lo que podamos aspirar, ni una pasión tan infinita que llene nuestra vida de sentido, paz y alegría.

De todo esto trata este libro, comenzando desde la conversión, su naturaleza y significado y pasando por el nuevo nacimiento, hasta llegar a la configuración de todo cristiano en Cristo, con las infinitas posibilidades morales y espirituales que esto supone.

El cristianismo del futuro dependerá totalmente de que aprenda bien esta lección. Desde la eternidad y hasta la eternidad Dios nos ha amado, conocido y predestinado para algo tan inaudito y grandioso como que fuésemos hechos «conformes a la imagen de su Hijo» (Romanos 8:29). Nada más y nada menos. He aquí el misterio de la buena y alegre noticia del Evangelio.

Que Cristo se manifieste en toda su grandeza y hermosura en *la vida del cristiano*. Personas edificadas y transformadas en la práctica de su fe en Cristo habrán más que justificado este trabajo, cuya gloria es la gloria del Dios que se nos da a sí mismo en Cristo para llevarnos a la gloria eterna mediante la gloria presente de un corazón renovado por el Espíritu, bendición para la iglesia y el mundo.

---

9. «Da lo que mandas y manda lo que quieras», San Agustín, *Confesiones* 10, 29, 40.

En el origen, Cristo

«El cristianismo no es nada menos,
ni puede ser nada más,
que una relación con Cristo».

W. H. Griffith Thomas[1]

No hay definición más completa y exacta del cristianismo que aquella que dice que *el cristianismo es Cristo*. En su concisión lo dice todo. Dice que en Cristo se resume y compendia todo el significado y alcance de la fe cristiana. Dice que quien habla de Cristo habla de Jesús de Nazaret, y a la vez, del Logos, de la Palabra, del Hijo eterno del Dios eterno. Habla del amor de Dios y del dolor de Dios. Del amor que acoge al pecador arrepentido y del dolor que entrega en sacrificio al Hijo por amor. Pensar en Jesús es pensar en el Sermón del Monte, las parábolas del reino, pero también, y sobre todo, es pensar en su cruz, en su muerte vicaria. En el poder de su resurrección y el don del Espíritu. En la comunión de corazón con la Trinidad.

El movimiento que comenzó en Palestina en torno a la persona de Jesús el galileo, no fue sino el cumplimiento de la esperanza mesiánica aguardada por los judíos en primer lugar, pero también por los gentiles.

Se pueden fechar las épocas, datar los acontecimientos sociales, poner un año más o menos acertado al nacimiento de Jesucristo, pero entendiendo esto, que el misterio de Cristo supera su manifestación terrenal, su *encarnación*, que al ser encarnación de Dios nos remite más allá del tiempo y de la historia, a la plenitud que informa nuestra razón de ser y da sentido a nuestra esperanza.

1. Jesucristo, comienzo y fin

Queda dicho, Evangelio y Jesucristo son la misma cosa. El que trae la Buena Noticia, es la Buena Noticia. Por eso, decir cristianismo es decir Cristo. En términos teológicos se puede decir que con Jesús la historia ha

---

1. W. H. Griffith Thomas, *Christianity is Christ*, Longmans, Green, London 21909, p. 8.

alcanzado «la plenitud de los tiempos» (Gálatas 4:4). La historia del mundo y la historia de cada individuo.

La puerta de entrada al cristianismo no es una doctrina, ni esotérica ni revelada, es una Persona. «Yo soy la puerta; el que por mí entrare, será salvo; y entrará y saldrá, y hallará pastos» (Juan 10:9). «Cristo no ha venido a 'enseñar una doctrina', como Sócrates; ni como Sócrates iba buscando por calles y plazas oyentes con quienes disputar. Es evidente que el cristianismo es también una doctrina, pero por encima de la doctrina está la Persona; más aún, su doctrina más verdadera es su misma Persona. Ni Cristo ni Sócrates escribieron nada; pero Sócrates ha sido para nosotros su doctrina, transmitida por sus discípulos, mientras que la doctrina que nos transmite el Evangelio nos transmite, en realidad, la Persona de Jesús»[2]. Una Persona que realiza en sí misma el ideal del Reino de Dios, y no sólo que lo realiza, sino que lo encarna. Jesucristo es Dios hecho carne. Verle a Él es ver a Dios, cumplir su voluntad es cumplir la voluntad de Dios, recibirle a Él es recibir a Dios. Desde los días de su carne muchos entraron en la experiencia de Jesús como experiencia de Dios, es decir, de salvación y vida eterna. Esta experiencia de Cristo pasó de Jerusalén al resto de las ciudades conocidas entonces. Era algo nuevo, pero a la vez algo viejo, antiguo. Jesucristo es el eslabón final de una larga cadena de tratos de Dios con el mundo: «Dios, habiendo hablado muchas veces y de muchas maneras en otro tiempo a los padres por los profetas, en estos postreros días nos ha hablado por el Hijo» (Hebreos 1:1). Jesucristo es el Alfa y la Omega, el primero porque es el último, y el último porque es el primero (Apocalipsis 1:11). Es el Heredero. Situado en el centro de la historia contempla el pasado como algo que culmina en él, y mira al futuro con una continua presencia de sus riquezas. «De su plenitud tomamos todos» (Juan 1:1).

A pesar de estar en línea de continuidad con los patriarcas y profetas del pueblo hebreo, como Moisés, Isaías, Malaquías, el método de enseñanza de Jesucristo difiere radicalmente de ellos, dando a entender que con Jesús no nos enfrentamos a una nueva doctrina, sino a una nueva manera de ser. Que el maestro es el contenido de la lección. Motivo de escándalo para algunos, que gustan diluir la persona de Cristo en su enseñanza de amor universal. Todos los grandes maestros religiosos han sido conscientes de estar enseñando un aspecto de la verdad universal, ante cuyos principios eternos ellos no representan más que un momento de toma de conciencia, de iluminación. Jesucristo no fue un iluminado, en ningún sentido de la palabra. Para él, se acepte o se rechace, todos los principios de la verdad convergían en su persona. No tiene nada de extraño que sus contemporáneos le acusaran de estar poseído por un demonio. «Muchos de ellos

---

2. Armando Carlini, *El dogma cristiano*, Escelicer, Madrid 1960, pp. 77-78.

decían: Demonio tiene, y está fuera de sí; ¿por qué le oís?» (Juan 10:20, cf. 7:20; 8:48). Jesús, deliberadamente, se atrevió a lo indecible. Otros, como Juan el Bautista, se sabían mensajeros, una voz que clama; Cristo era el mensajero y el mensaje. No había visto la luz, él mismo era la luz del mundo. La vida eterna, la visión de Dios, el perdón de los pecados, todo pasaba por él. Ni Buda ni Confucio, ni Pitágoras ni Mahoma hablaron así. Nadie como Jesús se atrevió a identificarse con Dios en el sentido pleno y real que él lo hizo. De modo que el Evangelio nos obliga a pensar en la persona de Jesucristo. No simplemente en una buena noticia de hermandad entre los hombres, ni el amor al enemigo, el Evangelio es eso y es mucho más. Tiene que ver con la pregunta que Jesús hizo a sus discípulos: «¿Quién dicen los hombres que es el Hijo del Hombre?» (Mateo 16:13). Conocer el cristianismo es, en última instancia, conocer a Jesucristo. Los filósofos racionalistas de siglos anteriores quisieron conocer la esencia del cristianismo dejando arrinconada la figura de Jesús en toda su extensión humana y divina. Vano intento, cuyo resultado final fue la confusión. No se puede reconstruir el cristianismo fuera de la persona de su fundador. La única versión que nos describe cabalmente la esencia el cristianismo es aquella que responda con sinceridad a la pregunta anteriormente mencionada. Esta es la cuestión. Es como si Jesucristo mismo dijera: Si quieres descubrir el cristianismo, ven a mí. ¿Qué soy para ti? ¿Cuál es tu actitud hacia mí? ¿Qué significo para tu vida?

El cristianismo no comenzó en los atrios de un templo, ni en una academia de filosofía; tampoco fue resultado de discusiones teológicas, ni siquiera sociales, como si el cristianismo hubiera sido un movimiento revolucionario más de los desheredados y oprimidos de la tierra. «Surgió en hombres y mujeres que se toparon, cara a cara, con un fenómeno peculiar: el hecho de la persona de Cristo. Ahí, sin lugar a dudas, se encuentra el dato original del cristianismo. Cualquier cosa que se diga sobre el edificio, ahí está el fundamento auténtico»[3]. Cristo es la roca en la que se funda la Iglesia, la base fundamental colocada de una vez para siempre. Dicho de otro modo, en la extensa cadena de personas utilizadas por Dios para revelarse a la humanidad, Cristo es, fue y será el eslabón final, el remate de la cadena, aquel que comprende a todos y les da sentido. «Dios habló en otro tiempo a nuestros antepasados por medio de los profetas, y lo hizo en distintas ocasiones y de múltiples maneras. Ahora, llegada la etapa final, nos ha hablado por medio del Hijo a quien constituyó heredero de todas las cosas y por quien creó también el universo» (Hebreos 1:1-2 BLP).

---

3. P. Carnegie Simpson, *The Fact of Christ*, Hodder & Stoughton, London 201935, p. 23.

¿Por qué eslabón *final*? ¿No pueden darse otras revelaciones de Dios por medio de profetas semejantes a Mahoma, o Bajá'U'Lláh, o Gurdiaeff, o algún otro maestro espiritual por el estilo?

Cristo es el final, dijimos, porque es el principio, la razón de ser del Universo. Cristo es a la vez el Dios hecho hombre, el hombre asumido por Dios. Dios y hombre en una sola persona divina: Cristo. Como tal, Cristo no revela nuevas cosas sobre la vida y la muerte, el cielo o el infierno, Cristo nos revela plenamente a nosotros mismos en relación a Dios. Al encarnarse Dios nos muestra que lo definitivo sobre el ser humano ha sido dicho. Nada se puede añadir, nada se puede quitar. Dios ama al hombre y lo quiere para sí hasta el punto de dar su vida por Él. Esto es definitivo, final. «Indiscutiblemente, grande es el misterio de la piedad: Dios fue manifestado en carne, justificado en el Espíritu, visto de los ángeles, predicado a los gentiles, creído en el mundo, recibido arriba en gloria» (1 Timoteo 3:16). Dios ya no tiene nada mejor que decir. «Nos dio a su Hijo, que es Palabra suya, que no tiene otra. Todo nos lo habló junto y de una vez en esta sola Palabra, y no tiene más que hablar»[4].

Cristo es la Palabra de Dios encarnada, Palabra mediadora entre Dios y los hombres por toda la eternidad. Mediante Él, «Dios ha dicho al mundo todo lo que tiene que decirle, todo lo que el mundo tiene que oír de Él. Dios no podía hacer más por el mundo una vez que le habló y le dio a entender esto: ni el mundo puede esperar ya otra cosa después que Dios ha hecho precisamente lo inesperado. Pues lo que Dios le ha dicho y le ha dado a entender es nada más y nada menos que él mismo, con toda la plenitud de su ser, con todas sus perfecciones, con la magnificencia de sus obras. En su Hijo, Dios se nos revela como el secreto de nuestra existencia»[5].

En el ser *recibido arriba en gloria* se encuentra otro motivo o razón teológica por la que Cristo es la revelación última y conclusa. Significa que en la resurrección de Jesucristo Dios ha intervenido definitivamente en la historia humana. «Con esta intervención salvífica Él ha plantado en medio nuestro una semilla, que tiene poder en sí no sólo para transformar la raza humana, sino aun para restaurar toda la creación. Esta semilla es Cristo, el grano de trigo que cayó en tierra y murió, pero resucitó de entre los muertos como la primicia de una renovación total (cf. Juan 12:24). Por eso, el hecho definitivo en la historia de la salvación es Cristo en su misterio pascual. El poder salvador de este misterio está permanentemente presente entre nosotros, para ir proveyendo toda la salvación que se necesite. No hacen falta ya las intervenciones de antiguo. Se ha sembrado entre

---

4. San Juan de la Cruz, *Noche oscura*, 22, 5.

5. Karl Barth, *Ensayos teológicos*, Herder, Barcelona 1978, p. 99.

nosotros el poder de salvación. Jesús mismo es la Palabra, la semilla, el grano de trigo que contiene todo poder de salvación»[6].

Para el apóstol Pablo, en Jesucristo están escondidos todos los tesoros de la sabiduría y del conocimiento (Colosenses 2:3), de modo que no puede haber otra revelación añadida, que se constituiría automáticamente en «otro evangelio», descalificado desde las premisas de la fe. Lo que resta es ahondar en esas riquezas que son nuestras en Cristo, y llegar a conocerle más y más. Para eso, primero hay que preguntarnos, ¿qué es un cristiano, cómo llegar a serlo, por dónde se comienza? ¿Qué hay que hacer para formarnos una opinión correcta de su persona, de su vida y de su significado para nosotros?

---

6. Paul Hinnebusch, *Historia de la salvación y vida religiosa*, Sal Terrae, Santander 1968, p. 125.

Llamado a la conversión

Si se puede usar una palabra sola para describir el comienzo de la vida cristiana, esa palabra es *conversión*. Ella es la raíz y el fundamento de la vida cristiana; encierra el secreto del encuentro con Dios en Jesucristo, asumido como una experiencia determinante para toda la vida.

Las primeras palabras del ministerio público de Jesús dirigidas a sus contemporáneos son: «Convertíos, porque ya llegó el reino de Dios» (Mateo 4:17 *BLP*). En este llamamiento a la conversión reside la buena noticia que Jesús trae, su *Evangelio*: «Convertíos y creed al evangelio» (Marcos 1:15 *BSA*). Y la primera comisión que el mismo Jesús encargó a sus primeros discípulos fue que predicasen por las ciudades, pueblos y aldeas vecinas la *conversión* al Reino de Dios (Marcos 6:12). Una vez resucitado, Jesús renueva este envío y esta misión: «Estaba escrito que el Mesías tenía que morir y que resucitaría al tercer día; y también que en su nombre se ha de proclamar a todas las naciones, comenzando desde Jerusalén, un mensaje de *conversión* y de perdón de los pecados» (Lucas 24:46-47 *BLP*).

¿Qué se quiere significar por *conversión*? ¿Dónde reside su importancia, su necesidad? La palabra que el Nuevo Testamento utiliza para conversión es el término griego *metanoia*, y aparece tanto en boca de Juan Bautista como de Jesús. «Convertíos (*metanoeite*)» (Mateo 3:2; 4:17). Muchas versiones de la Biblia traducen esta palabra por «arrepentíos» (RV60, NVI)[1], que no capta toda la fuerza de su significado en griego. Ahora bien, si Jesús no hablaba en griego sino en arameo, el idioma de sus compatriotas, entonces ¿cómo podemos saber cuál es el mensaje que él predicó verdaderamente, con todos los matices que pertenecen a su lengua madre y no a su traducción griega?

---

1. Peor lo hacían las antiguas versiones católicas que la traducían por «penitencia», del latín *poenitere, poenitentia*. «Aunque *paenitere* venía realmente de *paena* con el sentido de 'no estar satisfecho de', se vio como absorbido por la palabra *poena* de la que incluso tomó la grafía, y así recibió un predominante sentido de: compensación onerosa, aflicción, reflejando sólo uno de los valores y no precisamente al más profundo del empleo bíblico de *metanoia*. *Penitencia* sugiere en primer lugar obras de penitencia» (Yves Congar, *Evangelización y catequesis*, Marova, Madrid 1968, pp. 65-82). «La penitencia es menos una inclinación personal hacia Dios que una observancia de la ley lo más literal posible» (Josef Imbach, *Perdónanos nuestra deudas*, Sal Terrae, Santander 1983, p. 110).

Sin lugar a dudas Jesús utilizó la bien conocida palabra hebreo-arameo *shub*, que ya había adquirido carta de naturaleza en los profetas de Israel. *Shub* tiene en hebreo el sentido de volverse para recorrer un camino en sentido contrario. El equivalente griego al hebreo *shub*, es *metanoia*, ya empleado por la Septuaginta, la versión griega de los judíos de Alejandría. Ambas palabras denotan la idea de «cambio». La primera, según una experiencia muy común al pueblo hebreo, trashumante, fugitivo y peregrino por los caminos de Canaán, Egipto y Mesopotamia, significa *cambio de camino*, es decir, de conducta[2]. La segunda, tiene un componente intelectual tan propio de los griegos, dados a la filosofía y el pensamiento, significa literalmente *cambio de mente*, es decir, de manera de pensar, con lo que esto conlleva en el comportamiento. Por lo pronto, cambio de actitudes y hasta de partido. Así pues, tanto *shub* como *metanoia* nos remiten a esas encrucijadas de la vida donde es preciso escoger, elegir, cambiar de rumbo, quemar viejos barcos y emprender nuevos rumbos. «Al cielo y a la tierra pongo hoy como testigos contra vosotros de que he puesto ante ti la vida y la muerte, la bendición y la maldición. Escoge, pues, la vida para que vivas, tú y tu descendencia» (Deuteronomio 30:19).

Convertirse es algo más radical que arrepentirse, no se detiene en el pesar y el dolor por el pecado cometido, es una llamada a la acción que va más allá de la tristeza, la contrición y la penitencia[3]. Es un giro en la vida que transforma a la persona por completo. En la mente de Jesús, la conversión va más allá de lo que su propio idioma podía significar. Porque, *shub*, literalmente llevaba la connotación de «volver atrás»[4], el *cambio de camino*

---

2. «El genio de la lengua hebrea, mucho más concreto, diríase que más material, que el de la lengua griega, obliga al hebreo a valerse de metáforas y simbolismos, tomando sus términos de la realidad material para expresar las realidades espirituales. El verbo *shub* hebreo, expresa la acción de volverse atrás en el camino. Es una metáfora vial. El camino y el caminar son en hebreo, como son en inglés el *way of life* y en chino el *Tao*, símbolos de la manera de pensar y de vivir, sinónimos de la *conducta* (con tal de abarcar con la palabra *conducta*, no sólo el obrar exterior, sino también los principios interiores de la acción» (Horacio Bojorge, *Presencia de Dios, conversión y apostasía*, EFP, Tacuarembó 1989).

3. Precisamente, según Yves Congar y otros, el concepto de *metanoia* traducido por penitencia o arrepentimiento llevó a la teología clásica católica a no ocuparse apenas de la conversión, sino de los aspectos éticos y ascéticos del mensaje cristiano. «El concepto de penitencia está lleno de prejuicios; no suena bien a nuestros oídos y en ello influyen no poco las asociaciones que nos provoca. Pensamos, inmediatamente, en los actos penitenciales de quien 'hace penitencia': privación de comida y bebida; prescindir, incluso, de lo lícito; velar durante toda la noche entre oraciones y lágrimas; mortificaciones y flagelaciones; limosnas: cosas todas ellas que parecen encajar mejor con el ambiente de la Edad Media que con nuestros días» (Josef Imbach, *Perdónanos nuestra deudas*, Sal Terrae, Santander 1983, p. 122).

4. «*Shub* ante todo significa retorno de la cautividad, y está frecuentemente unido o reemplazado con *epistréphesthai*: retornar, volver a la patria» (Bernhard Häring, *La Ley de Cristo*, Herder, Barcelona 1961, vol. I, p. 416).

denotaba *regresar* a la alianza violada, mediante una observancia completa y renovada de la ley. Pero Jesús va más allá de esta idea, y la conversión a la que él llama ya no significa «volver atrás», a la antigua alianza y a la observancia de la ley, sino dar un «salto adelante», entrar en la nueva alianza, aferrar este reino que ha aparecido, entrar en él a través de la fe. «Es como un rey que abre la puerta de su palacio, donde hay preparado un gran banquete y, estando en el umbral, invita a todos a entrar diciendo: '¡Venid, todo está preparado!'. Es el aspecto que resuena en todas las llamadas parábolas del reino: la hora tan esperada ha llegado, tomad la decisión que salva, ¡no dejéis escapar la ocasión!» (Raniero Cantalamessa). La conversión es la opción fundamental por Dios y el compromiso que esto supone para la vida en su totalidad. Luego veremos en qué consiste esto y cómo es posible.

Nadie como Karl Barth, en este siglo, ha mostrado la íntima conexión entre la fe trinitaria que se revela en la vida de Jesús y la experiencia de la conversión. Barth ha colocado en el mismo centro del misterio de Dios el hecho de la conversión del pecador. «La Iglesia cristiana –escribe– cuenta con el hecho de que hay tal cosa como el despertar del hombre a la conversión; si no lo hiciera así, no creería en Dios el Padre, en el Hijo de Dios que se hizo carne y en la carne fue el santo Hijo del Hombre, el hombre real; o en el Espíritu Santo. En esta supuesta confesión de Dios la Iglesia estaría pensando en una mera idea, con los ojos puestos en un ídolo muerto. Si creemos en Dios en el sentido de la Iglesia creemos en la conversión del hombre. Tan cierto como Dios existe y es Dios, el despertar a la conversión tiene lugar auténticamente. Decir Dios Padre, Hijo y Espíritu Santo es decir también el despertar del hombre a la conversión. Dios no sería Dios si este despertar no ocurriera. Podemos decir que la realidad de Dios cae o permanece con la realidad de este hecho. La conversión es tan real como Dios, como Jesucristo es real»[5].

Cuando se ignora, o se relega a un segundo plano, lo que a todas luces es parte constitutiva y fundamental de la fe cristiana, se corre el riesgo de caer en la ilusión de ser cristianos sin serlo, de dormir con el mundo y a su manera. Por eso todos los periodos de avivamiento general de la Iglesia, es decir, de despertares religiosos, han coincidido con el énfasis puesto en la conversión o la necesidad del nuevo nacimiento, tal como enseñó Jesucristo: «De cierto, de cierto te digo, que el que no naciere de nuevo, no puede ver el Reino de Dios» (Juan 3:3).

5. Karl Barth, *Church Dogmatics* IV. *The Doctrine of Reconciliation*, T & T Clark, Edimburgo 1958, 2ª parte, pp. 558-559.

1. Conversión y pecado

La conversión está en relación directa con el pecado. Esto se ve clarísimamente en el inicio del ministerio de Cristo, el cual ha venido a «llamar a los pecadores a la conversión» (Lucas 5,32), y de la misión cristiana, que consiste en predicar la *conversión* y *el perdón de los pecados* (Lucas 24:47). Se llama a la conversión porque hay una situación de pecado, de la que es preciso zafarse, aunque para ello primero es tomar conciencia de él. Sin embargo, son muchos los que no quieren ni oír hablar de pecado, bien porque se ha abusado de este término, bien porque se ignora su naturaleza más profunda.

El pecado, antes de pensar en él como un acto recriminable, es un modo de vida centrado en el amor a uno mismo que conduce a situaciones de egoísmo, injusticia y dolor. Es la elección de caminar por el camino que a uno más le gusta, sin otra meta ni otro fin que hacer la propia voluntad. El pecado puede ser muy religioso. De hecho lo es y lo ha sido a lo largo de la historia, utilizando el nombre de Dios y sus mandamientos en su propio provecho. El pecado se goza en dar culto de labios a Dios, pero se lo niega en lo más íntimo de su corazón. La religiosidad de corte externo puede ser el mayor enemigo del cristianismo, que por esencia es una vida de interioridad, a partir de la cual se derrama al exterior.

El pecado es un vivir de espaldas a Dios y contra él, llamando dios a lo que no es Dios: Riqueza, fama, poder…, ídolos a los que uno puede vender su vida en la creencia de que así ganará el mundo. La conversión se produce precisamente en el momento en que uno despierta del sueño en que se encuentra respecto al sentido de su vida y es capaz de entender que ese sentido sólo puede ser descubierto y vivido en la fe de Jesucristo.

El pecado es mal señor y paga mal a sus siervos. No cumple nada de lo que promete. En su lugar deja una triste resaca de engaño y decepción. En última instancia conduce a la perdición. «Hay camino que al hombre le parece derecho; pero su fin es camino de muerte» (Proverbios 14:12). Esa es la fatalidad y la pena del pecador, se engaña a sí mismo, y creyéndose ganador se descubre perdedor. Como el Adán de los primeros tiempos, creyó poder ganar la categoría de Dios asintiendo a la insinuación del tentador: «Sabe Dios que el día que comáis de él [el fruto prohibido], serán abiertos vuestros ojos, y seréis como Dios, sabiendo el bien y el mal» (Génesis 3:5). Lo que ocurrió fue todo lo contrario. Así, ayer, hoy y siempre, el hombre se cree un tipo listo capaz de alcanzar y ganar todo con tal de echarle voluntad. Aunque conoce los peligros, en el momento de la decisión no le entra por la mente que las cosas le pueden ir mal precisamente a él, eso es cosa de otro, de los fracasados, de los perdedores. Él controla la situación y no tiene nada que temer, hasta que las consecuencias de sus actos le alcanzan. Entonces, aquel que se creía un ganador se descubre un perdedor.

El pecado en una mala apuesta. Es como con la Banca, el jugador siempre pierde. «Dos males ha hecho mi pueblo: me han abandonado a mí, fuente de aguas vivas, y han cavado para sí cisternas, cisternas agrietadas que no retienen el agua» (Jeremías 2:13). Así es como hay gente que pasa sed y angustias por no acercarse, convertirse, a Aquel que dice: «Si conocieras el don de Dios, y quién es el que te dice: Dame de beber; tú le pedirías, y él te daría agua viva» (Juan 4:10).

Si conocieras… Todo esto demuestra que el pecado tiene mucho que ver con la ignorancia y oscuridad tanto mental como moral. En su ceguera prefiere el agua impura y contaminada al agua pura y limpia del don de Dios. «Si alguien tiene sed que venga a mí y que beba el que cree en mí. La Escritura dice que de sus entrañas brotarán ríos de agua viva» (Juan 7:37-38).

Para que la ignorancia se convierta en verdadera gnosis o conocimiento, para que la tiniebla se disipen y dejen lugar a luz es necesario la conversión, sin ella no hay esperanza de cura, de conocimiento y salvación. «Yo soy la luz del mundo; el que me sigue no andará en tinieblas, sino que tendrá la luz de la vida» (Juan 8:12).

Quien rechaza la conversión o la ignora no hace sino ahondar en su estado de extravío y perdición, convertido ya en una especie de segunda naturaleza o espacio vital en el que desenvuelve su vida. El pecado, manifiesto o latente, ciega la mente y cierra el corazón a la necesidad de la conversión. La situación es tan grave que, en términos morales, el inconverso es representado en la Escritura con una metáfora extrema como «muerto en delitos y pecados» (Efesios 2:5), moribundo, al que se dice: «Despierta, tú que duermes; levántate de entre los muertos, y Cristo te alumbrará» (Efesios 5:14). Para el apóstol Pablo, la iluminación moral y espiritual de aquellos que reconocen a Cristo como su Salvador y Señor, es comparable a lo que ocurrió en los primeros días de la creación del universo[6]. «Porque Dios, que mandó que de las tinieblas resplandeciese la luz, es el que resplandeció en nuestros corazones, para iluminación del conocimiento de la gloria de Dios en la faz de Jesucristo» (2 Corintios 4:6)[7].

---

6. «El Nuevo Testamento asume que la acción de Dios en Cristo es paralela a la propia creación del Universo» (Klyne Snodgrass, Efesios. Comentario bíblico aplicado, Vida, Miami 2012, p. 125). Esto se desarrolla plenamente en Paul S. Minear, Christians and the New Creation: Genesis Motifs in the New Testament, Westminster/John Knox Press, Louisville 1994.

7. Al comentar este pasaje, el autor puritano John Flavel, dice: «La infusión de la vida espiritual se realiza instantáneamente, como toda la obra de la creación, semejante a un poder que hace que brille en un momento la luz en nuestros corazones como cuando la luz brilló en las tinieblas» (The Method of Grace, en The Works of John Flavel, Banner of Truth, Edimburgo 1968, vol. 2, p. 93).

En el mundo hay mucha gente buena, admirable, solidaria, que sin alardes de ningún tipo da lecciones de amor y misericordia. Al mismo tiempo que reconocemos esto como un hecho, afirmamos igualmente convencidos por los hechos y el análisis de la realidad humana, que no hay nadie libre de pecado, ni siquiera esa «buena gente». El pecado es un estado moral que admite muchos grados de complicidad, por activa y por pasiva. Consciente o inconsciente, el pecado es una realidad, un temple moral que modela la vida de cada cual. Si por algo escandalizó Sigmund Freud, el padre del psicoanálisis, a la buena sociedad de su época, fue por mostrar la existencia de esa alcoba secreta –el subconsciente– en lo más profundo de cada cual, en la que anidan deseos inconfesables, pulsaciones vergonzosas, criminales, ocultas y reprimidas. No hay que caer en el error de pensar que el pecado son esos actos terribles que ocupan las primeras páginas de los diarios con grandes titulares, el pecado tiene mucho de anodino y ordinario, vive y se alimenta de pequeños gestos de ingratitud, de malicia y de envidia; de desprecios arrogantes y de rencores que nunca mueren, de olvidos culpables y de omisiones vengativas. El pecado siempre daña, a uno mismo y a los demás.

El pecado es tan universal y tan arraigado en la vida de los hombres y sus sociedades que en toda la historia de la humanidad sólo ha existido una persona de la que se puede afirmar que estaba libre de él, a saber, Jesucristo. No podía ser de otra manera, dada su excepcional cualidad de hombre-Dios, Dios-hombre[8]. Del resto, bien se puede decir con la Escritura, que «todos *estamos bajo el pecado*» (Romanos 3:9).

Y si estamos bajo pecado, esclavizados y cegados por él, nada menos que un milagro puede rescatarnos de nuestra miserable condición. Jesucristo, quien nos libera. Pero no de un modo automático, sin contar con nosotros, o pasando por encima de nosotros. Lo hace desde dentro, insuflando a nuestra voluntad el deseo y la capacidad de extender la mano a la llave que nos abra la puerta de esta prisión. De esto trata la *metanoia* o conversión, la cual todavía puede ser expresada con más radicalidad: «volver a nacer», «nacer de nuevo». El cambio del estado de perdición al de salvación no pasa por el cumplimiento de algún mandamiento, ordenanza religiosa o técnica meditativa de autorrealización, pasa por la *fe*, fe en el amor de Dios que por su buena voluntad produce en nosotros el milagro del nuevo nacimiento. De esto hablaremos después. Es la buena noticia, el alegre mensaje del Evangelio.

---

8. El Hijo de Dios con su encarnación se hizo verdaderamente hombre, semejante en todo a nosotros, excepto en el pecado. «No tenemos un sumo sacerdote que no pueda compadecerse de nuestras debilidades, sino uno que fue tentado en todo según nuestra semejanza, pero sin pecado» (Hebreos 4:15).

Si universal es el pecado, cuyos efectos se dejan sentir en todos los hombres, sin que escape alguno, universal es el remedio que se nos ofrece por medio de la conversión. Es posible que algunos, la verdad es que muchos, consideren que el pecado en ellos no tiene especial protagonismo, pues llevan una vida tranquila y responsable –de casa al trabajo, del trabajo a casa– hasta donde es posible humanamente hablando, sin que nadie pueda acusarles de actos reprobables, considerados generalmente como pecados aborrecibles. Concedido. No se lo negamos, hay personas aparentemente impecables. Pero no nos engañemos, a veces es una cuestión de tiempo o de circunstancias que lo que hay en el interior aflore a la superficie. De ahí la sorpresa y el grado de incredulidad que suscitan los crímenes y delitos cometidos por personas del vecindario, del que nadie podía sospechar que maquinase algo malo. El problema del pecado, como dicen los teólogos, no es tanto el acto aislado de pecado, cuanto la raíz emponzoñada, el sentimiento perverso de donde proceden los pecados singulares. Esto explica también que el hombre sea maleable casi hasta el infinito, como decía el filósofo y politólogo Leo Strauss, siguiendo a Maquiavelo, quien dejó escrito:

> A todas partes
> la ambición y la avaricia llegan.
> Están en el mundo, cuando el hombre nació,
> también nacieron; y si ellas no estuvieran,
> sería bastante feliz nuestro Estado[9].

«Nada inhumano nos es ajeno», dice el filósofo francés André Glucksmann[10].

Cuenta Hermann Bavinck que estando un día en compañía de unos amigos comentando sus amigos un acto de violencia inconcebible, se sintieron llenos de horror e indignación ante crímenes tan abominables y detestables para cualquier persona civilizada. Hasta que, de repente, uno de ellos preguntó: ¿No os dais cuenta que quizá alguno de nosotros también se degradaría hasta tal extremo dadas las circunstancias? «La pregunta nos produjo escalofríos. Nos dimos cuenta que en circunstancias propias podríamos, realmente, haber hecho lo mismo. Nos dimos cuenta de que en el corazón humano hay escondidos volcanes de pasión y de odio, y que, en momentos trágicos y violentos, pueden estallar en crueldades rayanas a la locura»[11].

---

9. Maquiavelo, *Antología*, Península, Barcelona 2002, p. 313.

10. André Glucksmann, *La tercera muerte de Dios*, Kairós, Barcelona 2001, p. 40.

11. Hermann Bavinck, *La fe y sus dificultades*, TELL, Grand Rapids 21967, p. 37.

Eso es el pecado en su versión más profunda, la posibilidad infinita de hacer el mal. No es fácil aceptar la existencia de esta fiera rondando por nuestro interior –no siempre somos sinceros con nosotros y siempre tendemos a disculpar condescendientes nuestras pequeñas «faltas», que en otros nos parecen crímenes insoportables. En teología cristiana también se dice que nada, menos la intervención divina operando en la conciencia humana, puede convencer al pecador de su pecado y culpabilidad.

2. Conversión, gracia y libertad

Es una opinión aceptada universalmente por la gran tradición teológica que la conversión no es el resultado de la voluntad humana, que el papel primordial y decisivo de la conversión es el resultado de una fuerza venida de Dios. «Sin mérito de parte humana, el propio comienzo de la conversión es fruto de la gracia»[12]. Este acuerdo se hizo oficial cuando el segundo concilio de Orange, celebrado el año 529, confirmando algunas posturas antipelagianas, enseñó la absoluta necesidad de la gracia y de la iluminación del Espíritu Santo para efectuar el asentimiento a la predicación del evangelio e incluso para el deseo de la fe y el bautismo[13].

Sin perder un ápice de su libertad el hombre se deja convertir por Dios, de tal modo que ese momento glorioso en que pone toda su fe en Cristo y acepta la invitación de entrar en el banquete nupcial del Reino de Dios, es una experiencia inefable e imposible de explicar con palabras humanas, es la confluencia armoniosa de la gracia soberana que llama y de la libertad humana que responde, en la que el creyente se experimenta a sí mismo como el acontecimiento decisivo en el cual fue realmente libre y a la vez raptado por el amor de Dios. «La conversión misma es experimentada como don de la gracia (como un recibir la conversión) y como radical decisión fundamental que afecta a la existencia entera del hombre; ella es fe, como un concreto quedar afectado por la llamada que se me dirige singularmente a 'mí', y como aceptación obediente de su 'contenido'»[14].

Los teólogos reformados han intentado racionalizar esta experiencia distinguiendo entre conversión y regeneración. Conversión ya sabemos lo que es; regeneración hace referencia a la operación divina por la que somos «nacidos de Dios» (Juan 1:13). Regeneración se dice en griego *palingenesia*, y tiene que ver con la generación de una vida nueva, de «engendrar» o «concebir», en griego *gennao* y *anagenao*, de donde procede nuestra palabra «genética» para referirnos a los principios transmisores de la vida y

---

12. Y. Congar, ob. cit., p. 65.
13. E. Dezinger, *El Magisterio de la Iglesia*, Herder, Barcelona 1963, 373-377.
14. Karl Rahner, *Conversión*, en *Sacramentum Mundi* I, Herder, Barcelona 1972, 976-985.

la dote que conformará nuestra vida. Es evidente que uno no se da la vida a sí mismo, sino que la recibe. En la regeneración el ser humano permanece totalmente pasivo, no hay colaboración de ningún tipo de su parte[15]. «Los seres humanos no contribuyen a su nuevo nacimiento más de lo que lo hicieron a su nacimiento natural»[16]. Dios es el que obra y por tanto el verdadero Padre de la criatura. «Es por completo la obra de Dios. Vemos esto, por ejemplo, cuando Juan habla acerca de aquellos a quienes Dios les da la potestad de ser hechos hijos de Dios: 'los cuales no son engendrados de sangre, ni de voluntad de carne, ni de voluntad de varón, sino de Dios' (Juan 1:13). Juan especifica aquí que los hijos de Dios son aquellos que 'nacen de Dios' y nuestra voluntad humana no tiene arte ni parte en esta clase de nacimiento»[17]. Así, de este modo, «la regeneración desemboca en la conversión»[18]. Porque Dios actúa positivamente en la regeneración, el hombre responde en la conversión, se arrepiente de sus pecados y cree en Cristo como su Señor y Salvador. Es decir, que el alma es activa en la conversión y pasiva en la regeneración, pues aquélla es fruto de ésta. «La regeneración es un acto de Dios, la conversión lo es del hombre. La conversión sigue a la regeneración, y se evidencia por la fe y el arrepentimiento»[19]. Millard Erickson ve lógico que según el esquema calvinista de la salvación la regeneración preceda a la conversión. «Decir que la conversión es anterior a la regeneración parecía una negación de la depravación total. No obstante –continúa– la evidencia bíblica favorece la oposición de que la conversión es anterior a la regeneración»[20].

Ante estas discrepancias que dividen a los teólogos, Francisco Lacueva propuso una diferenciación más. Según él hay que «distinguir entre la *regeneración* y el *nuevo nacimiento*, del mismo modo que se diferencia la *concepción* del feto de su posterior *parto*»[21]. Y así como hay concepciones que no

---

15. «Se nos manda que nos arrepintamos; mas nunca que nos regeneremos» (Francis L. Patton, *Sumario de doctrina cristiana*, CLIE, Terrassa 1985, p. 101).

16. Klyne Snodgrass, *op. cit.*, p. 124.

17. Wayne Grudem, *Teología sistemática*, Vida, Miami 2007, p. 733.

18. Louis Berkhof, *Teología sistemática*, TELL, Grand Rapids 41979, p. 573.

19. Francis L. Patton, *op. cit.*, p. 106.

20. Millard J. Erickson, *Teología sistemática*, CLIE, Barcelona 2006, p. 941.

21. Francisco Lacueva, *Curso práctico de teología bíblica*, CLIE, Barcelona 1998, p. 457. «Desde un punto de vista lógico, el nacimiento es anterior a la actividad del nacido. Y en el contexto joaneo, la iniciativa en la obra de la salvación corresponde exclusivamente a Dios y subordinadamente a Jesucristo (cf. Juan 3:16; 6:44.65; 15:5.16)… Si *nacer de nuevo* se contempla desde el punto de vista de Dios, es primero la filiación divina que la fe. La fe es don del Padre (cf. Juan 6:44.65), es el resultado de la donación que el Padre hace a Jesús de los discípulos (Juan 6:37.39; 10:29; 17:2.6.9.24; 18:9). Pero si la filiación divina se contempla desde el punto de vista del hombre, que pasa de la muerte a la vida, es

llegan a alumbrar a la criatura, o alumbrar un aborto por un motivo u otro, hay personas a quienes llega la gracia en todo su poder regenerador, pero la resisten *obstinadamente*, impidiendo la nueva creación en Cristo Jesús[22].

Las profecías de Jeremías y Ezequiel, que pueden considerarse como la cima de la idea de conversión en el Antiguo Testamento, no dejan lugar a dudas que la conversión es una obra divina, cuyo resultado es la renovación interior: «Pondré mi ley en su pecho, la escribiré en su corazón. Yo seré su Dios y ellos serán mi pueblo» (Jeremías 31:33). «Os daré un corazón nuevo, pondré dentro de vosotros un espíritu nuevo, arrancaré de vosotros el corazón de piedra y os pondré un corazón de carne; vosotros seréis mi pueblo y yo seré vuestro Dios» (Ezequiel 36:26.28). La conversión se produce en lo más profundo del ser humano, en su corazón, que es tanto como decir, en el centro de su existencia, de su personalidad. «Y ésta es precisamente la gracia: este corazón nuevo lo hace Dios (Isaías 43:18-19.21)[23]. La ley permitía a Israel conocer el camino al Señor, pero mientras la ley podía vivirse *externamente*, a partir de ahora el conocimiento de Dios ya no tendrá lugar 'a través' de un medio externo, sino 'en' la interioridad de la conciencia y de manera estable. De esta nueva conciencia procederá la decisión del hombre por la fe. Esto será posible porque Dios perdonará. En Jesús, el Padre llamará a los pecadores al encuentro con él. Ya no será posible disociar llamada y misericordia, conversión y seguimiento»[24].

El llamamiento divino no es meramente algo externo como un informe histórico sobre lo sucedido hace 2000 años en Galilea y Jerusalén respecto a Jesús de Nazaret, «profeta, poderoso en obras y en palabras delante de Dios y de todo el pueblo, a quien los jefes de los sacerdotes y los gobernantes de Israel lo entregaron para ser condenado a muerte, y lo crucificaron» (Lucas 24:17). El llamamiento de Dios que se da en el acontecimiento de la predicación es de por sí un signo de la gracia divina, que «da al llamar aquello mismo hacia lo que él llama. Este llamamiento de Dios es a una:

preciso subrayar que pasa de una situación a la otra por la fe (cf. Juan 5:24; 8:31), y en este sentido la fe es previa a la filiación divina. Claro que la prioridad de la filiación divina y de la fe no hay que entenderla en sentido temporal, sino en el sentido de la causalidad. En el tiempo se da a la vez la fe plena y la filiación divina, pero en el orden de las causas, la fe dispone el corazón humano y lo transforma para que venga a ser hijo de Dios» (V. M. Capdevila i Montaner, *Liberación y divinización del hombre* I, Secretariado Trinitario, Salamanca 1984, p. 214).

22. Francisco Lacueva, *op. cit.*, p. 458.

23. Cuando Jesús habló con Nicodemo, un hombre instruido en el judaísmo, se asombró que siendo maestro de Israel no supiera lo que le estaba diciendo sobre la acción regeneradora en las personas por medio del Espíritu de Dios (Juan 3:10), cuando los profetas mencionados eran tan claros en este punto.

24. S. Bastianel, *Conversión*, en *Nuevo Diccionario de teología moral*, San Pablo, Madrid 1992, pp. 273-276.

Jesucristo mismo, como la exigencia y presencia del Reino de Dios en persona; su Espíritu, que, como comunicación de Dios, ofrece libertad y perdón como superación de la cerrada finitud y pecabilidad del hombre»[25].

La conversión es una respuesta al llamamiento que se nos hace mediante la palabra evangélica a creer y confiar en Cristo. Dice: «Habéis nacido de nuevo, no de una simiente corruptible, sino de una que es incorruptible, es decir, mediante la palabra de Dios que vive y permanece» (1 Pedro 1:23). «La fe surge de la proclamación, y la proclamación se realiza mediante la palabra de Cristo» (Romanos 10:17, *BLP*). Mediante la predicación de la Palabra Dios abre el corazón de aquellos que escuchan el evangelio para que puedan aceptar la llamada que se les hace y ser justificada por la fe como en el caso de Lidia, quien «mientras escuchaba, el Señor le abrió el corazón para que respondiera al mensaje de Pablo» (Hechos 16:14). Este es un caso extraordinario, en cuanto a su inmediatez y simultaneidad entre llamada, predicación y respuesta, pues sabemos que muchas conversiones son el resultado de un largo proceso de escuchar el mensaje evangélico, de meditación y reflexión que puede ocupar años, pero, en última instancia, toda respuesta a la llamada de Dios es consecuencia de esa divina apertura de corazón.

Aquí nos topamos con un problema grueso. Si la salvación depende de esa operación divina de «apertura de corazón», por qué, si es un dato firme e indubitable de la Escritura que Dios «quiere que todos los hombres sean salvos y vengan al pleno conocimiento de la verdad» (1 Timoteo 2:4, *LBLA*), ¿no realiza en todos esa cirugía espiritual? Si la salvación no depende del hombre, ni de sus méritos ni de su voluntad, sino de Dios, ¿por qué no salva igualmente a todos? Si Dios «no quiere que nadie se pierda, sino que todos se conviertan» (2 Pedro 3:9, *BLP*), ¿qué impide obrar en unos la conversión y en otros no?

No basta decir que Dios es soberano, y que puede hacer lo que quiere, pues ya hemos visto que él quiere no la condenación, sino la salvación de todos los hombres. Aceptar que Dios es soberano no es lo mismo que afirmar que es un Dios caprichoso, arbitrario, pues es otra gran verdad bíblica que Dios no hace *acepción* de personas (Deuteronomio 10:17; 2 Crónicas 19:7; Hechos 10:34; Romanos 2:11; Gálatas 2:6; Efesios 6:9), es decir, que Dios no actúa con parcialidad, injusticia y arbitrariedad autócrata. En teología moral se considera que la acepción de personas es un pecado de injusticia y parcialidad. Abundan los textos bíblicos que prohíben la acepción de personas. Algunos afirman radicalmente que Dios no actúa de esta manera; por consiguiente, tampoco lo han de hacer los humanos[26].

25. Karl Rahner, *Sacramentum Mundi* I, 976-985.

26. Cf. René Krüguer, *Acepción de personas*, en *Gran Diccionario Enciclopédico de la Biblia*, CLIE, Barcelona 2013.

No es fácil responder a estas cuestiones, pero la solución debe venir por la doctrina de la libertad de hombre, que incluso en estado de pecado, Dios no se permite transgredir. No es una respuesta sencilla. Sólo basta echar un vistazo a los debates y controversias de los teólogos a lo largo de la historia sobre este tema para advertir que todavía no se ha llegado a un acuerdo que ponga de acuerdo a todos. Después de un extenso estudio de casi 700 páginas sobre esta cuestión, William G. Most, concluye diciendo que «aun teniendo en cuenta las diferencias de lenguaje, género literario, cultura, etc., todavía quedan muchas dificultades por responder»[27].

«Es el Señor –dice san Agustín– el que despierta al muerto para que salga del sepulcro, es Él quien toca el corazón»[28]. La conversión, *conversión que salva*, no puede ser obra del hombre: es una tarea que supone don y gracia. «Dios –según James Ussher– no sólo nos ofrece la gracia, sino que causa en nosotros que la recibamos efectivamente; por eso se dice no sólo que nos atrae, sino también que crea un nuevo corazón en nosotros de modo que podamos seguirle»[29].

En cuanto tarea humana supone *cooperación* con la gracia, aunque sea en su aspecto más mínimo: la de no resistirse, la de dejarse llevar: «¡Me sedujiste, Señor, y yo me dejé seducir! Fuiste más fuerte que yo, y me venciste» (Jeremías 20:7, *NVI*). Es el mismo profeta que desde lo más profundo de su angustia ruega al Señor: «Hazme volver, y seré restaurado» (Jeremías 31:18, *NVI*). O «Haz que vuelva y volveré» (*BLP*). Lo mismo se lee en el Salmo 80:4: «¡Oh Dios, renuévanos, ilumina tu rostro y estaremos salvados!» (Salmo 80:4).

El Señor Jesucristo, llamando la atención sobre el aspecto del don y de la gracia, dijo que «nadie viene a mí si el Padre no lo atrae» (Juan 6:44), lo cual no supone la exclusión de nadie, pues acaba de decir: «Mi Padre quiere que todos los que vean al Hijo y crean en él, tengan vida eterna» (v. 40), pero muchos se cerraban obstinados a las señales que Jesús hacía: «Los judíos comenzaron a criticar a Jesús porque había dicho que él era 'el pan que ha bajado del cielo'. Decían: ¿No es este Jesús, el hijo de José? Conocemos a su padre y a su madre. ¿Cómo se atreve a decir que ha bajado del cielo?» (v. 43). Es entonces, en respuesta a ese rechazo que Jesús les advierte: «Nadie puede creer en mí si no se lo concede el Padre que me envió» (v. 44, *BLP*). Jesús está diciendo a sus opositores que para llegar a la fe en él no hay más que un camino: el de ser «atraídos» por el Padre,

---

27. William G. Most, *Grace, Predestination and the Salvific Will of God. New Answers to Old Questions*, Christendom Press, Virginia 1997, p. 674.

28. San Agustín, *Confesiones*.

29. James Ussher, *A Bodie of Divinitie*, Solid Ground, Birmingham 2007, original de 1648, p. 170.

o lo que es lo mismo, si el Padre les da ese don («Todo el que escucha al Padre y recibe su enseñanza, cree en mí», v. 45). Aquí no está hablando de predestinados, unos para la salvación y otros para la condenación, está diciendo que el movimiento que lleva a la fe no parte de la iniciativa o de la voluntad del hombre, sino de la gracia divina[30]. La «atracción»[31] del Padre significa que quien viene a Jesús lo hace porque está movido por Dios, no que a los demás no los mueva, sino que estos «siempre resisten al Espíritu Santo» (Hechos 7:51). La atracción de Dios no es coacción que anule la libre voluntad del hombre, es un suave mover de convicción que, de no ser impedido, lleva a la decisión de fe bajo el influjo de la gracia de Dios. Por eso Pablo aclara que él «no fue *rebelde* a la visión celestial» (Hechos 26:19).

Al mismo pueblo que hacía no mucho había gritado «¡crucificadle!», pidiendo la muerte de Jesús, el apóstol Pedro les dice: «A vosotros primeramente, Dios, habiendo levantado a su Hijo, lo envió para que os bendijese, a fin de que cada uno se convierta de su maldad» (Hechos 3:26). En este sermón de Pedro aparecen una vez más unidos el deseo divino de salvación-bendición de todos en general, y la conversión de cada uno en particular. Lo mismo se repite en Hechos 5:31 y 11:18. Dios concede la gracia de la conversión a todos los que llama. «*Dios llama a cada uno por su nombre*; lo llama no sólo exteriormente por el Evangelio, sino también *por una solicitación interior de la gracia*. Mas lo llama de modo que una auténtica conversión no se verifica sin la libre cooperación del hombre»[32]. Como decía san Agustín, «quien te hizo sin ti, no te salvará sin ti»[33]. O con una

---

30. «Desde el primer momento debe quedar claro que la iniciativa de acceso a la fe parte de Dios (Jn 6:44). La experiencia del hombre bíblico, que ha captado, con profundo sentido religioso, la revelación de Dios pone de manifiesto en múltiples pasajes que es Dios mismo quien, con su acción misteriosa, sale al encuentro del ser humano. Desde Abrahán hasta Jesús, pasando por Moisés, los Jueces, David y los Profetas, Dios aparece tomando la iniciativa de manifestarse a los hombres y mujeres, a los que quiere ofrecer su salvación» (J. M. Antón Sastre, *Fe y conversión*, en *Diccionario de Pastoral y evangelización*, Editorial Monte Carmelo, Burgos 2000, pp. 449- 459).

31. «Qué cosa pretende decir cuando emplea el verbo 'atraer', Jesús lo explica con una cita bíblica sacada de Is. 54:13, que a la vez demuestra la verdad de su afirmación. Según las palabras del profeta, en la era de la salud será Dios mismo quien enseñará a los suyos, llevándoles así a la fe. Pues bien, esta era ha comenzado ya. En consecuencia, se hace indispensable que el hombre renuncie al juicio que, fundándose en criterios humanos, se ha formado del carácter mesiánico de Jesús, y acepte, en cambio, que el Padre le dirija su palabra, cosa que hace a través de los profetas del AT(cf. 5:46-47) y de la revelación que el Hijo hace de sí mismo. Entonces se podrá decir que viene a Jesús, es decir, que llega a creer en él como pan de vida bajado del cielo. La idea de *recibir su enseñanza* indica aquí la libre aceptación de lo oído por el que oye» (Alfred Wikenhauser, *El Evangelio según san Juan*, Herder, Barcelona 1978, pp. 195-196).

32. B. Häring, *La ley de Cristo*, pp. 415-449.

33. San Agustín, *Sermón 169*, 13, PL 38, 923.

expresión paradójica: el Dios que nos salvó sin nosotros en la cruz de su Hijo, no nos salvará sin nosotros.

El carácter gratuito, por gracia, de la salvación nos hace ver también el gran peligro que hay en diferirla. El hombre no es dueño de la gracia. Rehusar su llamada, rechazar su invitación, puede provocar tal endurecimiento del corazón que es de temer que Dios se retire y ya no vuelva a iluminarlo tan claramente ni a llamarlo de un modo tan alto y audible. *Hay momentos de la gracia* especialmente preciosos, que no se pueden rechazar sin graves consecuencias «Si hoy oyereis su voz, no endurezcáis vuestro corazón» (Salmo 95:7-8; Hebreos 3:15). Por eso, Dios determina un día: «Hoy, diciendo después de tanto tiempo, por medio de David, como se dijo: Si oyereis hoy su voz, no endurezcáis vuestros corazones» (Hebreos 4:7). «Así, pues, nosotros, como colaboradores de Dios, os exhortamos también a que no recibáis en vano la gracia de Dios. Porque dice: En tiempo aceptable te he oído, y en día de salvación te he socorrido. He aquí ahora el tiempo aceptable; he aquí ahora el día de salvación» (2 Corintios 6:1-2). «*Es la gracia la que pone a disposición del hombre la libertad interior necesaria para convertirse.* ¡Cuán evidente es entonces que el desestimar y despreciar la gracia, cuando se ofrece, pone en peligro esa libertad, a medida que crece la inclinación a resistir las amorosas solicitaciones de Dios!»[34].

3. Psicología de la conversión

Para Bernard Lonergan la conversión religiosa es un estado dinámico de enamoramiento espiritual en respuesta al amor de Dios, derramado en nuestros corazones por el Espíritu Santo (Romanos 5:5). La conversión religiosa produce nuevos grados de autotrascendencia cognitiva, moral y afectiva[35].

En una sociedad tan materialista como la nuestra que ha perdido de vista la dimensión espiritual de la existencia y cree poder vivir de espaldas a Dios sin consecuencias personales, tenemos que aclarar que incluso a nivel humano la conversión es una exigencia natural; exigencia dada por la lamentable condición moral del ser humano y la fragilidad de su equilibrio psíquico y emocional como resultado de la misma. «La necesidad de la conversión está escrita en nuestra naturaleza misma»[36], decía Stanley Jones. El origen de muchos trastornos físicos y mentales se encuentra en la desarmonía interior de la propia vida por causa del pecado, que nos aleja de nuestra fuente de existencia, el fundamento de nuestro ser, aquel que nos impele a ser y nos otorga el valor de ser. «La inmensa liberación

---

34. *Ibídem.*

35. Bernard Lonergan, *Método en teología*, Sígueme, Salamanca 1988.

36. E. Stanley Jones, *¿Es realidad el Reino de Dios?*, CLIE, Terrassa 1988, p. 225.

llevada a los hombres del siglo XVI por el mensaje de los reformadores y la creación de su indomable valor de aceptar la aceptación se debió a la doctrina de la *sola fide*, es decir, al mensaje de que el valor de la confianza no está condicionado por algo finito, sino solamente por aquél que es incondicional en sí mismo y que experimentamos como incondicional en un encuentro de persona a persona»[37].

Mediante la conversión la persona se arrepiente de sus pecados y cree en Jesucristo como quien cumple toda justicia y le justifica delante de su Dios y Padre, sin tener que poner nada de su parte, excepto dejarse aceptar como Dios le acepta, pecador que se refugia en Dios para descubrirse a sí mismo, dejando atrás la angustia de la culpa y de la existencia. De ahí que la conversión pueda ser descrita como *opción fundamental* por la vida, la vida que encuentra en Dios su justificación. Desde antiguo se viene diciendo con Justino Mártir, que la gloria de Dios es el hombre vivo. La gloria de Dios es que el hombre viva, que no malgaste su vida con lo que no alimenta (Isaías 55:2). Es otra manera de decir que Dios de ninguna manera está por la disminución de ser, que no es enemigo de la persona y de su realización. Que él no resta, sino suma. «El ladrón no viene sino para hurtar y matar y destruir; *yo he venido para que tengan vida, y para que la tengan en abundancia*» (Juan 10:10). El Evangelio es en todas sus dimensiones una promoción de la persona, promoción que alienta todas las facultades morales, afectivas e intelectuales afectadas por el pecado, que descubren en Cristo su plena realización.

La participación en la vida de Dios (cf. 2 Pedro 1:4) permite a la persona crearse a sí mismo en la libertad de los hijos de Dios, toda vez que el misterio de Dios en Cristo es la clave del misterio humano. Descubrir en Cristo el nuevo ser que está llamado a ser. La angustia de la desolación es dejada atrás: el pecado es perdonado para siempre; la impotencia que frustra y paraliza es privada de su fuerza, pues la fe descubre que «cuando soy débil, entonces soy fuerte» (2 Corintios 12:10), ya no es poder dominador el que se busca, sino aquella debilidad es poder, porque es ocasión de Dios. Su poder se manifiesta y perfecciona en la debilidad (2 Corintios 12:9). La conversión transforma a un tiempo la razón y la voluntad, los motivos y los movimientos, los criterios y los juicios de valor.

4. Conversión de los respetables

Hubo un tiempo en que las iglesias se convirtieron en consumidoras de relatos de conversión de personas venidas de lo más bajo de la sociedad, de la degradación y del crimen. Conversiones espectaculares, casi increíbles

---

37. Paul Tillich, *El coraje de existir*, Laia, Barcelona 1973, p. 60.

de que se produjeran en personas tan endurecidas por el vicio, la droga y el desprecio de la sociedad. Yo creo que esta moda comenzó con el relato de David Wilkerson sobre uno de los conversos de los barrios bajos más famosos del siglo XX, Nicky Cruz: *La cruz y el puñal*[38]. Un libro que impactó en las iglesias y produjo cambios inimaginables tanto en el protestantismo como en el catolicismo[39]. A raíz de su éxito (50 millones de copias en más de treinta idiomas), aparecieron en el mercado religioso evangélico un gran número de libros-testimonio de mafiosos y delincuentes de diverso tipo[40]. Aquellas sí que parecían conversiones auténticas, grandes, dramáticas, emocionantes; nada que comparar con las conversiones de personas comunes, a algunas de las cuales hasta les costaba señalar el momento preciso de su conversión, pues su contacto con la iglesia y la fe venía de largo, y las suyas habían sido más conversiones graduales, en respuesta a un convencimiento de la fe cada vez mayor y más claro, sin demasiados cambios emocionales que destacar. Más de uno padeció una «crisis de conversión» pensando que a lo mejor nunca tuvo lugar al compararla con lo relatos extraordinarios de esas otras conversiones[41]. Claro que, el aspecto negativo de aquellos relatos de «conversión de los barrios bajos», fue que los relatores parecían competir en una especie de lista de delitos y degradación moral para demostrar quién se alzaba con el número uno de los grandes pecadores. De tal manera fue así que uno podía leer páginas y más páginas sobre las múltiples fechorías de estos conversos, sus amoríos y excesos sexuales, sin llegar nunca al punto de encontrase con el punto claro e indubitable de la conversión a Cristo, tan envueltas como estaban

---

38. *The Cross and the Switchblade*, en el original, publicado en 1963.

39. Es un hecho que el libro de Wilkerson fue clave en el nacimiento, en 1967, de la Renovación Carismática Católica, que ha impactado en la espiritualidad de unos 120 millones de católicos. El propio Nicky Cruz escribiría su propio libro-testimonio, *Corre, Nicky, corre*, Vida, Miami 1975, y se convertiría en un importante predicador salido de los pandilleros de New York.

40. Por ejemplo: Jack Brown, *El crimen, la droga y yo*, CLIE, Barcelona 1975; Gregorio Chaux, *Para que aprendas a ser duro*, Vida, Miami 1988; Joe Donato, *Cuéntalo a la Mafia*, CLIE, Barcelona 1975; Al Palmquist, *Minnesota Connection*, CLIE, Barcelona 1980; Luis Torres, *Rumbo al infierno*, Vida, Miami 1987.

41. «Algunos lectores podrán rememorar una experiencia clara de conversión en su vida, el amanecer de un nuevo día en el alma que sobrepasó con su luz aun lo más luminoso de los años anteriores. Es el recuerdo de un día en que en el umbral de la nueva vida, se dijera que tomaron a Cristo con ambas manos, preparados para cualquier cosa que viniese: el ostracismo, la impopularidad o la apatía de la indiferencia. Pero no todas las experiencias de conversión son así, tan súbitas o nítidas. El mensaje cristiano ha atraído a hombres y mujeres de temperamentos diferentes y actitudes variadas […]. Si no tenemos el recuerdo de una gran crisis espiritual eso no quiere decir que debamos dudar del hecho de nuestra conversión» (H. A. Evan Hopkins, *Manual del combatiente cristiano*, Certeza, Argentina 1961, p. 11).

en afirmaciones, caídas, recaídas y rehabilitaciones. De esta manera, sin proponérselo, al detenerse más en la memoria y recreación del delito, entrando en detalles escabrosos, que en el momento de la conversión y sus efectos saludables, cayeron en una especie de «pornografía espiritual» no muy edificante.

Tan necesitado está de conversión el que está enfangado en el lodo del pecado, como el que asiste a la iglesia y cumple con sus deberes religiosos. El segundo caso es más delicado que el primero. Se encuentra en mayor peligro, pues su condición de practicante externo de prácticas religiosas le puede llevar a no tomar conciencia de que la conversión también es para él una necesidad ineludible.

En las iglesias de hoy se da la misma situación que en el pueblo de Dios de antaño, que no todos los que se llamaban Israel eran Israel (Romanos 9:6), y no todos los cristianos de nombre son cristianos de hecho. El verdadero cristianismo no consiste en aceptar un credo o una forma de vida de corte ético, sino *experimentar* una transformación interior, de naturaleza espiritual, que equivale a un nacer de nuevo. El apóstol Pablo lo compara a la experiencia de paso de la muerte a la resurrección (Romanos 6:13: Efesios 2:1). También Juan lo asocia al cambio de muerte a vida (1 Juan 3:14). Para Pedro es el paso de las tinieblas a la luz (1 Pedro 2:9). En la conversión cristiana no cuenta el grado de religiosidad formal, ni de moralidad. Precisamente fue a Nicodemo, principal entre los judíos, hombre fiel a la sinagoga y al Dios de Israel, a quien Cristo expuso directamente la necesidad de nacer de nuevo (Juan 3). Por lo general también suele haber muchos Nicodemos en las iglesias cristianas. Los hubo en gran número en un tiempo que se creía que tener fe era confesar un credo ortodoxo y ejercitarse en prácticas piadosas y ascéticas. «Nada es más peligroso para el conocimiento salvador de los misterios del evangelio», escribía el autor puritano Stephen Charnock, «que refugiarnos orgullosamente en nuestro conocimiento intelectual […] Un hombre puede tener un gran conocimiento de la letra de la Escritura y aún así no entender las doctrinas necesarias y salvíficas que contiene»[42]. El problema es que el «inconverso cristiano» participa del culto y confiesa con los labios la doctrina de la Iglesia, pero no vive la fe ni desde ella. Ignora la vida y la libertad de los hijos de Dios (Romanos 8:21).

Casos ejemplares fueron George Whitefield y los hermanos Wesley que, a raíz de su conversión, cambiaron para siempre el curso del cristianismo protestante, dando lugar a la forma de ser evangélica.

---

42. Stephen Charnock, *The Necessity of Regeneration*, Evangelical Press, Welwyn 1980. Original de 1688.

George Whitefield (1714-1770), amigo de los hermanos John y Charles Wesley desde sus primeros días en la Universidad de Oxford, quedó, junto con estos dos hermanos, muy impactado por la lectura del libro de William Law, *Un llamado serio a una vida santa*[43], a resultas de lo cual formaron el *Holy Club* (Club Santo), junto a otros 12 más. ¿Habría estudiantes más serios, respetables y piadosos que ellos? Vivían bajo una seria disciplina, incluyendo ayunos y tiempos de oración. Debido al esfuerzo de la búsqueda de la santidad mediante la disciplina ascética, Whitefield cayó enfermo de agotamiento y tuvo que regresar a su casa. Allí, leyendo la Biblia una vez más, llegó a comprender que la obra de reconciliación con Dios no se realiza por los propios medios humanos, sino por medio de los méritos de Cristo. Este descubrimiento le llenó de gozo. Así define su transformación espiritual: «El espíritu de lamentación fue arrancado de mí, y supe de veras lo que era regocijarse en Dios mi Salvador, y, por algún tiempo, no pude evitar cantar salmos en cualquier lugar donde estuviera». Sin embargo, su conversión no tuvo lugar sino hasta siete semanas después, en la Semana Santa de 1735, leyendo el libro de Henry Scougal, *La vida de Dios en el alma del hombre*. La idea central del libro, en sus palabras, es que la verdadera religión es, esencialmente, un principio interior de vida divina compartida. No es simplemente la asistencia a una de las muchas iglesias existentes, ni la práctica de deberes externos; tampoco los arrobamientos y éxtasis de carácter religioso que algunos dicen experimentar. La verdadera religión es la experiencia de la vida de Dios en el alma, una participación real de la naturaleza divina, «es Cristo siendo formado en nosotros»[44]. Whitefield recibió el mensaje como una revelación. Así lo expresa en su diario: «Un rayo de luz divina impactó instantáneamente en mi alma y desde ese momento supe que tenía que ser una nueva criatura»[45].

Whitefield fue ordenado al ministerio de la Iglesia de Inglaterra en junio de 1736, a los 21 años de edad. Su primer sermón causó un impacto inmediato, centrado como estaba en la *necesidad de nacer de nuevo*. Cuál sería el estado de las iglesias, que en lugar de ser bien recibido, poco a poco se le fueron cerrando los púlpitos de las iglesias de Inglaterra. Pero Whitefield en lugar de desanimarse persistió en predicar la doctrina para él recién descubierta, que le había abierto las puertas del cielo. A tiempo y destiempo no cesó de predicar sobre la *necesidad de nacer de nuevo*. Se puede

---

43. William Law, *A Serious Call to a Devout and Holy Life*, London 1728.

44. Henry Scougal, *The Life of God in the Soul of Man*, Nichols and Noyes, Boston 1868. Original de 1677, p. 7. Reeditado por Sprinkle Publications en 1986.

45. George Whitefield, *Journals*, Banner of Truth, Edimburgo 1978, p. 47.

decir, exagerando un poco, que fue predicador de un solo sermón[46]. Miles y miles de personas recibieron su mensaje del nuevo nacimiento como la revelación más importante para seguir y vivir a Cristo[47].

Juan Wesley (1703-1791), hijo y nieto de pastores anglicanos, fue desde su más tierna infancia un joven autodisciplinado y piadoso, gracias a una madre que no descuidó ni por un instante el crecimiento espiritual de su hijo. De estudiante en Oxford, siguió con su vida disciplinada y austera; se levantaba a las 4 de la mañana para orar y estudiar la Biblia. Con su hermano Carlos y un grupo de otros profesores y estudiantes, entre ellos Whitefield, formaron el *Holy Club* para orar y estudiar la Biblia y otros clásicos de la iglesia y hacer obras sociales siguiendo el ejemplo de Jesús. El grupo visitaba la cárcel, ayudaba a familias pobres y comenzaron una pequeña escuela. ¿Quién podría dudar de su cristianismo viéndole tan sacrificadamente implicado en todas estas actividades relacionadas con Dios y el prójimo? Pues precisamente le faltaba lo esencial, la perla de gran precio, conocimiento vivo y personal de Cristo por medio de la conversión y el nuevo nacimiento. Esto tuvo lugar en una reunión del 24 de mayo en 1738. Así lo describe en su diario: «Por la noche fui de muy mala gana a una sociedad en la calle de Aldersgate, donde alguien estaba leyendo el prefacio de Lutero a la Epístola a los Romanos. A eso de las nueve menos cuarto, mientras estaba describiendo el cambio que Dios obra en el corazón por medio de la fe en Cristo, sentí en mi corazón un ardor extraño. Sentí la seguridad de que él había quitado mis pecados, y me había salvado de la ley del pecado y la muerte […] Entonces hallé la diferencia principal entre este estado nuevo y mi estado anterior. Yo había estado esforzándome, aun

---

46. Un precedente lejano en esta insistencia sobre el nuevo nacimiento lo encontramos en el teólogo puritano John Howe (1630-1705), que predicó trece extensos sermones sobre la doctrina de la regeneración basado en el texto de 1 Juan 5:1: «Todo aquel que cree que Jesús es el Cristo, es nacido de Dios» (John Howe, *The Works of John Howe*, John Haven, New York 1835).

47. John H. Armstrong, *Five Great Evangelists*, Christian Focus Publications, Rossshire 1997; Arnold A. Dallimore, *George Whitefield: The Life and Times of the Great Evangelist of the Eighteenth-Century Revival*, Banner of Truth Trust, Edimburgo 1970-1980, 2 vols.; Arnold A. Dallimore, *George Whitefield: God's Anointed Servant in the Great Revival of the Enlightened Century*, Crossway 2010; Thomas S. Kidd, *George Whitefield: America's Spiritual Founding Father*, Yale University Press, New Haven 2014; E. A. Johnston, *George Whitefield: A Definitive Biography*, Tentmaker Publications, Stoke-on-Trent 2007, 2 vols.; Stephen Mansfield, *Forgotten Founding Father: The Heroic Legacy of George Whitefield*, Cumberland House Publishing, Nashville 2001; Robert Philip, *The Life and Times of George Whitefield*, Banner of Truth, Edimburgo 2007, original de 1837; John Pollock, George Whitefield and the Great Awakening, Hodder and Stoughton, Londres 1973; Harry S. Stout, *The Divine Dramatist: George Whitefield and the Rise of Modern Evangelicalism*, Eerdmans, Grand Rapids 1991.

luchando con todas mis fuerzas, tanto bajo la ley como bajo la gracia, pero fui vencido a menudo; ahora yo era vencedor».

Aquella noche puede decirse que John Wesley nació de nuevo. Años más tarde, dijo en un sermón que durante todos aquellos años, él había sido solamente un «casi-cristiano». Uno que se esfuerza por guardar los mandamientos de Dios; que se esfuerza por hacer buenas obras; y que tiene un deseo sincero de agradar a Dios. Uno que cumple de corazón todas sus obligaciones religiosas. En otra ocasión dijo que durante aquellos años, su fe era la fe de un esclavo, pero después Dios le dio la fe de un hijo. «A partir de este momento, a pesar de unas dudas recurrentes, Juan Wesley era un hombre cambiado. Aunque no había aprendido ninguna nueva doctrina, había ciertamente pasado por una nueva experiencia. Tuvo paz en su corazón, estuvo seguro de su salvación, y a partir de entonces fue capaz de olvidarse de sí mismo, de dejar su alma en las manos de Dios, y de pasar su vida dedicado a la salvación de sus prójimos»[48].

Lo que vino después ha llenado los anales de la historia de la Iglesia de asombro y cambios transcendentales en la predicación del evangelio, la formación de los pastores y la obra social cristiana[49]. ¿Qué es lo que cambió que tenga que ver con nuestro tema? Algo capital. La importancia de señalar la experiencia como criterio de autenticidad del ser cristiano. Wesley se dio cuenta de que no era suficiente creer en la doctrina correcta para ser cristiano. La doctrina es importante, pero esta se queda en letra muerta si no es *experimentada personalmente*. Entendió que cuando la fe es entendida como un conjunto de doctrinas que se creen y recitan durante la liturgia del culto, pierde su poder transformador de la persona, mediante el cual el pecador descubre al Dios que justifica al impío por pura gracia, y que renueva todas las cosas a imagen y semejanza de su Hijo.

La Reforma dio un paso adelante muy importante en el entendimiento de la salvación y la justificación del pecador ante Dios, al romper con el concepto del mérito y del valor de las buenas obras para alcanzar la gloria. Lutero, Calvino, Zuinglio y el resto de reformados, pese a algunas

48. J. E. Hutton, *A History of the Moravian Church*, RDC, Fort Worth 2006, original de 1909, p. 444.

49. Kenneth J. Collins, *A Real Christian: The Life of John Wesley*, Abingdon Press 2010; Kenneth J. Collins, *John Wesley: A Theological Journey*, Abingdon Press 2003; Kenneth J. Collins, *The Theology of John Wesley: Holy Love and the Shape of Grace*, Abingdon Press 2011; Reginald Kissack, *Así era y así pensaba Juan Wesley*, CUPSA, México1984; Mateo Lelievre, *Juan Wesley, su vida y su obra*, CNP/CLIE, Terrassa 1988; W. McDonald, *El Wesley del pueblo*, CUPSA, México 1985; Mark A. Noll, *The Rise of Evangelicalism: The Age of Edwards, Whitefield and the Wesleys*, IVP Academic 2010; Robert Poulter, *The John Wesley Story*, Foundery Press, London 1987; Henry D. Rack, *Reasonable Enthusiast. John Wesley and the Rise of Methodism*, Trinity Press, Philadelphia 1989; Stanley Sowton, *Juan Wesley*, CNP, Kansas City, s/f.

discrepancias en otras doctrinas, fueron unánimes e incansables en su defensa de la justificación por la fe sola en Cristo, por la gracia de Dios. Para Lutero, esta era la doctrina por la que la Iglesia caía o se mantenía firme. Nadie puede privarles de esta gloria, pero el tiempo y la evolución de las comunidades protestantes mostraron el peligro de reducir el mensaje de salvación a la doctrina de la justificación por la fe sola, entendida intelectualmente y separada de la experiencia de la regeneración y el dinamismo de la renovación espiritual[50]. La reducción del mensaje del Evangelio a soteriología, tuvo consecuencias trágicas. Es bien sabido que pronto las iglesias reformadas cayeron en una especie de escolasticismo protestante, fecundo en la redacción de confesiones de fe, catecismos y tratados de moral, en una búsqueda incesante de la ortodoxia doctrinal, pero pobre en la vivencia de lo espiritual cristiano.

Debido a su experiencia en estos temas, Wesley y el resto de los predicadores de avivamiento del siglo XVIII, se dieron cuenta que no bastaba adoctrinar en el catecismo ni hacer confesión de labios de la doctrina ortodoxa sobre la justificación por fe sola, sin *entrar personalmente* por experiencia propia en la realidad señalada por los grandes documentos confesionales. A saber, el sentido de perdón y paz alcanzado por la comprensión vital de la doctrina de la justificación, y el gozo y la alegría de sentirse renacer como una nueva persona en Cristo Jesús. Mientras que los reformadores preguntaban: «¿*Crees en la doctrina* de la salvación por gracia, por medio de fe?», los predicadores de avivamiento preguntaban: «¿*Tienes evidencia en tu propia vida* de ser salvo?».

Con ello querían prevenirse del peligro de que personas sin ningún tipo de experiencia espiritual y de relación vital con Cristo entrasen en el ministerio para perjuicio de los fieles. Era un hecho comprobado por mucha gente del pueblo desde los días de la Reforma, que muchos cambiaran de credo para continuar en el ministerio eclesial, pero sin experimentar ningún tipo de cambio de corazón.

5. Conversión repentina y gradual

La conversión no es experimentada de modo uniforme por todos los creyentes. El proceso es tan variado como los individuos que son objeto de ella. Para algunos puede ser un suceso repentino, como fue el caso del apóstol Pablo o del carcelero de Filipos en los días del Nuevo Testamento,

---

50. Cf. Bernard Citron, *New Birth: A Study of the Evangelical Doctrine of Conversion in the Protestant Fathers*, The University Press, Edimburgo 1951; Kenneth Stewart, *The Doctrine of Regeneration in Evangelical Theology: The Reformation to 1800*, en *Journal for Baptist Theology and Ministry*, Spring 2011, vol. 8.1, pp. 42-58.

o de James Fraser de Brea, pastor escocés de Culross y prisionero de Jesucristo en Bass Rock y Newgate: «Fui convertido en una semana de comunión en Edimburgo como de un golpe»[51]. Si supiéramos la historia completa de las conversiones repentinas, hallaríamos con toda probabilidad muchas influencias inconscientes y prolongadas haciendo su trabajo de preparación del momento vital cuando la vida nueva aflora en la consciencia. Hay quien no puede decir el momento o el medio concreto por el cual su corazón fue arrebatado, su mente iluminada, su voluntad movida, y Jesucristo convertido en gran realidad personal. «No recuerdo», dijo John Livingstone de la Iglesia de Shotts, «ningún tiempo particular de mi conversión, o que fuera quebrantado o elevado». La conversión inmediata o repentina y la lenta o gradual pueden deberse a la diferencia de temperamento, carácter y circunstancias de los que escuchan el Evangelio. No todos reaccionamos de idéntica manera a las mismas noticias. Unos son como un volcán y otros como un témpano de hielo que va derritiéndose poco a poco. En unos casos es fulminante, como un disparo a primera vista de la presa, en otros, progresiva como la formación de un puzzle, donde cada pieza necesita encontrar su lugar. «Ya sea que uno pueda recordar con precisión el momento de su conversión o no, es necesario que no haya duda alguna en cuanto a la posición real de uno en el momento presente. Un hombre convertido sabe si está encaminado hacia Dios o si va por rumbo opuesto a Dios. Su certeza respecto a su condición espiritual se basa en parte en su propia experiencia, pero principalmente en la autoridad del Espíritu de Dios que habla mediante las Escrituras en las que Dios ha expuesto claramente las condiciones dentro de las cuales somos admitidos en su familia»[52].

Lo que cuenta es que sea una obra de Dios y esto sólo se sabe por sus efectos, por sus frutos.

Para algunos la vida espiritual puede venirles principalmente como una experiencia intelectual; es decir, la clarificación de sus ideas, la aceptación convencida de cosas previamente negadas o puestas en duda; para otros fue un gran evento moral, la limpieza de una vida en el error; y para otros ha significado un cambio emocional, contrición por los años pasados, pesadumbre mental sentida por Gran Corazón, personaje del *Progreso del peregrino* de John Bunyan; o la introducción a la paz con Dios en medio de cargos de conciencia; la experiencia del gozo de la salvación que supera problemas y dificultades; el sentimiento de exultación de que al final algunas cuestiones vitales han encontrado solución.

51. *Memoirs of the Rev James Fraser of Brea*, Scottish Puritans, Select Biographies, Banner of Truth, Edimburgo 2008, vol. 2.

52. Evan H. Hopkins, *op. cit.*, p. 12.

Es imposible detallar las variedades infinitas de esta experiencia, bien sea como «crisis» dramática en la vida, o como «proceso» gradual. Lo importante es que cada cual tenga su propia experiencia consciente y estar seguro de que es tan vital y tan válida como la de cualquier otro. Richard Baxter escribe en su autobiografía que fue probado durante muchos años con angustiosas dudas sobre su salvación, y una de las causas de esta vejación espiritual fue, según confesó, «porque no podía señalar visiblemente la operación del Espíritu en mi corazón del mismo modo que Bolton, Hooker, Rogers y otros teólogos la describían; no conocía el tiempo de mi conversión»[53]. No hay necesidad de dudar de la validez de la conversión de uno mismo porque sea distinta a la de otro; ni es una experiencia más valida porque se parezca a la de algún otro. Lo importante es la experiencia propia, estar seguro de la misma, y confiar en ella como algunos hicieron al principio porque estaban allí y fueron parte de ella: «Ya no creemos por tu dicho; porque nosotros mismos hemos oído, y sabemos que verdaderamente éste es el Salvador del mundo, el Cristo» (Juan 4:42).

6. Conversión única e irrepetible

¿Es la conversión una experiencia única o una experiencia repetible, como cuando se dice que hay que «convertirse a diario»? Por regla general el protestantismo evangélico mantiene la primera posición, mientras que el catolicismo la segunda.

Para la mayoría de los autores católicos la conversión no es una experiencia que se da una sola vez en la vida, sino un proceso que dura toda la vida[54], algo que, tomado al pie de la letra, es imposible de ser aceptado por un protestante.

La iglesia católica siempre ha tenido miedo a las experiencias que considera propias de sectas y movimientos entusiásticos, «que con suma facilidad han puesto la vivencia personal por encima del ministerio y de la fe tradicional de la iglesia»[55]. Eso por una parte, por otra, el entendimiento

---

53. Cf. Timothy K. Beougher, *Richard Baxter and Conversion: A Study of Puritan Concept of Becoming Christian*, Mentor, Fearn, Escocia 2007.

54. G. Bardy, *La conversión al cristianismo durante los primeros siglos*, Desclée de Brouwer, Bilbao 1961; J. Barra, *Psicología de los convertidos*, Paulinas, Bilbao 1965; Gabriel Campo Villegas, *Los hombres nacen dos veces*, Flors, Barcelona 1963; A. M. Carré, *La conversión de cada día*, Narcea, Madrid 1971; J. C. Dhotel, *La conversión al Evangelio*, Marova, Madrid 1980.

55. Otto Knoch, *El Espíritu de Dios y el hombre nuevo*, Secretariado Trinitario, Salamanca 1977, p. 14. «La práctica pastoral católica, por buenas razones (insistencia en lo objetivo, miedo a la falsa mística y al iluminismo, afán de eclesialidad y amor a la sobriedad del quehacer cristiano de cada día, etc.), se ha mostrado y sigue mostrándose

unilateral de la conversión como «penitencia», o «arrepentimiento», que precisamente no puede darse una única vez en la vida, sino tantas como la recaída en el pecado lo exija. «Con ello, unido y en correspondencia con la observancia legalista de los mandamientos, se introduce, subrepticiamente, un cierto poso de justificación por las obras, en la cual sólo de forma muy insuficiente ocupa un lugar la verdadera premisa de una penitencia plena de sentido: el cambio de mente y corazón. Lo equivocada que tal versión está, se ve claramente si consultamos a las Escrituras sobre cómo entienden la penitencia y si observamos en ellas qué es lo que Jesús valoraba especialmente en su llamada a la conversión»[56].

De esta manera, los autores católicos llegan a la concepción de una versión «repetida» de la conversión al englobarla en el concepto de seguimiento de Cristo, lo cual ciertamente es «un proceso continuo y vivo en el que debe estar permanentemente toda la existencia cristiana»[57].

Pero hay un problema más serio. Es la doctrina que enseña la «regeneración bautismal», incluso en los niños sin consciencia, en quienes la administración del bautismo sella el acto de la conversión. Una de las consecuencias más graves de esta praxis corriente de la pastoral católica, es que a menudo queda oculta la conversión como fenómeno central en la historia salvífica del individuo, tal como denuncia el teólogo católico Karl Rahner. «Las razones son fácilmente comprensibles: el bautismo, que era en la Iglesia primitiva el acontecimiento de la conversión con su entusiasmo bautismal, es por lo general administrado como bautismo de niños. Prácticamente, tampoco cuenta en general la confirmación como encarnación cultual de una conversión. Lo mismo digamos de nuestra primera comunión tempranamente recibida. Nuestra práctica pastoral sigue normalmente contando con un cristianismo que se vive en una sociedad cristiana relativamente homogénea, la cual considera obvio que las actitudes y decisiones últimas se tomen con espíritu cristiano, aunque resulte problemático que así sea»[58].

Esto explica la ausencia casi total de un llamado a la conversión por parte de los sacerdotes y párrocos educados en el catecismo para quienes todos los bautizados que ocasionalmente asisten el culto ya son cristianos en virtud de su bautismo infantil[59]. A esto se une «la práctica del confesio-

---

desconfiada con relación a una excesivamente buscada producción de experiencias de conversiones ('metodismo', 'movimientos de despertar')». Karl Rahner, *Sacramentum Mundi*, I, 978.

56. Josef Imbach, *Perdónanos nuestra deudas*, Sal Terrae, Santander 1983, p. 106.

57. *Ibid.*, p. 117.

58. Karl Rahner, *Sacramentum Mundi*, I, 976-985.

59. «¿Cómo puede algún hombre pararse en su púlpito y decir a su congregación: 'Ustedes tienen que nacer de nuevo' cuando ya les ha asegurado, por su propio 'genuino

nario, con sus confesiones frecuentes, y la predicación moral, que se ocupa sobre todo de exigencias particulares de la vida diaria, y también tienden más a una mil veces repetida rectificación y corrección del diario quehacer cristiano, con su nivel medio, que a una «regeneración» fundamental y singular del hombre»[60], tal y como se produce en la conversión en cuanto opción libre y consciente de una persona por medio de la cual se define a sí mismo y ante los demás como un seguidor de Cristo[61]. Precisamente Lutero tuvo que protestar contra la Iglesia de Roma porque había transformado la radicalidad de la *metanoia* en una serie de actos repetitivos colocados bajo el epígrafe de «sacramento de la penitencia», que ocultaban la dimensión histórico-existencial del encuentro con Cristo en la conversión, por la cual el pecado entra en el cielo de la justificación.

En un sentido metafórico, se puede hablar de «necesidad irreversible de convertirse al amor de los hermanos», o «conversión al espíritu de Cristo»,

asentimiento y consentimiento' a ello, que los miembros de la congregación, cada uno de ellos, han nacido de nuevo en el bautismo? ¿Qué hará con ellos? Vamos, mis queridos amigos, entonces el Evangelio no tiene ninguna voz; se han atorado con esta ceremonia en mitad de su garganta y no pueden hablar para censurarla».

«El hombre que ha sido bautizado o rociado dice: Yo *soy* salvo, yo *soy* un miembro de Cristo, un hijo de Dios, y un heredero del reino de los cielos. ¿Quién eres tú, para que me censures *a mí*? ¿Llamarme *a mí* al arrepentimiento? ¿Llamarme *a mí* a una nueva vida? ¿Qué mejor vida puedo tener? Pues yo soy un miembro de Cristo; una parte del cuerpo de Cristo. ¡Cómo! ¿Censurarme *a mí*? Yo soy un hijo de Dios. ¿Acaso no puedes verlo en mi cara? Independientemente de cuál sea mi camino y mi conversación, yo soy un hijo de Dios. Más aún, yo soy un heredero del reino de los cielos. Es verdad, yo bebo y maldigo y todo eso, pero tú sabes que soy un heredero del reino de los cielos, pues cuando muera, aunque viva en constante pecado, me pondrás en la tumba, y le dirás a todo el mundo que yo morí en la segura y cierta esperanza de la resurrección para vida eterna» (Charles Spurgeon, *La Regeneración Bautismal*, sermón predicado en Londres la mañana del Domingo 5 de Junio de 1864. Recopilado en *12 sermones doctrinales*, CLIE, Barcelona 1984, pp. 62-85).

60. Karl Rahner, *op. cit.*, 980.

61. «La cura de almas y la teología pastoral no deben pasar por alto el fenómeno de la conversión como tarea decisiva de la pastoral individual. Una razón de esto, pero no la única, está en que la libertad, como irrepetible autorrealización histórica del hombre por la que éste fija definitivamente su suerte ante Dios, implica una opción fundamental; opción que el hombre, dada su naturaleza esencialmente reflexiva e histórica, debería realizar con el máximo grado posible de reflexión explícita. De ahí que la conversión no sea tanto (ni siempre) apartamiento de determinados pecados particulares del pasado, cuanto la aceptación decidida y radical, y radicalmente consciente, personal y singular, de la existencia cristiana, la cual implica una experiencia real de la libertad, de la decisión por el destino externamente definitivo, y de la gracia (cf. p. ej., Gálatas 3:5). Y eso sobre todo porque en una sociedad de extremo pluralismo ideológico y anticristiana, el cristianismo del individuo, sin apoyo del medio, no puede subsistir a la larga sin pareja conversión, es decir, sin la personal decisión fundamental por la fe y la vida cristiana» (Karl Rahner, *op. cit.*, 982).

como hace el profesor Salvador Vergés en su extenso estudio sobre la conversión cristiana en el apóstol Pablo[62], pero nos parece más adecuado y menos equívoco, utilizar para los casos mencionados, términos como «entrega», «dedicación», «consagración», «compromiso». Pues una cosa es la *donación* de vida por parte de Dios con la *manifestación* de esa misma vida por parte del hombre creyente. El lenguaje de Cristo es claro y radical. La respuesta al llamado a la conversión marca un antes y un después, sin que admita repetición. «De cierto, de cierto os digo: El que oye mi palabra, y cree al que me envió, tiene vida eterna; y *no vendrá* a condenación, mas *ha pasado* de muerte a vida» (Juan 5:24). Notemos los tiempos de los verbos y la radicalidad del cambio. Quien con fe recibe la palabra de Cristo ha pasado de muerte a vida. Aquí no se trata de un proceso que se puede repetir a voluntad, sino de un acontecimiento producido por la gracia divina, que crea una nueva situación, un nuevo estado, una nueva vida (2 Corintios 5:17). Esa nueva vida todavía tiene que desarrollarse, pero la semilla ya ha sido plantada y el cambio de los cambios ya se ha efectuado. Ha nacido a la vida de Dios, ahora le toca vivir esa vida en todas sus dimensiones e implicaciones. A partir de ese momento, el creyente, el «renacido», no tiene que convertirse, sino renovarse, transformarse desde lo que ya es potencialmente en Cristo al pleno acto de su manifestación. «Así como Cristo ha muerto una vez por todas y con su muerte ha cumplido de un modo suficiente todo lo que estaba destinado a cumplir, así el Espíritu Santo por un solo acto opera eficazmente en el alma, produce un nacimiento espiritual y cambia a la persona de una vez por todas»[63].

Si en este contexto se habla de «convertirse» a esto u lo otro; «al amor», «al servicio al próximo», «a la entrega incondicional a los demás», corremos el riesgo de devaluar la palabra «conversión» y la experiencia salvífica a la que remite. E incluso introducimos la errónea idea de que la conversión es una opción más entre otras, que sólo afecta a un determinado aspecto de la vida.

La conversión en el Nuevo Testamento se asocia siempre con la opción fundamental y transformante por la salvación, el reino de Dios y la vida eterna. No es cuestión de ir convirtiéndose un poco cada día, sino de aceptar y recibir mediante la fe el regalo de la vida eterna que el Evangelio nos ofrece. «La conversión en el estricto sentido soteriológico de la palabra nunca se repite. Aquellos que han experimentado una conversión verdadera pueden caer temporalmente bajo la atracción del mal y ser atrapados

---

62. Salvador Vergés, *La conversión cristiana*, Secretariado Trinitario, Salamanca 1981, pp. 384, 386.

63. Samuel Eyles Pierce, *A Treatise upon Growth in Grace*, London 1804, p. 84. Reedición por Scholar's Choice, 2015.

por el pecado; podrán a veces hasta vagar lejos del hogar; pero la vida nueva recibe orden de rehacerse y en ocasiones los hará volverse a Dios con corazones penitentes»[64].

¿Qué ocurre, entonces, con los que después de haber «renacido» en algún momento dado de su vida caen en el pecado, la duda o la negación de la fe? ¿Ya no queda «conversión» posible para ellos?

El texto apostólico es duro a primera vista y parece no dar muchas esperanzas: «En el caso de los que fueron una vez iluminados, que probaron del don celestial y fueron hechos partícipes del Espíritu Santo, que gustaron la buena palabra de Dios y los poderes del siglo venidero, pero *después* cayeron, *es imposible renovarlos otra vez para arrepentimiento*, puesto que de nuevo crucifican para sí mismos al Hijo de Dios y le exponen a la ignominia pública» (Hebreos 6:4-6). Aquí parece negarse que sea posible una segunda oportunidad. Así lo entendieron de antiguo los novacianos[65], quienes basados en este texto negaron el perdón a los caídos. Calvino cree que la clave para entender este pasaje está en el significado de la palabra «caer»[66]. ¿Quiénes son los que *cayeron*? No los que en una forma u otra hayan ofendido a Dios, sino los que *reniegan* de Dios, por eso el apóstol no habla aquí de hurto, perjurio, borrachera o adulterio, sino de una total deserción o apostasía del evangelio, una renuncia de la gracia divina. «Esto no acontece a ninguno, sino al que peca contra el Espíritu Santo, pues quien viola la segunda tabla de la ley, o por ignorancia quebranta la primera, no es culpable de tal deserción, y Dios ciertamente jamás excluye o priva a alguno de su gracia como para dejarle sin nada, excepto a los réprobos»[67].

---

64. Louis Berkhof, *op. cit.*, p. 578.

65. Herejía del siglo III d.C., que negaba la absolución de los *lapsos* o apóstatas y afirmaba que la Iglesia no tiene poder para dar la paz a los que renegaron de la fe en la persecución y a los que cometieron algún pecado mortal. Esta doctrina rigorista fue perdiendo adeptos hasta desaparecer en el siglo VII.

66. En el original griego se utiliza el verbo *parapipto*, traducido por «caer» o «apartarse», que puede significar simplemente «extraviarse», pero la dureza de las descripciones que siguen exige que se entienda como un grave pecado: rechazar a Cristo por completo. «El sentido original de 'caer desviándose', 'caer fuera', 'perderse', ha tomado ya desde los LXX el sentido moral de caída espiritual, *apostasía*. No se refiere a cualquier pecado moral más o menos grave, sino indica la rotura definitiva con el don salvífico descrito en 6:4-5; es el abandono del pasado cristiano de fe y esperanza vivas, el desprecio del don escatológico de Dios. Este es el peligro definitivo y total que amenaza a la comunidad y al cual el pastor quiere hacer frente con su exhortación» (Gaspar Mora, *La carta a los Hebreos como escrito pastoral*, Herder, Barcelona 1974, p. 88).

67. Juan Calvino, *Comentario a los Hebreos*, SLC, Grand Rapids 1977, p. 123. «En la literatura judía de entonces, el arrepentimiento era un don de Dios, y *Hebreos* ha tomado ese pensamiento como algo específicamente encarnado en la persona y obra del Hijo de Dios. El arrepentimiento, de nuevo, es mencionado como imposible, porque no hay ningún otro lugar a donde ir en busca del mismo una vez que se ha rechazado a Cristo.

De aquí se deduce, como bien escribe David Gooding, que «la única cosa que podría volverlos al arrepentimiento es el poder del Espíritu Santo. Pero una vez que lo han experimentado, si después deliberadamente lo rechazan, no hay otro poder en el universo de Dios que pueda alcanzarles»[68]. No hay duda que Dios quisiera salvarles, la puerta de regreso permanece abierta, porque el deseo de Dios es que «nadie perezca, sino que todos alcancen el arrepentimiento» (2 Pedro 3:9), pero quien después de haber conocido la obra del Espíritu Santo[69] rechaza deliberadamente todo lo que ha recibido y creído, no hay esperanza alguna, pues el mismo poder de renovación para el arrepentimiento es resistido en su fuente. Como dice Esteban en su defensa: «Vosotros resistís siempre al Espíritu Santo; como hicieron vuestros padres, así también hacéis vosotros» (Hechos 7:51).

Con todo, la carta a los Hebreos tiene un carácter pastoral, «es la palabra de un pastor de almas que quiere prevenir la apostasía que amenaza y para ello pinta sus terribles consecuencias. No se trata, por tanto, de la decisión de un canonista o moralista sobre la cuestión que vendría a ser aguda en el siglo II, de si cristianos que han apostatado pueden ser recibidos de nuevo en la comunión de la Iglesia caso que se arrepientan sinceramente de su pecado. En otras palabras: el autor no quiere declarar la imposibilidad de una penitencia segunda, sino exhortar a frenar a tiempo y a volver al buen camino»[70].

El apóstol Santiago apremia a los cristianos fervientes para que hagan volver a los pecadores de su extravío (Santiago 5:19s). Pablo se regocija de que se hayan arrepentido los que entre los corintios habían caído en pecados aborrecibles (2 Corintios 7:9s), y exhorta a Timoteo, para que corrija a los recalcitrantes, esperando que Dios les otorgue la gracia del arrepentimiento (2 Timoteo 2:25). En los mensajes a las siete Iglesias que abren el Apocalipsis se leen claras invitaciones al arrepentimiento, que suponen destinatarios decaídos del primitivo fervor (Apocalipsis 2:5.16.21s; 3:3,19).

El apóstata, en efecto, ha dado la espalda al único medio disponible para obtener el perdón de Dios» (George H. Guthrie, *Hebreos. Comentario bíblico aplicado*, Vida, Miami 2014, p. 274).

68. David Gooding, *Un reino inconmovible. Estudios sobre Hebreos*, Literatura Bíblica, Madrid 1982, pp. 98-99.

69. *Fueron hechos partícipes del Espíritu Santo*, dice el texto sagrado.

70. Franz J. Schierse, *Carta a los Hebreos* 6,4.6, Herder, Barcelona 1970. De la misma opinión es Anthony C. Thiselton: «El autor está haciendo una afirmación pastoral y práctica, antes que exponiendo una doctrina. Pastoralmente hablando un *ciclo de aceptación y negación* es lógicamente imposible, tanto como crucificar a Cristo de nuevo» (*Hebrews*, en James D. G. Dunn y John W. Rogerson [eds.], *Commentary on the Bible*, Eerdmans, Grand Rapids 2003, p. 1463).

En Pablo sólo hubo una experiencia del «camino de Damasco», e imagino que lo mismo ocurre en el resto de discípulos de Cristo. Más tarde, en ese caminar en el Camino de Cristo, hay lugar para muchas experiencias con el Señor resucitado de diverso orden y contenido, unas de exaltación, otras de postración, pero ya son experiencias dentro del marco conocido de referencias cristianas.

Uno puede caer en el pecado, e incluso vivir durante un tiempo de espaldas a Dios, lejos de la casa del Padre, pero la vuelta de un hijo a Dios, cuando sucede, no representa una nueva conversión, sino la restauración a su condición de hijo y al goce de la comunión perdida. Una vez que uno es hijo de Dios, y mediante la conversión somos adoptados como hijos en la familia divina, no es posible perder esa condición de hijo, aunque sí el privilegio que conlleva. Sólo se vive y se muere una vez. Si la conversión es el acto por el que recibimos la vida de Dios y morimos a la antigua manera de vivir, la conversión sólo ocurre una vez en la vida. Sería desvirtuar su carácter de obra sobrenatural facultada por la regeneración hablar de una conversión continua o permanente. La conversión es un acontecimiento radical que determina el curso futuro de la vida. Uno o se vuelve a Dios de una vez para siempre, o se condena para la eternidad. O se comprende el Evangelio y se acepta, o se ignora y se rechaza. Ciertamente hay grados de comunión y compromiso con el Evangelio, pero estos no pertenecen a la conversión, sino a ese proceso que en términos bíblicos y teológicos llamamos «seguimiento», «discipulado», «santificación», que admite grados y fases, en cuanto supone la adecuación a la nueva vida recibida de parte de Dios. La conversión marca el principio consciente del nuevo hombre o mujer en Cristo. La santificación comprende las luchas y los altibajos que una vida conquistada por el amor de Cristo tiene que soportar en su lucha diaria con el mundo y el pecado.

7. Conversión, fiesta y alegría

Así como se celebra el nacimiento de una nueva criatura en este mundo, la conversión, en cuanto renacimiento, se festeja con una alegría no menor, como la parábola del padre del hijo pródigo, al que recibe no sólo con los brazos abiertos, sino con todo un banquete de fiesta: «Traed el becerro gordo y matadlo, y comamos y hagamos fiesta; porque *este mi hijo muerto era, y ha revivido*; se había perdido, y es hallado. Y comenzaron a regocijarse» (Lucas 15:23-24).

Los Evangelios están llenos de ejemplos y metáforas sacados de la vida común para expresar esta alegría en relación al converso, entendido como alguien descarriado que encuentra el camino de vuelta al hogar, o mejor, que es encontrado por Aquel que desde el principio de los tiempos busca al hombre, a la mujer, en su extravío y confusión. Se ve claramente en la parábola de la oveja perdida. Cuando el dueño sale a su encuentro y la halla, «la pone sobre sus hombros, *gozoso*; y cuando llega a su casa, reúne a los amigos y a los vecinos, diciéndoles: *Alegraos conmigo*, porque he hallado mi oveja que se había perdido» (Lucas 15:6). Jesús saca de aquí la moraleja que define lo que estamos diciendo: «Os digo que de la misma manera, habrá más gozo en el cielo por un pecador que se arrepiente que por noventa y nueve justos que no necesitan arrepentimiento». A lo que se añade otro ejemplo: «¿Qué mujer, si tiene diez monedas de plata y pierde una moneda, no enciende una lámpara y barre la casa y busca con cuidado hasta hallarla? Cuando la encuentra, reúne a las amigas y vecinas, diciendo: *Alegraos conmigo* porque he hallado la moneda que había perdido. De la misma manera, os digo, *hay gozo en la presencia de los ángeles de Dios por un pecador que se arrepiente*» (Lucas 15:8-10). Por eso el Evangelio es evangelio, a saber, buenas noticias, noticias de alegría. Pues algo tremendamente importante ocurre cuando una persona se vuelve del pecado a Dios, tanto en términos de trascendencia eterna como en términos terrenales y temporales. No sólo que un alma es salva para la eternidad, sino que una persona es salvada, rescatada para la vida. Y mediante esa persona salvada, ¿quién sabe cuántas otras personas son igualmente salvas, y cuantas situaciones transformadas y mejoradas?

No tiene nada de extraño, pues, que alguien haya dicho que *evangelizar* tiene que ver con *ilusionar*. Palabras que riman en su sonido y contenido. Evangelizar es ilusionar con el mensaje y el proyecto de Jesús, que tiene que ver con la vida, la vida realizada y edificada sobre el fundamento sobre la palabra de salvación.

En su llamado de la conversión, Jesús se expresa en clave de fiesta. Las imágenes del banquete (Lucas 14:16), de las bodas (Mateo 22:2) visualizan la llamada a la conversión como la invitación a una fiesta, la fiesta que Dios ha preparado para el hombre. Es el Dios que adereza mesa delante de nosotros (Salmo 23:5). El Dios que no viene a robar ni a matar a su criatura en pago por su pecado, su desobediencia y su rebeldía, sino a facilitar las condiciones de una vida sana, con sentido, justificada. Reconciliada, porque Dios es Reconciliador y nada hay más gratificante que una vida reconciliada con todo lo que nos rodea, comenzando por Dios y por nosotros mismos, que a veces somos nuestros peores enemigos.

La reconciliación entre hermanos enemistados siempre es motivo de alegría, como lo es entre la criatura y el Creador. Jacob tardó mucho en reconciliarse con su hermano Esaú porque tenía miedo que este le matase. Y con razón, después de todas las malas jugadas que le había hecho. Cuando al final se encuentran, Jacob intenta apaciguar a su hermano ofendido haciéndole llegar un buen número de regalos (Génesis 32:20-21). Pero lo que Esaú hizo, tan pronto vio a su hermano venir hacia él, fue correr a su encuentro «y lo abrazó, puso los brazos alrededor de su cuello y lo besó» (Génesis 33:4). Jacob, todavía con sentido de culpa, a continuación presenta a su hermano los regalos que ha preparado para él, Esaú los rechaza diciendo: «Hermano mío, yo tengo más que suficiente. Guarda para ti lo que tienes» (Génesis 33:9). Con cuanta razón Jacob responde a su hermano: «¡Qué alivio es ver tu *amigable sonrisa*! *¡Es como ver el rostro de Dios!*» (Génesis 33:10 NTV). Sí, aquí está el error de muchos que miran a Dios como el Señor Soberano siempre molesto y airado, dispuesto a castigar al culpable. Ignoran el carácter amable de Dios, su *amigable sonrisa*. Como Jacob, quisieran comprar el favor de Dios, con sus obras y sus méritos; reconciliarse con él a fuerza de regalos, como si hubiera que comprar el amor y la reconciliación de Dios. Es el hombre quien tiene que dejarse reconciliar con la reconciliación hecha por Cristo. Por pura gracia, de otro modo nunca habría reconciliación posible. Esa es la buena noticia, la gran alegría para el que se esconde en la espesura del bosque de sus propias justificaciones, la buena noticia para quien quiere fabricar sus propios caminos de reconciliación con materiales que no resisten la prueba, pues «Dios estaba en Cristo reconciliando al mundo consigo mismo, no tomando en cuenta a los hombres sus transgresiones» (2 Corintios 5:19).

El gozo de la salvación, es el gozo de saberse salvo de antemano, «no por obras de justicia que nosotros hubiéramos hecho, sino conforme a su misericordia, por medio del lavamiento de la regeneración y la renovación por el Espíritu Santo» (Tito 3:5). Quien descubre esto, es como el eunuco tras su conversión, «siguió *gozoso su camino*» (Hechos 8:39); como un poco antes, de los samaritanos se dice que «*hubo una gran alegría en aquella ciudad*» (Hechos 8:8). Encontrarse con la salvación no es para menos, y vivirla no es sino la expresión de esa alegría: «Estad siempre gozosos» (1 Tesalonicenses 5:16). «Regocijaos en el Señor siempre» (Filipenses 4:4).

8. Conversión, una nueva aspiración

La conversión conlleva un nuevo centro moral. En la conversión tiene lugar un cambio de carácter espiritual y ético, tanto en relación a Dios como a todo lo que rodea y lo que hasta entonces había sido su vida. Ese nuevo centro moral es la vida de Cristo como principio de conducta. Ni antes ni después de la conversión se debe perder de vista a Cristo como referencia primordial de la vida, so pena de despistarse, adentrándose por caminos equivocados y estériles: caminos que no conducen a ninguna parte. «Puestos los ojos en Jesús, el autor y consumador de la fe» (Hebreos 12:2).

Desde el punto de vista del comportamiento, puede decirse que la vida del converso consiste en poner por obra la palabra de Jesús, sus dichos, su ejemplo y su misma vida de entrega y servicio por los demás. Desde la perspectiva de Dios Padre es cumplir su voluntad en todas las esferas de la vida nueva que ahora se abren. Eso es vivir el espíritu del Reino de Dios. Tener conciencia de la responsabilidad contraída ante Dios. «Hágase tu voluntad así en la tierra como en el cielo, venga a nosotros tu Reino» (Mateo 6:10), pedimos en la oración del Señor. El Reino de Dios viene a nosotros en la Persona de Jesús, cuando por la fe nos apropiamos de Él. Entonces, y sólo entonces, es posible cumplir la voluntad de Dios, ingresar en la larga lista de los que juntamente con Jesús, y siguiendo su ejemplo, hacen de la voluntad de Dios su comida y bebida diaria (cf. Juan 4:34). Desde el punto de vista de la interioridad, es dejarse llevar por las mociones del Espíritu, no resistir a sus operaciones, desarrollar los frutos y dones del Espíritu, que son la evidencia de esa nueva vida implantada en el mismo corazón del creyente.

Puesto que el centro moral del creyente está radicado en la Trinidad, la nueva vida no puede ser sino una ofrenda mediante la cual la misma Trinidad va renovando a la persona desde dentro hacia fuera. «Os ruego –escribe el apóstol Pablo–, que presentéis vuestros cuerpos en sacrificio vivo, santo, agradable a Dios, que es vuestro culto racional. No os conforméis a este siglo, sino transformaos por medio de la renovación de vuestro entendimiento, para que comprobéis cuál sea la buena voluntad de Dios, agradable y perfecta» (Romanos 12:1-2).

Es un punto esencial saber que estamos consagrados y dedicados a Dios como nuestra meta y norte moral y existencial, «a fin de que ya no pensemos cosa alguna, ni hablemos, meditemos o hagamos nada que no sea para su gloria; porque no se pueden aplicar las cosas sagradas a usos profanos, sin hacer con ello gran menosprecio a Dios. Somos del Señor, luego, vivamos y muramos para Él. Somos de Dios, luego que su sabiduría y voluntad reinen en cuanto emprendamos. Somos de Dios; a Él, pues, dirijamos todos los momentos de nuestra vida, como a único y legítimo fin. ¡Cuánto ha adelantado el que, comprendiendo que no es dueño de sí mismo, priva del mando y dirección de sí a su propia razón, para confiarlo al Señor! Porque la peste más perjudicial y que más arruina a los hombres es la complacencia en sí mismos y no hacer más que lo que a cada uno le place. Por el contrario, el único puerto de salvación, el único remedio es que el hombre no sepa cosa alguna ni quiera nada por sí mismo, sino que siga solamente al Señor, que va mostrándole el camino»[71]. Eso es tomarse en serio el nuevo centro moral que la conversión introduce en la vida del creyente.

---

71. Juan Calvino, *Institución*, lib. III, cap. VII, 7, 1.

9. Conversión, una nueva manera de ver

La conversión significa también una nueva perspectiva. No podía ser de otra manera, toda vez que convertirse significa un cambio de mente y, por tanto, de manera de pensar, ver y valorar las cosas. El Evangelio lo presenta bajo las metáforas del paso de las tinieblas a la luz, de la ignorancia al conocimiento, de la ceguera a la visión. La redención es tanto asunto del corazón como del intelecto. Afecta por igual a la manera de actuar como a la de pensar. Es pasar de una razón errada, en lo que respecta a Dios, a una razón regenerada. Porque la misma fe que abre «los ojos del corazón» (Efesios 1:18), es la que abre los ojos de la razón.

La conversión posibilita desde el interior el desarrollo de un tipo de conocimiento que desde la fe busca comprender todo lo que rodea[72]. «Porque ¿quién de los hombres sabe las cosas del hombre, sino el espíritu del hombre que está en él? Así tampoco conoció las cosas de Dios, sino el Espíritu de Dios. Y nosotros no hemos recibido el espíritu del mundo, sino el Espíritu que proviene de Dios, para que sepamos lo que Dios nos ha concedido, lo cual también hablamos, no con palabras enseñadas por sabiduría humana, sino con las que enseña el Espíritu, acomodando lo espiritual a lo espiritual. Pero el hombre natural no percibe las cosas que son del Espíritu de Dios, porque para él son locura, y no las puede entender, porque se han de discernir espiritualmente. En cambio, el espiritual juzga todas las cosas; pero él no es juzgado de nadie. Porque ¿quién conoció la mente del Señor? ¿Quién le instruirá? Mas nosotros tenemos la mente de Cristo» (1 Corintios 2:11-16). La fe que de Dios recibimos es el punto de visión clara que orienta la percepción de la realidad entera como radicada en Dios y tendente a Él. «Todos nuestros mayores –escribía Nicolás de Cusa– han afirmado unánimemente que la fe era el principio del conocimiento. El entendimiento es dirigido por la fe y la fe se extiende gracias al entendimiento»[73].

La fe y el conocimiento van indisolublemente unidos, caminan de la mano sin que sea aconsejable separarlos. Decía el filósofo italiano Michele Sciacca que «no hay discordia entre fe y razón, sino colaboración en

---

72. «Creo para comprender, y comprendo para creer mejor», decía san Agustín (Sermón, 43, 7. 9). Por su parte, san Anselmo decía: «La fe trata de comprender» (*Proslogion*, «Prefacio»), y continúa: «Yo no pretendo, Señor, penetrar vuestras profundidades: están muy por encima de mi inteligencia. Pero yo quisiera comprender algo de nuestra Verdad que mi corazón cree y ama. Porque yo no trato de comprender para creer, sino que creo para comprender. Más todavía: creo que si yo no creyera primeramente, nada comprendería».

73. Nicolás de Cusa, *La docta ignorancia*, Orbis, Barcelona 1985, p. 178. Original de 1440.

nombre de la única verdad»[74], y si no la hay es mejor no provocarla. La fe, como don iluminativo del Espíritu y como conjunto de verdades reveladas, introduce en la mente una serie de datos y perspectivas nunca antes tenidas en cuenta que provocan al intelecto a la reflexión, en la dirección abierta por la fe-revelación. El intelecto participa activamente en la redención, siendo él también objeto de la obra salvadora de la cruz. Consumada la conversión se inicia un nuevo enfoque de la realidad, una nueva manera de pensar y de utilizar las facultades intelectivas, íntimamente relacionadas con las facultades morales y afectivas, dañadas gravemente por el pecado. Al ser curadas por el Evangelio se abre ante ellas un nuevo mundo a la vez que reciben nuevo vigor, nuevas fuerzas. La conversión del corazón en cuanto centro de la vida, es el nervio de la conversión de la cabeza, de la razón que hunde sus raíces en la vitalidad primaria que es la vida.

74. Michele F. Sciacca, *Mi itinerario a Cristo*, Taurus, Madrid 1957, p. 82.

III
El nuevo nacimiento

A algunos puede llamar la atención saber que, después de la importancia esencial que hemos dado a la conversión, advierta que en el Evangelio de Juan nunca aparece la palabra *metanoia*-conversión. Ahora bien,
que la palabra *metanoia* no sea utilizada por Juan, no quiere decir que la
desconozca o ignore, simplemente que utiliza otro vocabulario. La idea
de la conversión está presente en las imágenes y en el vocabulario del
creer, del renacer y del seguimiento de Cristo. Discípulo es quien cree en
el Hijo, quien nace de nuevo, quien confía en él (Juan 3:3-21). «Para Juan,
creer significa una alternativa radical que engloba toda la vida: ante Jesús,
que revela el amor presente del Padre, el dinamismo de la conversión se
identifica con este creer, que es reconocerlo como Señor y confiar en él,
en su palabra»[1].

Dicho esto, la imagen del *renacer* o «nuevo nacimiento» es la más pode-
rosamente sinónima de la conversión[2]. Esto es, como dice Bernard Häring,
lo que, según san Juan, corona la conversión, lo que constituye propiamente su esencia. Es *nacer de lo alto*. El retorno y la readmisión a la casa paterna,
a la casa de Dios, no es un hecho exterior: Consiste en una transformación
profunda e íntima del ser, llamada por eso *nuevo nacimiento, nacimiento
de Dios* (1 Juan 1:11-13; 3:35), *de lo alto, del Espíritu* (Juan 3:5). «Así pues,
convertirse es infinitamente más que 'renunciar al pecado', *mucho más aún
que* 'recibir el perdón de los pecados'. Es el don de una nueva vida, un ser
engendrado y nacido de la simiente divina (1 Juan 2:29; 3:9; 4:7; 5:1.4.18).
Además de perdonar los anteriores pecados, rompe Dios desde dentro las
cadenas que esclavizan a ellos y al mundo: 'El nacido de Dios no peca, y
Dios lo guarda, y el maligno no lo toca' (1 Juan 4:18). 'Todo engendrado
por Dios, vence al mundo' (1 Juan 5:4). Al engendrarlo por la gracia, da

---

1. S. Bastianel, *Conversión*, en F. Compagnoni (dir.), *Nuevo Diccionario de Teología Moral*, San Pablo, Madrid 1992, pp. 265ss.

2. «La idea de generación sobrenatural juega un papel decisivo en Juan, en 1:12s,
en 3:3-8 y quizá también en 11:52. No se encuentra en los escritos de Pablo, donde se
prefiere la metáfora de muerte y resurrección; pero sí se emplea en 1 Pedro 1:3.23 y en
las cartas Pastorales (Tito 3:5). Es frecuente en 1 Juan 2:29; 3:9; 4:7; 5:1.4.18)». Charles K.
Barreter, *El evangelio según san Juan*, Cristiandad, Madrid 2003, p. 310.

Dios al hombre el 'corazón nuevo'; y él debe y puede dar testimonio de su renovación con un amor también nuevo para con Dios y para con los demás nacidos de Dios (Juan 14:12ss; 15:2.8ss; 1 Juan 5:1ss)»[3].

1. Nacidos de lo alto

Los exegetas, acostumbrados como están a diseccionar las frases en sus miembros componentes más pequeños, buscando raíces y etimologías que den cuenta de su significado, muchas veces nos ofrecen las tripas abiertas y el cuerpo muerto. Los especialistas has discutido mucho si la locución adverbial traducida «de nuevo» (griego *anothen*), tiene el mismo significado que «de lo alto», o «de arriba» (Juan 3:31; 8:23; 11:41; 19:11.23). La respuesta es afirmativa[4]. En cuanto al verbo traducido «nacer» (griego *gennao*), en su voz activa significa «engendrar», y en la voz pasiva «ser nacido», de modo que se puede decir que *regenerar* y *renacer* (nacer de nuevo) son sinónimos, en el sentido de que un principio sobrenatural ha actuado en la vida del creyente. Nos viene a enseñar que así como una persona entra en el mundo porque su padre lo engendra, así también para que una persona pueda entrar en el Reino de los Cielos necesita ser engendrado por el Padre de los cielos (1 Juan 3:9; 1 Pedro 1:23; Tito 3:5). La vida eterna le viene al creyente de Dios Padre a través de su Hijo, a quien le ha dado la vida y el poder de comunicarla (Juan 1:12; 5:21.26). Pero notemos que el texto del Evangelio de Juan nos habla específicamente de ser «engendrado del Espíritu». ¿Cómo debemos entender esto?

Según la enseñanza bíblica, Dios es la fuente de la vida, pero la vida brotó en la tierra gracias al Espíritu de Dios, que se cernía sobre las aguas (Génesis 1:2). «Además, según Génesis 2:7, el hálito vital es el signo sensible de la vida, y ese hálito vital le vino al hombre de parte de Dios Creador. Si, pues, la vida natural la tiene el hombre en virtud del soplo creador, la *vida eterna* la tendrá también gracias a la fuerza del Espíritu divino»[5].

---

3. Bernard Häring, *op. cit.*, p. 442.

4. Ciertamente la palabra griega *anothen*, «de nuevo», «de arriba», es de una ambigüedad que pudo desconcertar a Nicodemo. «Si se supone que la conversión se desarrolló en arameo, lo cual es muy probable, la perplejidad se mantiene, aunque ligeramente modificada. Podría argüirse que en arameo no existe ninguna palabra que tenga idéntica ambigüedad que la griega *anothen*, pero aun aceptando esto, la realidad es que Nicodemo tuvo que enfrentarse con esta gran dificultad: ¿Cómo puede un hombre experimentar *otro* nacimiento, sea en el sentido que sea? Por supuesto, nosotros sabemos lo que Jesús quiso decir, a saber, que para ver el Reino de Dios es necesario que una persona nazca de arriba, o sea, que el Espíritu Santo debe implantar en su corazón la vida que tiene su origen no en la tierra, sino en el cielo» (William Hendriksen, *El evangelio según san Juan*, SLC, Grand Rapids 1983, p. 143).

5. Salvador Carrillo Alday, *El evangelio según san Juan*, Verbo Divino, Estella 2010, p. 152.

El Espíritu es libre y poderoso como el viento. «El viento sopla donde quiere, y oyes su voz –dice Jesús–, pero no sabes de dónde viene ni a dónde va. Así es todo el que nace del Espíritu» (Juan 3:8). Percibimos la dirección del viento, y así hablamos del viento del Norte o el viento del Sur, pero no conocemos ni controlamos la causa a partir de la cual el viento se mueve en esta u otra dirección. Pero el viento sigue una dirección, un rumbo, el Espíritu tiene un proyecto, que se manifiesta desde los días de la creación bajo la forma de una paloma que aleteaba sobre el caos para dar lugar al cosmos, al orden (Génesis 1:2). Año tras año, renueva la faz de la tierra y coloca en movimiento la naturaleza a través de la secuencia de las estaciones (Salmo104:30; 147:18).

El Espíritu de Dios inspiró a los profetas de antaño y de la experiencia de estos creció la esperanza de que el Espíritu de Dios guiaría al Mesías en la realización del proyecto de Dios (Isaías 11:1-9) y descendería sobre todo el pueblo de Dios (Ezequiel 36:27; 39:29; Isaías 32:15; 44:3). La gran promesa del Espíritu se manifiesta de muchas formas en los profetas del exilio: la visión de los huesos secos, resucitados por la fuerza del Espíritu de Dios (Ezequiel 37:1-14); el derramamiento del Espíritu de Dios sobre todo la nación (Joel 3:1-5); la visión del Mesías-Siervo que será ungido por el Espíritu para establecer el derecho en la tierra y anunciar la Buena Nueva a los pobres (Isaías 42:1; 44:1-3; 61:1-3). Los profetas de Israel vislumbraron un futuro en que la gente renacería por la obra y gracia del Espíritu, que en Ezequiel está asociada con el lavamiento de agua: «Esparciré sobre vosotros agua limpia, y quedaréis limpios; de todas vuestras inmundicias y de todos vuestros ídolos os limpiaré. Os daré también un corazón nuevo, y pondré un espíritu nuevo dentro de vosotros; y quitaré de vuestra carne el corazón de piedra, y os daré un corazón de carne. Y pondré dentro de vosotros mi Espíritu, y haré que andéis en mis estatutos, y guardéis mis ordenanzas, y las pongáis por obra» (Ezequiel 36:25-27; cf. Isaías 32:15-20).

Precisamente, Jesús, al hablar del nuevo nacimiento, hace referencia al *agua* juntamente con el Espíritu (Juan 3:5). El sentido inmediato de la frase nos indica ciertamente el agua del bautismo, pero no entendida como causa del nuevo nacimiento, sino en relación con el Espíritu. Juan el Bautista había bautizado en agua, con un bautismo de arrepentimiento, pero eso había traído pocos cambios en las personas que a él acudían. Por eso les espeta con esa fiereza de apóstol del desierto: «¿Quién os enseñó a huir de la ira que vendrá? Por tanto, dad frutos dignos de arrepentimiento» (Mateo 3:7-8). El bautismo de Juan era un bautismo de preparación, el arreglo de bodas del novio que iba a venir (Juan 3:29). Le faltaba el Espíritu, porque el Espíritu sólo Dios puede darlo. Eso lo sabía bien Juan, sin sentir celos por Jesús: «Yo a la verdad os bautizo con agua para arrepentimiento, pero el que viene detrás de mí es más poderoso que yo, a quien no soy digno de quitarle las sandalias; Él os bautizará con el Espíritu Santo y con fuego» (Mateo 3:11).

Todo nacimiento se efectúa a partir de un germen de vida que determina la naturaleza del ser engendrado. El nacimiento sobrenatural se efectúa también por una «semilla», un principio de vida venido «de arriba», de Dios, del Espíritu de Dios, íntimamente relacionado con la palabra de Dios (Santiago 1:18.21), que en última instancia remite a Cristo, el *Verbo* de Dios, al que hay que recibir por la fe (Juan 1:1.12ss). En Cristo, el Espíritu y la Palabra son uno (Lucas 4:18).

2. Nuevo nacimiento y conversión

Ya hemos visto que, aunque Juan no emplee la palabra *metanoia*, sin embargo nos ofrece la visión más profunda de la conversión como el acto por el que el creyente es engendrado espiritualmente por el mismo Dios, sin cuya generación es imposible recibir el don de la filiación divina. Por este motivo, esta doctrina del nuevo nacimiento ha sido siempre considerada por los autores evangélicos como la doctrina principal del cristianismo, la puerta de entrada sin la cual no se puede dar ningún paso correcto en el camino a la vida eterna. Considerarla una doctrina más junto a otras, un aspecto del ser cristiano semejante a otros, como la fe o la oración, es no comprender bien el mensaje de Jesús. Lo primero es nacer de nuevo, el resto viene después. «El mensaje cristiano –dice Lutero– nos informa que, para empezar, debemos ser personas completamente diferentes, esto es debemos nacer de nuevo […] Una vez haya renacido y me haya convertido en piadoso y temeroso de Dios, puedo seguir adelante y será bueno todo cuanto lleve a cabo en este estado regenerado»[6]. «Este es el contenido de la nueva proclamación: cómo nos convertimos en personas nuevas y, entonces, como criaturas renacidas, realizamos buenas obras. Este es el primer elemento de la enseñanza cristiana»[7].

¿En qué se diferencia el nuevo nacimiento de la conversión, si es que hay alguna diferencia?

La conversión es la *respuesta* del hombre a Dios, por la que da crédito a su palabra y se dirige hacia él. La conversión denota la *parte humana* de la apropiación de la salvación. Quizá, por esta razón, Juan no usa nunca el término conversión, «por considerarlo muy imperfecto para significar la apertura a Cristo»[8] y su obra redentora. Para él, el nuevo nacimiento expre-

6. Martin Lutero, *Evangelio de Juan. Comentarios de Martin Lutero*, CLIE, Barcelona 2002, p. 310.

7. *Ibid.*, p. 317.

8. Secundino Castro, *El Evangelio de Juan. Comprensión exegético-existencial*, Desclée de Brouwer, Bilbao 2001, p. 92.

sa mejor la transformación que Dios opera en la persona. Dicho brevemente, la conversión es el lado humano de la salvación; el nuevo nacimiento el lado divino. La conversión es un paso adelante en dirección al Reino de Dios, el nuevo nacimiento es el resultado de ese paso por el que se obtiene la nueva vida, el nuevo corazón y la nueva mente para Dios. Como dice Lutero, «naciendo de nuevo, el hombre se hace algo que antes no era: el nacimiento pone en existencia algo que era inexistente»[9]. Esto sólo puede hacerlo Dios.

El concepto bíblico de conversión también incluye este aspecto de vida nueva, pero el uso generalizado que se hace de él en el mundo evangélico, ha llevado a considerar que la conversión es la decisión del pecador por Cristo; la aceptación de Cristo como Salvador para librarse de la condenación eterna. Se piensa que la conversión, entendida como una decisión de fe para obtener el perdón de los pecados y tener vida eterna, es suficiente para considerar a una persona cristiana. Lo que viene después de la conversión, que suele ser toda una vida, sería parte de un proceso de educación y reafirmación en esas verdades de la gracia y el perdón de Dios, con la subsiguiente amonestación a evangelizar y dar testimonio del evangelio.

Esta percepción de la conversión y la subsiguiente vida cristiana limitada a la asistencia a la iglesia, ofrenda, alabanza y testimonio, es un empobrecimiento de lo que significa ser cristiano. La conversión no puede separarse del nuevo nacimiento, el uno está implicado en la otra. Son dos aspectos de una misma realidad inseparable. Los dos juntos proporcionan el fundamento para una vida cristiana victoriosa, responsable y relevante para la iglesia y el mundo. Dallas Willard señala el peligro y el daño incalculable causado a la iglesia por el «concepto que restringe la idea cristiana de la salvación al *mero perdón de los pecados*»[10]. Lo mismo decía hace más de un siglo A. J. Gordon, cuando se quejaba de que «es una infeliz circunstancia que tantos cristianos consideren la salvación del alma como la meta más que como el punto de partida de la fe»[11]. Este tipo de reducción de la fe explica el desaliento y el desánimo de muchos miembros de las iglesias, los cuales al final de unos años se sienten vacíos y como si el cristianismo ya no tuviera nada más que ofrecerles, excepto aguardar la Segunda Venida del Señor o aguardar la muerte confiando en tener el boleto para entrar en el cielo. A veces ni eso, simplemente se marchan aburridos y decepcionados.

---

9. Martin Lutero, *op. cit.*, p. 312.

10. Dallas Willard, *El espíritu de las disciplinas*, Vida, Miami 2010, p. 33.

11. A. J. Gordon, *The Twofold Life or Christ's Works for Us and Christ's Work in Us*, Hodder & Stoughton, London 51896, p. 1. Hay traducción española: *La doble vida del cristiano*, CLIE, Barcelona 1984.

La conversión es una primera manifestación de la gracia de Dios en la persona, tiene que ver con el arrepentimiento del pecado, pero no se agota en él. Arrepentirse del pecado es un aspecto de la conversión, mediante el cual uno se duele del mismo y prepara su voluntad para que nunca más vuelva a ocurrir, pero la conversión, es más que ese dolor y esa «tristeza según Dios» (2 Corintios 7:10), es un cambio que afecta a toda nuestra persona, al centro de nuestra existencia y a nuestra *actitud interior*. Es propiamente «nacer de nuevo» en lo que respecta a nosotros y nuestra vieja manera de vivir; «nacer de arriba» en lo que respeta a Dios y su obra en nosotros por medio de su Espíritu. La conversión y el nuevo nacimiento suceden de forma simultánea como una promesa de futuro. La conversión no es una adhesión a una nueva doctrina o práctica religiosa, sino la vivencia de una nueva realidad que san Pablo define como una «nueva creación» (Gálatas 6:15) que se concreta en Cristo como fuente dinámica de vida nueva.

3. Conversión y nueva creación

El nacimiento natural da lugar a una nueva criatura, lo mismo ocurre con el nacimiento espiritual. San Pablo dice que el nacido de Dios es una «nueva criatura» (*kainé ktísis*, 2 Corintios 5:17). El cristianismo no proclama sólo el perdón del pecado y la salvación del alma, anuncia una nueva creación que se concreta en Cristo y se manifiesta en la vida presente. O dicho sucintamente en palabras de Samuel Pérez Millos: «La doctrina de la regeneración conlleva la implantación de Cristo en el cristiano»[12].

Cristo es la revelación del hombre nuevo, «creado según Dios en la justicia y en la santidad verdadera» (Efesios 4:26). Esto significa que Cristo no es sólo nuestro modelo a imitar, es nuestra vida a vivir. Vivimos de Él y por Él (Juan 14:19). «Este es el testimonio: Que Dios nos ha dado vida eterna; y esta vida está en su Hijo» (1 Juan 5:11). Lo que aquí nos está diciendo el apóstol, es que la vida eterna no comienza en el cielo, en cuanto experiencia de plenitud salvadora, sino en el *ahora* del encuentro con Cristo, porque la vida eterna *está en el Hijo*, «y el que tiene al Hijo, tiene la vida; el que no tiene al Hijo de Dios, no tiene la vida» (v. 12). Luego la experiencia de salvación no se limita al sentimiento de saberse perdonado de todos los pecados, sino a la consciencia de participar de la vida del Hijo.

Es evidente que el nuevo nacimiento no es una metáfora relativa a la salvación eterna, sino una descripción que apunta a una realidad sobrenatural y transformante operada por Dios en el corazón del creyente, equivalente a un acto creativo, algo totalmente nuevo a partir del desorden y

---

12. Samuel Pérez Millos, *Gálatas, comentario exegético*, CLIE, Barcelona 2013, p. 242.

las tinieblas del pecado. Pablo no puede ser más claro en este punto. «En Cristo Jesús –dice– ni la circuncisión es nada, ni la incircuncisión, sino la nueva creación» (Gálatas 6:15).

¿Qué es la nueva creación? San Pablo contesta diciéndonos, primero, lo que *no* es. No es circuncisión, ni incircuncisión. Para Pablo y para aquellos a quienes iba dirigida su carta, esto significaba algo muy concreto. Significaba que ser judío o ser pagano carece de toda importancia respecto a la nueva creación.

¿Qué significa para nosotros eso de circuncisión o incircuncisión? También para nosotros puede significar algo muy concreto, pero al mismo tiempo, muy universal. Significa que ninguna religión como tal engendra el Nuevo Ser. La circuncisión es el rito religioso observado por los judíos, y que aquí comprende todos los ritos con los que los hombres intentan agradar a Dios, expiar sus faltas y adquirir confianza. Pues bien, ninguno de ellos vale en relación a la nueva creación.

La incircuncisión define a los gentiles inmersos en un mar de dioses y de diferentes cultos. Hoy bien podrían estar representados por los secularistas, los que no quieren tener nada que ver con la religión ni con las iglesias, aunque, por otra parte, les guste hablar de espiritualidad, y de espiritualismo ateo[13]. También incluye a los materialistas históricos, al comunismo científico ateo, que, paradójicamente exigía una fe inquebrantable en sus oráculos sobre una sociedad sin clases y una devoción total por parte de sus seguidores. Tampoco estas religiones seculares y espiritualidades sin Dios tienen importancia en relación al nuevo ser.

Sin embargo, aunque esto es verdad, el cristianismo actual no puede descalificar estas ideologías y movimientos, como si él pudiera ofrecer en su lugar, sus iglesias, su ética y sus hombres como mejores, porque esto no suele ser así. No podemos decir al mundo, como bien señala Paul Tillich, que nosotros somos mejores, pero sí que «ha ocurrido una creación, que va más allá de ser otra religión, y nos pide que participemos en ella»[14].

El cristiano tiene que decir al mundo: «No penséis que queremos convertiros para que así paséis de vuestro estado secular a un estado religioso, que queremos haceros religiosos y miembros de una religión muy superior, la cristiana, y en ella de una confesión muy importante, la nuestra por supuesto. Esto no servirá para nada. Nosotros sólo queremos comunicaros una experiencia que hemos tenido y que es esta: en todos los lugares del mundo y en todos los momentos del tiempo, en nosotros mismos existe

---

13. Como, por ejemplo, hace el filósofo André Comte-Sponville, *El alma del ateísmo. Una introducción a la espiritualidad sin Dios*, Paidós, Barcelona 2006, y próximo a él, el también filósofo Luc Ferry, *El hombre-Dios. El sentido de la vida*, Tusquets, Barcelona 1997.

14. Paul Tillich, *El nuevo ser*, Ariel, Barcelona 1973, p. 27.

una nueva creación, habitualmente oculta, pero a veces manifiesta, y realmente manifiesta en Jesús, aquel a quien llamaron el Cristo»[15].

Que no haya dudas al respecto: «El cristianismo es el mensaje de la nueva creación, del Nuevo Ser, de la nueva realidad, que ha aparecido con el advenimiento de Jesús, el cual, por esta razón y precisamente por ella, es llamado el Cristo. Porque Cristo, el Mesías, el escogido y ungido es el que nos aporta el nuevo estado de cosas»[16].

Si es tan importante la doctrina de la nueva creación, ¿por qué no es un tema central y destacado en nuestras iglesias? Sencillamente, porque en el afán de ganar nuevos miembros y crecer en número ha devaluado el concepto de «nacer de nuevo» a una mera «decisión por Cristo», tomada en alguna campaña de evangelización. De manera que hay tantos nacidos de nuevo como manos alzadas en algún momento de emoción[17].

El apóstol Pablo tiene una predilección por el adjetivo *nuevo* en todo lo tocante al mensaje cristiano y sus resultados prácticos: Nuevo pacto (1 Corintios 11:25; 2 Corintios 3:6), nueva vida, nueva creación (Gálatas 6:15); nueva criatura (2 Corintios 5:17); nuevo hombre (Colosenses 3:10; Efesios 2:15; 4:24). Pablo ha mirado en el corazón de la fe y ha descubierto su radical y sorprendente novedad. Lo nuevo de Dios que se abre paso en el mundo viejo sometido a las pasiones de Satanás. Esto llena a Pablo de una alegría indescriptible y de una pasión infinita. Lo nuevo por excelencia es para él, Cristo, el segundo Adán (1 Corintios 15:45), el nuevo Adán, cabeza de la nueva creación que Dios está llevando a cabo en la era presente, de modo tal, que la nueva creación o nueva existencia se caracteriza como un «ser en Cristo», un «morir y resucitar con Cristo», un «ser una nueva criatura en Cristo», un «revestirse del hombre nuevo en Cristo». Cristo es el verdadero e innegociable punto de referencia del nuevo hombre, del cristiano que ha renacido a una esperanza nueva y viva (1 Pedro 1:3).

Llama la atención las veces que Pablo emplea la frase «en Cristo», la cual aparece 64 veces en sus cartas, y la expresión derivada, «en el Señor», 37 veces. El uso tan continuado de la fórmula «en Cristo» y en tantos contextos obedece a la intención concreta de Pablo de presentar su teología en torno a la figura de Cristo, al que, por experiencia propia, conoce como el principio y fin de todo lo que significa ser cristiano. «No hay

---

15. *Ibid.*, p. 28.

16. *Ibid.*, p. 24.

17. Por cierto, ser cristiano «nacido de nuevo» se puso de moda durante la presidencia de Jimmy Carter, el primer candidato a la presidencia que proclamó ser «nacido de nuevo». Desde entonces, todos los presidentes de USA, Regan, Bush, Clinton, tienen muy en cuenta el voto evangélico, muy despreciado anteriormente, como elemento de la subcultura norteamericana.

duda –escribía William Barcleay– que con el paso del tiempo el apóstol Pablo profundizó, enriqueció e intensificó su significado, pero el hecho es que esta frase con todo lo que significa no es una concepción tardía y un desarrollo repentino en la mente, el pensamiento y el corazón de Pablo. Desde el principio hasta el fin de su vida cristiana es el centro y el alma de su experiencia cristiana»[18]. Para él, en Cristo designa la «esfera en la cual la nueva vida se desarrolla desde el comienzo de la salvación hasta su consumación»[19]. «Mediante el bautismo el creyente es incorporado a la esfera del Cristo pneumático (Romanos 6:4-8), y la nueva vida es constituida por la concesión del Espíritu como las arras de la salvación, que comienza en el presente y se completa en el futuro escatológico de la redención»[20].

4. El hombre representativo y la redención

El Antiguo Testamento no habla nunca del nuevo nacimiento del hombre. Esto es debido a que el israelita, por su nacimiento natural, pertenecía con pleno derecho al pueblo de Dios; no tenía, por lo tanto, necesidad de nacer de nuevo[21]. Pero sí tiene una serie de profecías relativas al pacto de Dios con la casa de David, de la cual «saldrá un justo que gobierne entre los hombres» (2 Samuel 23:2-5); uno a quien el Señor da «por testigo a los pueblos, por jefe y por maestro a las naciones. He aquí, llamarás a gente que no conociste, y gentes que no te conocieron correrán a ti, por causa de Jehová tu Dios, y del Santo de Israel que te ha honrado» (Isaías 53:2-5). Este no es otro que el Mesías (Isaías 11:9), a quien acertadamente Berkhof y Potter llaman «el hombre representativo». La visión del «hombre representativo» implica que la «creación puede ser restaurada a su propósito original y ser cumplida cuando el hombre haya sido re-creado mediante el Espíritu de tal manera que su vida en la sociedad humana esté marcada y dominada por la justicia, la rectitud y la equidad, y sobre todo por la reverencia y la humildad delante de Dios»[22].

---

18. W. Barclay, *The Mind of the Apostle Paul*, Fontana Books, London 21969, p. 92. «La unión con el Cristo siempre presente es el eje sobre el que gira la religión de Pablo, y en consecuencia de su teología. Es de vital importancia entender esto porque sólo así evitaremos malinterpretar su creencia» (C. T. Wood, *The Life, Letters and Religion of St. Paul*, T. & T. Clark, Edimburgo 1925, p. 73).

19. Ugo Schnelle, *Apostle Paul. His Life and Theology*, Baker Academic, Grand Rapids 2005, p. 481.

20. *Ibidem*.

21. Marie-Émile Boismard, *Nacimiento nuevo*, en X. Léon-Dufour, *Vocabulario de teología bíblica*, Herder, Barcelona 1972, p. 576.

22. Hendrikus Berkhof y Philip Potter, *Nueva Creación*, en *Palabras clave del Evangelio*, Methopress, Buenos Aires 1965, p. 85.

El Nuevo Testamento afirma que el Mesías, el Hombre representativo, ha venido en Jesucristo. Él cumple el pacto de Dios con David. Cumple asimismo el pacto con Abraham de que por medio de él serán benditas todas las naciones. El corazón de su predicación es que en él y en su ministerio se ha acercado el Reino de Dios (Marcos 1:14-15; Lucas 11:20). Pablo toma el mismo tema en 2 Corintios 5:11-21. El prometido Rey Mesías, el Cristo, ha venido como el nuevo hombre representativo, a quien llama el segundo Adán (1 Corintios 15:45ss). Sólo en él logra el hombre caído recuperar la dañada *imagen del Dios invisible* (Colosenses 1:15), reconciliarse con Dios, consigo mismo y con su prójimo. «La marca distintiva de Cristo, el nuevo Hombre, es que él es el Cristo, el hombre de Dios *para el hombre*. Pablo expresa esto de dos maneras: Primero, Cristo *se hizo pecado por nosotros*. Entró en el mundo de los hombres que se han apartado de Dios, luchando unos contra otros, que son irresponsables y no están delante de Dios en gozosa humildad y no son guardadores de sus hermanos. La humanidad se ha desviado en su propia búsqueda de la realización de sus propias posibilidades. Esto era y es un fracaso total. Esto es lo que hizo Dios al recrear la humanidad desde dentro de sí misma en su Hijo. Cristo asumió nuestra naturaleza pecaminosa y nos liberó de ella llenándola con la vida de Dios»[23].

Al asumir nuestra condición humana, Jesús el Mesías, el Hombre representativo, tenía plena conciencia de que «el Hijo del Hombre iba a padecer mucho, y ser rechazado por los ancianos, los principales sacerdotes y los escribas, y ser muerto, y resucitar al tercer día» (Lucas 9:22). La recreación del hombre nuevo y de la nueva humanidad pasaba por el dolor y el sufrimiento del inocente, como un testimonio de la locura del pecado y del poder del amor regenerador de Dios.

Cuando Dios decidió crear al hombre, tomó la precaución, por decirlo de alguna manera, de que en caso de que la humanidad fallase en su prueba de libertad, él proveería los medios de la recuperación. «Habiéndonos predestinado para ser adoptados hijos por Jesucristo, en el cual tenemos redención por su sangre, la remisión de pecados» (Efesios 1:5.7). Cuando la vida humana en libertad se quebró, Dios echó mano a sus recursos de recuperación, y en Cristo realizó nuestra redención, el perdón de nuestros pecados. El pecado es el mayor dolor de Dios; es la carga y el peso del espíritu responsable y del corazón sensitivo. «He pecado, ¿qué haré?», se preguntó Job (7:20), al no poder encontrar remedio ni ayuda a su angustia. «Mi pecado está siempre delante de mí» (Salmo 51:3), confesó otro espíritu perseguido. «Señor, ten misericordia de mí», suplicó el publicano (Lucas 18:13). «Padre, he pecado», es la confesión

---

23. *Ibid.*, p. 86.

del hijo pródigo. Ninguna ansiedad ni tormento se puede comparar a la angustia de una conciencia consciente de su culpabilidad. Si la enfermedad corporal dificulta el ejercicio físico y paraliza su poder; si el trastorno mental impide el ejercicio intelectual, el pecado es la mayor incapacidad del alma pues obstruye todo bien espiritual; quebranta la comunión con Dios, descalifica la vida humana para el Reino eterno de Dios, deshereda al alma de sus privilegios divinos.

La primera mención de pecado en el Nuevo Testamento es la profecía de su destrucción: «Le pondrás por nombre Jesús, porque él salvará a su pueblo de sus pecados» (Mateo 1:21). El perdón de pecados es el corazón y la médula del evangelio; es lo más maravilloso del mundo. Nosotros podemos perdonarnos unos a otros nuestras mentiras y falsedades; nuestros prejuicios e ingratitudes; pero ese perdón no pude eliminar la culpa que el mal ha cometido. Únicamente Dios puede borrar sus consecuencias de la historia pasada, pues su perdón «cubre» el pecado y cancela la culpa como si nunca hubiera existido. «Echará en lo profundo del mar todos nuestros pecados» (Miqueas 7:19). «Echaste tras tus espaldas todos mis pecados» (Isaías 28:17); «Como dista el oriente del occidente, hizo alejar de nosotros nuestras rebeliones» (Salmo 103:12); «Perdonaré la maldad de ellos y no me acordaré más de su pecado» (Jeremías 31:34). Hay una simpática y vieja leyenda celta que dice que al ángel de la Misericordia fue enviado a cierto santo para decirle que tenía que prepararse para el último viaje a la ciudad celestial. El santo recibió con alegría el mensaje y al mensajero. En la hora señalada partieron juntos. Cuando atravesaban el luminoso camino más allá de las barreras de este mundo, el santo se inquietó repentinamente respecto al destino de sus pecados. «Misericordia –dijo dirigiéndose a su guía angélico– ¿dónde enterraste mis pecados?». «Sólo recuerdo que los enterré», fue la respuesta, «pero no puedo decir dónde». Entonces añadió: «En cuanto a Dios Padre ha olvidado hasta que pecaste». Así es el increíble anuncio del perdón divino, tan completo, tan perfecto.

Borrados, quitados, echados a un lado, como la piedra que cerraba el sepulcro de Jesús. Es el mismo lenguaje usado por Pablo: «Las cosas viejas pasaron, he aquí que todo es hecho nuevo» (2 Corintios 5:17).

No hay posibilidad de nueva vida hasta que el pasado ha sido confesado y perdonado. Y esto no lleva demasiado tiempo. Algunos han leído sobre cómo Martín Lutero encontró paz en el monasterio de Erfurt. Había orado y ayunado, y mortificado su carne hasta consumirse y parecer una sombra de figura humana, y su amigo Staupitz intentó mostrarle el camino pero en vano. Un día Staupitz recitó el artículo del Credo: «Creo en el perdón de los pecados», y Lutero lo repitió a continuación. «Oye –dijo Staupitz–, no debemos creer solamente que los pecados de David o Pedro son perdonados. El mandamiento de Dios es que cada uno de nosotros crea que *nuestros* pecados son perdonados». Este es el secreto. Poner el pronombre personal «mi» en el credo, hacerlo nuestro. Comenzar con la declaración del Evangelio de que Cristo murió por el mundo e hizo expiación universal, entonces apropiárselo, hacerlo personal: «Si murió por el mundo, luego murió por mí». Si uno se detiene en la confesión de que Cristo ha muerto por todo el mundo, no entrará nunca por la puerta de la salvación, pues creer que Cristo ha muerto por todo el mundo es historia, pero creer que ha muerto por uno mismo es salvación.

El perdón es lo más grande del mundo. Al mismo tiempo es lo más costoso. «Tenemos redención por su sangre. La remisión de pecados» (Efesios 1:7). Esta gran palabra presenta dos verdades muy claras. La primera es la enormidad del pecado. Exige que una causa grande y digna justifique el sacrificio de una vida. No puede ser algo insignificante y sin valor si un hombre tiene que morir por su culpa. La causa por la que Cristo murió tuvo que ser inmensurablemente grande. No se pudo encontrar una solución más fácil para el pecado, ningún medio más barato. Si el ser humano no está preocupado por sus pecados, Dios sí lo está, y Jesucristo lo estuvo hasta el punto de la muerte.

Ser consciente del pecado varía de unas personas a otras. Hay actitudes hacia el pecado que revela el grado de sensibilidad de la persona: uno puede mentir sin el más mínimo pudor; y otro, hallarse metido en una mentira y perder el apetito y hasta el sueño.

Las personas de conciencia más sensible sienten con mayor agudeza el mordisco del pecado y el daño que causa a su propia alma y a las de los demás. Una persona puede sentirse más preocupada de deber quinientos euros que otro de cinco mil. No es la cantidad lo que importa, es el hecho de la deuda en sí lo que pesa sobre la conciencia. Y hay otra cosa, nuestra conciencia de pecado se ve afectada por el modelo y la norma con que medimos nuestras vidas. Algunos acuden a Cristo a causa de su pecado, pero otros llegan a reconocer su pecado por medio de Cristo. Casi no sabían lo que era el pecado hasta que descubrieron la persona de Jesús. Sus ojos fueron abiertos y se conocieron a sí mismos como pecadores, es decir, como faltos en justicia y equidad.

La segunda verdad dada a luz por «la remisión mediante su sangre», es que por cuanto Dios la llevó a cabo en la persona de su Hijo, el hombre representativo, tiene que ser eficaz y definitiva. El perdón de pecados es un hecho consumado. No es una bendición ni un privilegio para más tarde. Es una esperanza presente, es un don para ser gozado y disfrutado aquí y ahora. Se cuenta de un viejo curtidor escocés de Cornish, llamado Edward Greenfield, que un día fue arrestado y llevado delante del juez, y cuando se preguntó por la causa de su detención y del delito cometido por este hombre aparentemente inofensivo, el alguacil respondió: «Todo está bien con su persona, pero sus vecinos no pueden soportar su atrevimiento; porque él dice que él sabe que sus pecados están perdonados». Ciertamente lo sabía basado en una buena autoridad, porque Jesús dijo que el publicano que reconoció su pecado y oró al cielo pidiendo perdón, «descendió a su casa justificado». Quien sabe que esto es cierto, ha pasado del sentimiento de temor al de paz con Dios.

«Ten ánimo, hijo», dijo Jesús al paralítico, «tus pecados te son perdonados» (Mateo 9:2). Esto no es profecía, es historia: no es la promesa de un bien futuro, es la experiencia de un bien presente. Es la descarga de todo el pasado, y la única que descarga. El pecado olvidado no es lo mismo que el pecado perdonado. Uno puede negar su pecado, creer que carece de importancia, pensar que con el paso del tiempo se borra. Se cuenta un chiste en el que un hombre se cayó de un catorceavo piso, cuando iba bajando a la altura del décimo, vio a un amigo suyo asomado a la ventana y le dijo: «Hasta aquí todo va bien». Lo mismo podía haber dicho en el noveno, el octavo, el sexto, en todos menos en la planta baja al estrellarse. Mucha gente cree que todo va bien porque hasta el presente no han sufrido ninguna gran tragedia que comentar, aunque su vida sea un descenso continuo, una constante caída hasta el golpe final de la muerte. El hombre está en una situación de caída a menos que se vuelva a Dios. «Va tirando», en el sentido de que va cayendo a menos que la mano salvadora de la gracia le salve a tiempo.

Sólo hay una cosa que borra el pecado para siempre y nos libra de sus consecuencias de muerte, y es la confesión que Dios mismo absuelve. «Si confesares con tu boca que Jesús es el Señor, y creyeres en tu corazón que Dios le levantó de los muertos, serás salvo» (Romanos 10:9).

Confesar es acudir a Dios mismo y confiar en su promesa de perdón. Es tomar a Dios por su Palabra. Es entonces cuando la persona experimenta la conversión como liberación y novedad de vida. Billy Bray la expresó del siguiente modo: «Tú que has dicho que quien pide recibe, que quien bien busca encuentra, que a quien llama se le abre, tengo fe para creer esto». En un instante el Señor me hizo tan feliz que no puedo describir lo que sentí. Grité de gozo, confesé a Dios con todo mi corazón... Pienso que fue en noviembre de 1823, pero no sé qué día del mes. Sólo recuerdo esto, que todo me parecía nuevo, la gente, los campos, los rebaños de ganado, los árboles. Era como un hombre nuevo en un mundo nuevo. Dediqué la mayor parte de mi tiempo a alabar a Dios»[24].

---

24. F.W. Bourne, *The King's Son, or, A Memoir of Billy Bray*, Hamilton, Adams & Co, London 1883.

5. El misterio del nuevo ser

Ya hemos hecho referencia a los grandes y extraordinarios aconteci-mientos de la fe cristiana: la conversión, el nuevo nacimiento, la nueva creación, el hombre representativo y la redención. Pero aún habiendo dicho muchas cosas, y algunas esenciales, nos falta profundizar en el aspecto más sorprendente y tristemente descuidado de la última realidad a la que apuntan todas las doctrinas reseñadas, sin la cual nuestra vida cristiana se queda coja e imposibilitada de desarrollarse en toda la plenitud y riqueza otorgada por Dios.

Me refiero al misterio de Cristo viviendo en el creyente, Cristo configu-rándose en la vida del cristiano. ¿Hasta dónde refleja esto una experiencia presente o un ideal difícilmente alcanzable en esta vida? Vayamos por partes.

Dijimos que la conversión es «un paso adelante», que nos lleva a Dios, el cual por su Espíritu produce en nosotros una nueva vida, una criatura. ¿Qué tipo de criatura? No nosotros mismos mejorados moralmente, re-tocados espiritualmente, con vistas a ser presentables ante la iglesia y la sociedad. Esta sería una concepción demasiado miserable de la vida cris-tiana, indigna del Dios que tantos esfuerzos ha realizado para procurar nuestra reconciliación.

En la carta a los Colosenses se nos habla del «misterio entre los genti-les» (1:27). ¿A qué misterio se hace referencia aquí? ¿A que los gentiles, es decir, los pueblos que habitan la tierra en su totalidad, aparte de los judíos, entren mediante el Evangelio a formar parte del Pueblo de Dios, de sus promesas y de su palabra sin distinción de raza, lengua o cultura? Es eso y mucho más. Es algo tan profundo como elevado al mismo tiempo. El misterio oculto por Dios y ahora revelado entre las naciones es *Cristo en los creyentes*, no *entre* ellos, sino *dentro* de ellos. El Jesús resucitado y Señor de la creación, Cristo viviendo *en* los creyentes como en los días de su carne, pero ahora en la carne de los hombres y mujeres que le reciben por fe. ¿No suena increíble y grandioso a la vez?

Y este *vivir en los creyentes*, de generación en generación, como si se tratase de una prolongación de la encarnación en la historia de los hom-bres, pues es una verdad inmutable del testimonio apostólico que Jesu-cristo prometió: «Sabed que yo estoy *con vosotros todos los días*, hasta el fin del mundo» (Mateo 28:20). Que sepamos Jesús nunca ha fallado a esta promesa, su palabra no puede ser quebrantada, y hasta en los momentos más oscuros de la historia no ha faltado la presencia de Cristo en los suyos como luz y sal del mundo.

Para entender correctamente el significado de la expresión «Cristo en vosotros la esperanza de gloria» (Colosenses 1:27), me parece que hay que mirarla a la luz de Gálatas 2:20: «Con Cristo estoy juntamente crucificado, y ya no vivo yo, mas vive Cristo en mí; y lo que ahora vivo en la carne, lo vivo en la fe del Hijo de Dios, el cual me amó y se entregó a sí mismo por mí». Es un texto precioso, muy amado por todos los cristianos sensibles de lo que Cristo significa en su vida. El problema es que es un texto leído como un ideal inalcanzable, como si se tratara de una confesión de la espiritualidad propia de Pablo, apta sólo para santos y místicos, luego de prolongada disciplina espiritual. Para T. Goffi, lo que Pablo dice aquí se debe entender como una «segunda conversión», a saber una «iniciación a la vida mística»[25]. Pero Pablo no está hablando de una «segunda conversión», sino de una experiencia que él considera propia de todos los cristianos desde el primer momento de su conversión[26]. Si se lee un poco más adelante, en 4:29, se puede ver que la experiencia que le es propia a él, en cuanto apóstol y misionero, debe ser propia también de toda la comunidad: «Hijitos míos, por quienes vuelvo a sufrir dolores de parto, hasta que Cristo sea formado en vosotros».

Los gálatas no eran precisamente cristianos superespirituales, más capacitados que otros para realizar lo que Pablo espera de ellos, a saber, su *conformación* a Cristo. Pablo comienza su carta reprochándoles que «tan pronto os hayáis alejado del que os llamó por la gracia de Cristo, para seguir un evangelio diferente» (1:6). Según Julio César, aunque su opinión no es netural, «la debilidad de los galos consiste en que son inconstantes en sus resoluciones, amantes del cambio, y no puede confiarse en ellos» (*Bella Galla*, 4, 5). Otros dicen que eran impetuosos, impresionables, eminentemente inteligentes; pero, al mismo tiempo, extremadamente cambiables, inconstantes, amigos de la apariencia, perpetuamente rencillosos, fruto de la excesiva vanidad. Ellos recibieron a Pablo al principio con todo gozo y amabilidad, pero pronto vacilaron en su lealtad al evangelio y a él, y atendían tan ávidamente ahora a los maestros judaizantes como antes a él (Gálatas 4:14-16).

Es por este tipo de creyentes por quienes Pablo dice que sufre dolores de parto, no a causa de los errores doctrinales que se habían introducido en la comunidad creyente, ni por el estancamiento de la misma en su obra misionera, ni por su falta de generosidad en la ofrendas. Pablo sufre porque siente que los cristianos de Galacia llevan vidas en las que todavía falta mucho para que Cristo sea formado en ellas. No le preocupan tanto las ideas y los números, las ofrendas o el crecimiento; lo que le duele en

---

25. T. Goffi, *Conversión*, en *Nuevo diccionario de espiritualidad*, Paulinas, Madrid 1983, pp. 356-362.

26. «Pablo no describe una experiencia individual, una cumbre mística a la que hubiera llegado por un camino de sucesivas metamorfosis, sino la condición cristiana general» (José María González Ruiz, *Epístola de san Pablo a los Gálatas*, IEE, Madrid 1964, p. 129).

lo más profundo de su corazón apostólico es la falta de *configuración de Cristo*, de *transformación* en Él y por Él que observa en los creyentes. Y si sufre es porque considera que la vida *conformada a imagen de Cristo* es parte esencial del Evangelio que él predica, y si falta esta, entonces el Evangelio se convierte en otro evangelio. De manera que lo que Pablo expresa como una experiencia personal: *Ya no vivo yo, más vive Cristo en mí*, es el mismo tipo de experiencia que busca en sus convertidos. «Que Cristo sea formado en nosotros es lo mismo que nosotros seamos formados en Cristo, porque nacemos para ser nuevas criaturas en Él; y por otro lado, Él nace en nosotros, de modo que podamos vivir su vida»[27].

Es interesante notar que el apóstol Pablo equipara su ministerio al de un administrador de las riquezas de Dios (Colosenses 1:25), entre cuyos tesoros se encuentra precisamente el misterio de Cristo en los creyentes (v. 27), el cual se corresponde a las «riquezas de gloria» (v. 26), que el apóstol tiene por misión anunciar, «amonestando a todo hombre, y enseñando a todo hombre en toda sabiduría, a fin de presentar perfecto en Cristo Jesús a todo hombre» (v. 28). Tal es su trabajo, por el que agoniza, esforzándose como un atleta en realizar esa misión: Cristo en los creyentes, promesa de nuevo hombre perfecto, completo, realizado en Cristo Jesús. Nada inferior a esto puede formar parte integral de la misión y pastoral cristianas.

Muchos cristianos se esfuerzan por cumplir sus obligaciones religiosas de asistencia a los cultos dominicales, de deshacerse de aquellos defectos que reconocen como pecaminosos, «pero no poseen la voluntad ni la disposición para llegar a ser *hombres nuevos* en su totalidad, para romper con todos los criterios puramente naturales y considerarlo todo a la luz sobrenatural: no quieren decidirse a la *metanoia* total, a la auténtica conversión [...] Hay que anhelar ardientemente llegar a ser un hombre nuevo en Cristo y desear apasionadamente que muera nuestro propio ser y que sea transformado en Jesucristo, lo cual presupone una *liquidez* de todo nuestro ser que incluye que seamos como cera blanda en la se pueda imprimir el rostro de Jesucristo»[28].

Pablo, que entre muchas cosas, era un místico y un gran teólogo, en su carta más teológica, a los Romanos, escribe unos de los capítulos más densos del Nuevo Testamento, cuya exégesis ha hecho correr ríos de tinta. En los versículos 28 al 30 del capítulo 8, utiliza varios términos que han hecho historia en teología: Predestinación, elección, llamamiento, justificación. Son los grandes temas del calvinismo, convertidos en torres

---

27. Juan Calvino, *Comentaries on the Epistles of Paul to the Galatians and Ephesians (Gálatas 4:19)*, Baker, Grand Rapids, Michigan 2009, p. 132.

28. Dietrich von Hildebrand, *Nuestra transformación en Cristo*, Encuentro, Madrid 1996, pp. 14-15.

fuertes o caballos de batalla en el tablero del juego teológico, ya sea contra arminianos, amyraldianos u otros. No tiene nada de malo profundizar en las doctrinas bíblicas y debatir sobre las mismas para llegar a un entendimiento correcto de ellas. Lo triste es cuando se dedica mucho tiempo al debate y la exposición de las doctrinas sin ahondar apenas en la dimensión práctica que cada doctrina comporta, pues no se olvide que Dios nos ha dado su revelación no para especular sobre ella, sino «a fin de que el hombre de Dios sea perfecto, equipado para toda buena obra» (2 Timoteo 3:17).

Es preocupante que muchos se detengan en las doctrinas y en los conceptos y saquen de ellos las deducciones prácticas y espirituales a las que apuntan y para las cuales fueron escritas. Las doctrinas auténticas son el resultado de una explicación y justificación de la vida. En la mente de Pablo, la predestinación es el plan diseñado por Dios para su obrar. Como tal, supera la capacidad humana de entendimiento, y sólo es comprendido en todas sus partes por Dios mismo. El plan divino para la raza caída, en su línea maestra y piedra fundamental, consiste en redimirla y llevarla a su meta más alta. Pablo dice literalmente: «A los que antes conoció, también los predestinó para que fuesen hechos conformes a la imagen de su Hijo, para que él sea el primogénito entre muchos hermanos» (v. 29).

Aquí queda bien claro que la elección no es un misterio para que nos rompamos la cabeza tratando de averiguar si pertenecemos al número de los salvos o no; o que podemos predicar tan persuasivamente que, sin quererlo, sea salvo alguno de los que no estaban en la lista de los elegidos. La predestinación es una descripción del obrar de Dios guiado por el amor gratuito que obedece a un propósito: que la imagen de su Hijo sea formada en los creen. *Nos predestinó para que fuésemos hechos conformes a la imagen de su Hijo*. El lenguaje utilizado por al Apóstol es sorprende. Está diciendo que Dios ha determinado que los creyentes adquieran la *forma*, la misma imagen de Jesucristo. «Entender esto escapa de la comprensión humana. Se enseña que Jesucristo es la imagen de Dios en quien se manifiesta la esencia divina (2 Corintios 4:4; Colosenses 1:15; Hebreos 1:3), esto es, la *irradiación* de Su gloria y la *expresión* de su esencia. En Cristo, imagen de Dios, hemos sido puestos los creyentes, no solo en posición, sino también en comunión de vida»[29].

El fin de la elección divina es la formación de una nueva humanidad configurada a imagen del Hijo de Dios. Ante este grandioso plan divino, no es aconsejable ni lícito reducir el camino de salvación a algo menos que lo que aquí se nos enseña. Porque, como decía William Romaine, el objeto

---

29. Samuel Pérez Millos, *Romanos, comentario* exegético, CLIE, Barcelona 2011, p. 661.

de nuestra fe no es sólo la salvación individual del alma, sino «Dios y el hombre unidos en uno en Cristo»[30].

Este es el *misterio* al que san Pablo hace tantas referencias en sus cartas, el misterio revelado mediante el evangelio a judíos y gentiles, a circuncisos e incircuncisos, a ateos y creyentes. La formación de hombres y mujeres *hechos conformes a la imagen de Jesucristo, Hijo de Dios y Hombre representativo*. Tal es el misterio anunciado a las naciones, «que Cristo en vosotros es la esperanza de la gloria» (Colosenses 1:27).

Desde un punto de vista humano es un hecho sorprendente, grandioso, casi increíble –el pecador, el caído, transformado hasta el punto de llegar a ser como Cristo–, pero desde el punto de vista divino no tiene nada de extraño ni novedoso, aunque fue un *misterio* escondido hasta la plena revelación del Evangelio. Obedece a un designio que comienza en la creación del primer hombre. Sabemos que desde el principio Dios creó al hombre a su imagen y semejanza con el propósito de tener comunión con él, *como con un igual*. El pecado rompió aquella relación, y siguió rompiéndola a lo largo de los siglos. Para restablecerla Dios dio muchos pasos con ese fin, hasta que por último envió a su Hijo como segundo Adán (1 Corintios 15:45), cabeza de una *nueva* humanidad restaurada a su *vieja* condición de imagen y semejanza con Dios, sin la mancha de la rebeldía. En la cruz del Calvario Dios restaura en su Hijo el orden echado a perder en el Paraíso. La imagen de Dios, rota y menospreciada en la vida de los hijos de Adán, es recuperada por Aquel que es «imagen visible del Dios invisible, Primogénito de toda la creación» (Colosenses 1:15). Cabeza de la Nueva Humanidad instaurada en su persona, a través del misterio de su muerte y resurrección. «Como primera criatura de la nueva humanidad, Cristo incorpora en él, integra en su persona, todo lo que estaba separado en la antigua humanidad, o mejor aún, lo que era dos ya no va a existir en adelante como dos realidades distintas, ya no va a existir más que una sola realidad, el Cuerpo de Cristo, el hombre nuevo (Colosenses 2:17)»[31].

Lo grandioso de la revelación de Dios en Cristo, es que la imagen restaurada en el hombre creyente no es otra que la del mismo Dios-Hombre Jesucristo: *hechos conformes a su imagen*. Con eso se cumple el plan o propósito de Dios de la humanidad, y comienzan los tiempos escatológicos que un día culminarán con la presencia visible de Cristo, cuando todos seremos transformados a su imagen perfecta, y Dios será todo en todos, sin mediaciones de ningún tipo (1 Corintios 15:28).

---

30. William Romaine, *Life, Walk and Triumph of Faith*, Farncombe & Son, London 1908, p. 18. Original de 1793.

31. Salvador Vergés, *op. cit.*, p. 307. Cf. B. Rey, *La nueva creación según san Pablo*, Fax, Madrid 1972; Juan Luis Lorda, *Antropología bíblica: De Adán a Cristo*, Palabra, Madrid 2005.

Adán, el primer hombre, era figura del que había de venir (Romanos 5:14), una vez venido el prototipo, Jesucristo, el nuevo Adán y restaurador de la humanidad caída, se cierra el ciclo creativo de Dios. La descendencia de Adán recobra la semejanza divina echada a perder por el pecado, y la recobra sobradamente en Jesucristo. En él la naturaleza humana es asumida, no absorbida, y es elevada al rango de la naturaleza divina (2 Pedro 1:4). Se descubre así que la creación entera, todo el universo, se ordena hacia Jesucristo. Él es la *causa final* de la creación y el primero de los predestinados. De su conversión en adelante está llamado a alcanzar la condición de un hombre maduro, «*a la medida de la estatura de la plenitud de Cristo*» (Efesios 4:13).

Del primer Adán recibimos una herencia de pecado, condenación y muerte, incorporados al segundo Adán recibimos una herencia de perdón, salvación y vida eterna. Esta incorporación a Cristo se tipifica en el bautismo como un morir y un renacer en Cristo, de modo que el poder de vida de la Resurrección se hace presente en nosotros.

Dios toma al hombre creyente, le purifica y le moldea conforme a la figura de su Amado Hijo. Esta es una verdad que nos debería llenar de profunda alegría y de una pasión infinita. El cristianismo no proclama sólo el perdón del pecado y salvación del alma, anuncia una nueva creación que se hace realidad en Cristo, no sólo como un modelo a imitar, sino como una vida a vivir[32]. «Cristo es nuestra santificación en un sentido más superior al de ser nuestro modelo. Él es nuestro modelo y nuestra santidad porque Él mismo mora en nosotros y controla nuestro ser moral, en orden a transfigurar nuestras vidas y convertirse en la fuente de todos nuestros pensamientos, dichos y hechos»[33].

Ahondando todavía un poco más entre *imitación* e *inhabitación* de Cristo en el creyente hay que aclarar que «un hombre no puede vivir en otra persona. Un hombre puede dejar su memoria, su ejemplo, su enseñanza, pero no puede vivir otra vez en nosotros. Si Jesús hubiera sido solamente un hombre santo, la santificación del cristiano se reduciría necesariamente al esfuerzo sincero de emularle y seguirle, y la Iglesia no sería nada más que una asociación de gente bien dispuesta y unida en el propósito de hacer buenas obras, siguiendo su modelo: Jesucristo. Este es el nivel al que inmediatamente descendería la idea más gloriosa del Evangelio una vez

---

32. «La meta final de Dios para tu vida sobre la tierra no es la comodidad, sino el desarrollo de tu carácter. Él quiere que crezcas espiritualmente y llegues a ser como Cristo. Esto no significa que pierdas tu personalidad o llegues a ser un clon sin inteligencia. Dios creó tu singularidad, por lo cual ciertamente no quiere destruirla. Ser semejante a Cristo significa la transformación de tu carácter, no de tu personalidad» (R. Warren, *Una vida con propósito*, Vida, Miami 2012, p. 173).

33. Evan H. Hopkins, *The Law of Liberty in the Spiritual Life*, Marshall, Morgan & Scott, London 1952, pp. 71-72.

que la corona de deidad se hubiera retirado de la cabeza de Cristo. Pero la Escritura y la experiencia nos enseñan que la verdadera santidad cristiana es algo más que el esfuerzo y la aspiración del hombre: es una comunicación de Dios al hombre; es Cristo en persona quien viene y habita en nosotros por el Espíritu Santo. Por eso san Pablo llama a Cristo no sólo nuestra justicia, sino también nuestra santificación»[34].

6. La mística de la unión con Cristo

La entera vida del Reino de Dios consiste en esa identidad de vida entre Cristo y los creyentes. Su muerte en la cruz fue infinitamente más que suficiente para pagar la deuda del pecado y limpiar nuestras culpas por completo. Por lo mismo es más que suficiente para adquirir para nosotros la suprema gracia de convertirnos en morada del Dios trino. «El que tiene mis mandamientos, y los guarda, ése es el que me ama; y el que me ama, será amado por mi Padre, y yo le amaré, y me manifestaré a él». «En aquel día vosotros conoceréis que yo estoy en mi Padre, y vosotros en mí, y yo en vosotros (Juan 14:21,20)». «¿No sabéis que vuestro cuerpo es templo del Espíritu Santo, que está en vosotros, el cual tenéis de Dios? (1 Corintios 6:19; 3:16)». Unidos de esta manera a Dios, en la morada interior de su santo Ser, recuperamos nuestra perfecta semejanza a Él que se hace concreta en Jesucristo, en justicia y santidad. Él es el segundo Adán, no ya el hombre primordial, sino el Hombre representativo que nos hace miembros de su Cuerpo Místico que es la Iglesia, el órgano viviente que llena con su plenitud. Resucitado de entre los muertos, sigue viviendo en nosotros como el principio de nuestra vida sobrenatural. Así es como nos convertimos en nuevas criaturas, en imágenes del nuevo hombre, que es Cristo. «Así como hemos incorporado en nosotros la imagen del ser humano terreno, incorporaremos también la del celestial» (1 Corintios 15:49, BLP).

«Antes de morir en la Cruz, el Cristo histórico estaba solo en sus existencia humana y física. Al resucitar de los muertos, Jesús ya no vivía solamente en sí mismo. Se convirtió en la vid de la que somos sarmientos. Extiende su personalidad hasta incluir a cada uno de los que estamos unidos a Él por fe. La nueva existencia, que es suya por virtud de su resurrección, ya no está limitada por las exigencias de la materia. Ahora no sólo es el Cristo natural, sino el Cristo místico, y en cuanto tal nos incluye a todos los que creemos en Él»[35]. Dicho en términos teológicos: «El Cristo natural nos redime, el Cristo místico nos santifica. El Cristo natural muere por nosotros,

---

34. *Ibid.*, p. 72.
35. Thomas Merton, *El hombre nuevo*, Plaza & Janés, Barcelona 1974, p. 108.

el Cristo místico vive en nosotros. El Cristo natural nos reconcilia con su Padre, el Cristo místico nos unifica en Él»[36].

Si alguien se pregunta dónde reside el punto preciso de esa semejanza entre Cristo y sus discípulos, entre la Vid y los sarmientos, hay que confesar que esa unidad es tan misteriosa como la que se produce entre la cepa de la viña y los sarmientos que de ella brotan. «Pero así como la vida y la savia que reside en la cepa y en los sarmientos es la misma vida y la misma savia; así también es la misma vida de gloria y plenitud que habita en el Dios-Hombre-Mediador la que habita en el más débil de los creyentes. Es el mismo espíritu, derramado sobre la cabeza y recibido por Él sin medida, el que es dado a su pueblo conforme a la fe de cada uno»[37].

Dijimos antes que todas las doctrinas tienen un fin práctico y ninguna doctrina es más práctica que esta unión entre Cristo y los creyentes, que va más allá de la unión de amistad, voluntad o de espíritu; esta unión es tal que los teólogos no han encontrado otra palabra mejor que la palabra «mística», la *unión mística*. Así se habla también de la Iglesia como *cuerpo místico* de Cristo para tratar de describir de algún modo la íntima unidad de vida sobrenatural que existe en Cristo, Cabeza, y la Iglesia, su cuerpo. Ciertamente la unión mística con Cristo es un misterio, pero no por ello menos real. «La unión con Cristo es tan profunda y vital, tan contraria a todo lo que puede ser comunicado y descrito desde el exterior que los que la estudian no han encontrado otro nombre más propio que "unión mística". Esta unión es invisible, espiritual e indefinible, y, sin embargo, personal, compulsiva, purificadora y eterna. Es tan realmente vital, una unión de la vida con la vida, como la unión de la vid con los sarmientos (Juan 15:1-6)»[38].

Para muchos la sola mención de la palabra «mística» levanta recelos y sospechas, dada la ignorancia que hay sobre este tema y los errores que se han introducido en el mismo. En el sentido cristiano, no significa otra cosa, que el misterio de la unión del Cristo resucitado con los cristianos. Esta es una verdad tan incontestable en el Nuevo Testamento que con razón Thomas Merton pudo decir que «cristianismo y misticismo cristiano eran originalmente la misma cosa»[39]. Se puede decir además, que todo verdadero cristiano comienza con una experiencia mística, la experiencia de la conversión y el nuevo nacimiento por la que se le abre la puerta que da acceso a la intimidad de Dios, su amor y redención. En todo cristiano hay

---

36. Fernand Prat, *The Theology of St. Paul* I, Newman Press, Westminster 1952, p. 300.

37. Charles Ross, *The Inner Sanctuary*, Banner of Truth Trust, London 1967, p. 119. Original de 1888.

38. William N. Clarke, *Bosquejo de teología cristiana*, La Aurora, Buenos Aires 1929, p. 369.

39. T. Merton, *op. cit.*, p. 110.

una vocación que suele ignorarse, o desgraciadamente, que se trunca, se malogra, por falta de sabiduría y maestros espirituales que conduzcan al creyente a ahondar en aquello que para él fue un día lo más hermoso que pudo escuchar: «Ya no vivo yo, mas vive Cristo en mí» (Gálatas 2:20), pero que con el paso del tiempo se convierte en concesiones al «viejo hombre», «somos carne, somos débiles», y se reduce a la participación más o menos comprometida en actividades de la iglesia.

Nunca los maestros y pastores del cristianismo evangélico rehusaron la utilización de la palabra «mística», a causa de los prejuicios que pudiera levantar, al contrario, hicieron uso de ella, porque no había más remedio que hacerlo, no había otra si querían introducir al creyente en el misterio inefable de la unión con Cristo. Así, Thomas Boston (1676-1732), autor del clásico de la espiritualidad protestante: *Human Nature in its Fourfold State* (*La naturaleza humana en su estado cuádruple*), dedica todo un capítulo precisamente a la «Unión mística entre Cristo y los creyentes», donde, entre cosas, dice:

«¿Quién sino el santificante Espíritu de Cristo puede formar a Cristo en el alma, cambiándola en su misma imagen. Somos transformados de gloria en gloria en la misma imagen de Dios (2 Corintios 3:18). Cada ser genera su semejante. El hijo lleva la imagen del padre y los que son nacidos de Dios llevan la imagen de Dios. El hombre aspirando por sí mismo a ser como Dios, se hizo a sí mismo como el diablo. En su estado natural se asemeja al diablo, como un hijo a su padre (Juan 8:44). Pero cuando acontece el cambio dichoso, la imagen de Satanás desaparece, y la imagen de Dios es restaurada»[40].

Esta gran transformación, este cambio glorioso, es parte esencial del mensaje de salvación. Por eso necesitamos urgentemente tomar conciencia, y hacer que otros hagan lo mismo, de que la enseñanza bíblica del plan de Dios para nosotros, su propósito y designio de redención, incluye y consiste en configurar nuestra vida a imagen y semejanza de Jesucristo como meta y fin de nuestro llamamiento y vocación. Esta ambiciosa aspiración habita en lo más hondo y auténtico del ser cristiano, del nuevo ser en Cristo, pero que un día se quedó difuminada en los entresijos de nuestra alma debido a una falta de enseñanza adecuada respecto a la misma. Hay que recuperar «esa infancia del alma proclamada bienaventurada en el Evangelio», como nos alienta Maurice Zundel. «El misterio de Jesús es un misterio de santidad que no puede ser abordado con provecho más que *desde dentro*, a la luz de una vida interior consciente de sus propias exigencias [...]. Elevar a Jesús al rango de Dios no fue la preocupación de los

---

40. Thomas Boston, *Human Nature in its Fourfold State*, Banner of Truth Trust, London 1964, p. 208. Original de 1720.

apóstoles, como algunos críticos han podido pensar. Lo que ocurrió es que su corazón ardió en esa santidad divina y comprendieron que encontrarse con Él era encontrarse con Dios y que el Reino cuyo misterio les proponía era, ante todo, *Él en ellos*»[41].

Desde esta perspectiva, la afirmación «no vivo yo, sino que Cristo vive en mí», cobra un significado esperanzador para el cristiano interesado en crecer y madurar en su fe. Se trata de un ideal realizable que comporta una pasión infinita. «Es posible, dese lo profundo del ser, conectar con la Fuente de la Vida. Entonces, la frase *tened entre vosotros los mismos sentimientos que Cristo* (Filipenses 2:5), no es una simple declaración de buenas intenciones, sino la formulación de una experiencia espiritual de san Pablo que le permitió ser uno con Aquel que amó hasta el extremo (Juan 13:1)»[42]. A esta misma experiencia están llamados todos los cristianos. Tal es su suprema vocación en Cristo (Filipenses 3:4)[43]. «Reconoce, cristiano –exhortaba León Magno a sus fieles–, tu dignidad, y una vez que te has hecho partícipe de la naturaleza divina, no quieras volver a la antigua miseria con una conducta degenerada. No olvides de qué Cabeza y de qué Cuerpo eres miembro. Acuérdate de que, arrancado del poder de las tinieblas, has sido trasladado al esplendoroso Reino de Dios»[44].

En Cristo, Dios se nos muestra como aquel modo de vida que Él desea para toda mujer y hombre de fe. Lo cual no es un deseo a realizar cuando estemos en el cielo, sino un programa de vida a llevar cabo en el momento presente de cada cual. La vida cristiana pierde así ese carácter anodino de una realidad espiritual que sólo se cumple «en el más allá». Todo lo contrario. La vida ordinaria, repetitiva y a veces irrelevante del cristiano se convierte de repente en una gran aventura de transformación desde el momento que toma conciencia del supremo llamamiento de Dios en Cristo. Un mundo nuevo se abre delante de él: participar de la naturaleza divina y de su plenitud de amor, que sobrepasa todo cuanto podamos imaginar. «Que os dé, conforme a las riquezas de su gloria, el ser fortalecidos con poder en el hombre interior por su Espíritu; para que habite Cristo por la fe en vuestros corazones, a fin de que, arraigados y cimentados en el amor, seáis plenamente capaces de comprender con todos los santos cuál es la anchura, la longitud, la profundidad y la altura, y de conocer el amor de Cristo, que excede a todo conocimiento, para que seáis *llenos de toda la plenitud de Dios*» (Efesios 3:16-19).

---

41. Maurice Zundel, *El Evangelio interior*, Sal Terrae, Santander 2002, pp. 78.80.

42. Josep Otón Catalán, *Debir, el santuario interior*, Sal Terrae, Santander 2002, p. 156.

43. Cf. J. Luzarraga, *El Dios que llama. Experiencia bíblica de la Trinidad en la vocación*, Secretariado Trinitario, Salamanca 1990.

44. León Magno, *Sermón* 21.

Hay una imagen en los escritos paulinos que ha dado mucho que hablar, «el sello del Espíritu» (Efesios 1:13), entendida en términos de «segunda bendición» de naturaleza carismática, cuando su sentido natural no es otro que aquel del que venimos hablando, como bien describe Francisco Lacueva en su interpretación del texto efesiano: «*El sello del Espíritu* es una expresión metafórica que da a entender de forma plástica lo que se efectúa espiritualmente, de forma invisible para los ojos del cuerpo, en el interior del creyente en el momento mismo de ser salvo: Dios Padre lo marca con la imagen de su Hijo Unigénito, de forma que, al seguir con la metáfora, la mano que agarra el sello es el Padre; el sello mismo es el Espíritu Santo; y la imagen que lleva el sello es la del Hijo. En otras palabras, por medio del Espíritu, Dios Padre imprime en nosotros la imagen de Su Hijo»[45].

7. Injertados en Cristo

Todo lo que tiene que ver con nuestra configuración a Cristo suena magnífico y parece ofrecer una excitante perspectiva de vida, pero si es cierto que se produce una real unión entre Cristo y el creyente, ¿cómo es posible, a qué se debe la presencia de «carnalidad», frustración, derrota y desaliento, e incluso pecados graves, en tantos hijos de Dios, renacidos de lo alto, bautizados en el Espíritu y honestos seguidores de Jesús? ¿Por qué ese desaliento?, ¿esa persistente inclinación al mal?, ¿esa apatía?

Por otra parte, alguien puede decir: «Sí, ya veo que según la Biblia soy, debo ser una nueva criatura, pero no puedo ver esa novedad en mí, no la siento como esa fuerza controladora de mis pensamientos y de mis actos que parece que debiera ser, ¿cómo, entonces, podría aplicar a mi vida ese poder de la resurrección que significa Cristo viviendo en mí? ¿No es cierto que el 'viejo hombre' y los deseos de la 'carne' hacen acto de presencia una y otra vez en la vida de los creyentes?». Trataremos de responder a estas difíciles cuestiones.

En primer lugar hay que tener en cuenta una serie de factores. El apóstol Pablo tiene una palabra especial para describir nuestra incorporación a Cristo, tomada de la agricultura, muy similar a la imagen que Jesús nos ofrece de su Padre como el Labrador. Dice Pablo, hablando de los gentiles incorporados en el Israel espiritual, o sea, en la Iglesia, la cual es el cuerpo de Cristo, que somos *injertados* en el viejo olivo, para ser partícipes de la rica savia de la raíz del olivo (Romanos 11:17). Somos, existimos, con relación a Cristo, y Cristo existe para nosotros sólo en la medida en que estamos injertados en Él. La técnica del injerto consiste en introducir la punta de una rama entre la ranura abierta en el muñón de otro árbol. Se ata,

---

45. Francisco Lacueva, en *Comentario bíblico Matthew Henry*, CLIE, Barcelona.

se venda, y la rama así injertada sigue viviendo su propia vida en aquel cuerpo extraño a ella. Este fenómeno es tan singular que ayuda a Pablo a explicar el misterio de Cristo, aunque por la naturaleza del caso cambia radicalmente las leyes de la agricultura. ¿Por qué? Porque el agricultor siempre injerta renuevos sanos y fecundos en árboles silvestres y estériles. Sin embargo, en el caso del creyente, sucede al revés, por lo que no hay que extremar las comparaciones. Aquí el injerto, la humanidad caída, es lo viejo y salvaje, injertado en el tronco nuevo y vivo del Espíritu. El árbol de la vida da su propia vida y su energía a la rama silvestre. Todo el misterio de vida cristiana está aquí. La herida de muerte de Cristo es nuestra salvación. Cuando mediante la fe nos unimos a él, no importa nuestro pecado anterior, el poder de su resurrección pasa a nosotros por el Espíritu, de tal manera que llegamos a ser uno con Él: «El que se une al Señor, un espíritu es con él» (1 Corintios 6:17). «Para que se opere en nosotros esta unión, el Espíritu de Dios debe llevarnos a todos a confesarnos, a reconocernos culpables, cuando nosotros nos creíamos justos, y a condenarnos como verdugos de Dios. Sin esta herida, consentida, tolerada, deseada y amada, no prenderá el injerto. Nos expondríamos entonces a caer en la trampa de algunos de esos modelos de Cristo que llevan al ateísmo»[46]. «Cuando el pecador cree, el Espíritu Santo lo vincula al Salvador, de manera que puesto en contacto vital con Él, recibe por medio de Él la vida eterna que, fluyendo de Dios por medio de Cristo, alcanza al creyente y en su modo natural de vida desde la conversión»[47].

Injertado en Cristo, el creyente vive su nueva vida como criatura nueva en el nuevo Ser que es Cristo en él (cf. Gálatas 2:20). «Al morir con Cristo en su muerte, también vive en Cristo y con Él en su vida resucitada. De hecho esta nueva vida, o la vida eterna, no es otra cosa que el Autor de la vida, viviendo en el creyente. El poderoso y resucitado Señor es el poder operante en el nuevo orden, de la misma manera que el pecado era el poder operante en el viejo orden de vida (Romanos 7:17.20). El Resucitado vive en cada uno de los creyentes y se hace principio vital por el Espíritu que mora en ellos (cf. Romanos 89:10.11)»[48].

8. Un nuevo corazón

Hay otra imagen que puede aclararnos un poco más la cuestión. Cuando en el año 1967 el doctor Christian Barnard realizó el primer transplante de corazón humano todos los periódicos del mundo recogieron la noticia

---

46. Bernard Bro, *Jesucristo o nada*, Narcea Ediciones, Madrid 1978, p. 120.
47. Samuel Pérez Millos, *Gálatas, comentario exegético*, p. 238.
48. Ibid., *op. cit.*, p. 239.

y el mundo reaccionó con estupefacción, con la boca abierta como el que contempla el mayor truco de prestidigitación. Quitar el corazón de una persona enferma y ponerle otro de una persona difunta, y que viva. Una operación increíble. Hoy estamos habituados a ella, pero fue sencillamente asombrosa. Más o menos, esta misma imagen aparece en la Escritura: «Quitaré de su carne el corazón de piedra y les daré un corazón de carne» (Ezequiel 11:19). «Os daré un corazón nuevo y pondré un espíritu nuevo dentro de vosotros; quitaré de vuestra carne el corazón de piedra y os daré un corazón de carne» (Ezequiel 36:6).

El trasplante de corazón es una operación difícil, complicada, cuyo éxito depende de la habilidad del cirujano, pero no sólo de él. Hoy se sabe que el éxito también depende mucho del mismo paciente, y de que su organismo no lo rechace. Los primeros médicos que realizaron este tipo de operaciones se quedaron asombrados al observar cómo el organismo entero, desde el cerebro hasta las menores células, no cesan de luchar con la astucia más asombrosa para rechazar el corazón nuevo, tratado como un cuerpo extraño, un invasor tomado por peligroso por el sistema inmunológico. El organismo lo necesita para mantenerse vivo, pero el organismo no lo sabe. Es un combate a muerte donde el cuerpo hace todo lo impensable para deshacerse de su salvador, el corazón extraño. Entonces se descubrió que el rechazo no sólo es dirigido a nivel central del organismo, sino que automáticamente se pone en funcionamiento a nivel de cada célula y cada célula es capaz de movilizarse para rechazar al cuerpo extraño. Por eso hay tantas operaciones de trasplante de corazón fallidas.

Lo mismo ocurre con el pecador ante la acción de la gracia. El «viejo hombre», es decir, los hábitos aprendidos desde la infancia, la educación recibida, la voluntad rebelde acostumbrada a su propia ley, los instintos incontrolados dejados a la concupiscencia, se rebelan y luchan contra el intruso, el nuevo hombre, cuando este intenta poner orden en la casa, limpiar toda suciedad y extirpar las células cancerígenas del pecado, desintoxicarle de sus hábitos pecaminosos y llevarle a su plena realización como persona, a imagen y semejanza de Cristo. Así que no tiene nada de extraño que el cristiano tenga que enfrentarse a una lucha interior. Los viejos hábitos tardan en morir y lo que parecía erradicado en ocasiones levanta su cabeza insidiosa. «El deseo de la carne es contra el Espíritu, y el del Espíritu es contra la carne; y éstos se oponen entre sí, para que no hagáis lo que quisiereis» (Gálatas 5:17)[49].

---

49. «Aquí, la carne es la tendencia humana hacia sí mismo, pasando por encima de Dios y de los demás» (Federico Pastor-Ramos, *Para mi, vivir es Cristo. Teología de San Pablo*, Verbo Divino, Estella 2010, p. 265).

El «viejo hombre» es un concepto residual. No se trata de una segunda naturaleza que permanece ahí escondida en lucha constante con el «nuevo hombre». No hay dos naturalezas en el cristiano, esto presentaría un cuadro clínico de esquizofrenia en la vida cristiana[50]. Hay sólo una persona renovada, transformada, en proceso de llevar a cabo esa transformación hasta su grado más elevado, cuya perfección es escatológica. Las resistencias son propias de la ignorancia y de la fuerza de los hábitos y malos deseos de la voluntad. El «viejo hombre» es realmente una metáfora, no existe para quien se ha entregado a Cristo. Ha muerto, representa la vida pasada sin Cristo. Pablo lo dice bien claro: «Sabiendo esto, que nuestro viejo hombre fue crucificado juntamente con él, para que el cuerpo del pecado sea destruido, a fin de que no sirvamos más al pecado» (Romanos 6:6). O: «Los que son de Cristo Jesús han crucificado la carne con sus pasiones y deseos» (Gálatas 5:24).

El «viejo hombre» es pues un concepto gráfico para referirse a nuestra vida anterior a la conversión. No es un duende que anda por ahí dentro haciendo estragos. Pablo lo expresa muy bien: «*En cuanto a vuestra anterior manera de vivir*, os despojéis del viejo hombre, que se corrompe según los deseos engañosos» (Efesios 4:22). De eso se trata, de nuestra anterior manera de vivir, de costumbres que no siempre se doblegan a la acción del Espíritu.

La referencia al «viejo hombre» no se puede tomar como una excusa para el pecado, el fracaso, o el espíritu derrotista respecto a la vida espiritual e integración en Cristo. Realmente se trata de una falta de madurez espiritual creer y sentir que es imposible ser como Cristo en la condición presente. Debemos reconocer que muchos cristianos, no importa los años que lleven en la fe, son como niños, débiles en espíritu, culpables de no valorar en toda su dimensión la persona de Cristo y el poder de su resurrección, insatisfechos al ser incapaces de comprender la capacidad de Cristo para realizar su propósito regenerador. «Cristo emprendió una obra que cumplió perfectamente en todas sus partes»[51]. Lo que tenemos que preguntarnos es si nosotros estamos en esa obra con Él.

---

50. Anthony A. Hoekema, basándose en los estudios de John Murray, *Principles of Conduct: Aspects of Biblical Ethics*, Eerdmans, Grand Rapids 1957, y Herman Ridderbos, *Paulus. Ontwerp van zijn theologie*, Kampen 1966 (versión cast.: *El pensamiento del apóstol Pablo*, Certeza Buenos Aires 1979), rechaza la idea de que el creyente es a la vez viejo y nuevo hombre. En el Nuevo Testamento se enseña que el creyente ha descartado al viejo hombre y se ha puesto el nuevo, aunque este no sea todavía perfecto y esté todavía sujeto a una renovación progresiva. «El viejo y el nuevo hombre son dos maneras de vivir diferentes, dos estilos de vida diferentes si se quiere. El creyente confiesa que, para él, el viejo hombre ha sido crucificado con Cristo» (*El cristiano visto por sí mismo*, CLIE. Barcelona 1980, p. 42).

51. W. Romaine, *op. cit.*, p. 16.

Pablo pide a los colosenses que desechen la mentira de sus vidas y confía en que esto es posible por una sencilla y profunda razón: porque «*habéis desechado al viejo hombre con sus malos hábitos*» (Colosenses 3:9). El «viejo hombre» ya no tiene la última palabra, ha sido descubierto y puesto en fuga como los demonios que Jesús exorcizaba.

Estamos hablando de magnitudes morales, no físicas, las cuales no desaparecen tan instantáneamente como un objeto enterrado bajo el suelo o arrojado al fuego. Celos, envidia, codicia, ambición, ira, enemistad, amargura, rencor…, son emociones que acompañan al hombre de la cuna a la tumba como un triste cortejo de conflictos que asaltan su vida en un momento u otro. El cristiano, en virtud de su nuevo nacimiento y el supremo ejemplo moral de Cristo, puede tener a raya a muchos de ellos, pero es un hecho innegable que no lo consigue siempre, ni en todo tiempo, y menos de una vez por todas, como si fuera posible entrar en una experiencia tan sublime que le volviera inmune a la tentación y el pecado.

La tan repetida exhortación a velar y vigilar para no caer en la tentación (Mateo 26:41) no es un capricho de moralistas desconfiados en las posibilidades de justicia y benignidad de los santificados. Es una sabia advertencia sobre los peligros morales latentes o manifiestos que amenazan a cualquier cristiano: «El que piensa estar firme, mire que no caiga» (1 Corintios 10:12).

Para ello es necesario que el cristiano practique ciertas disciplinas y ejerza, en todo momento, dominio de sí mismo, uno de los frutos más necesarios del Espíritu de Dios (2 Timoteo 1:7; 2 Pedro 1:6).

9. Participación activa en el nuevo hombre

Por eso dice Pablo que hay que *despojarse* del viejo hombre, y vestirse del nuevo hombre, «el cual, en la semejanza de Dios, ha sido creado en la justicia y santidad de la verdad» (Efesios 4:22.24). El nuevo corazón es una obra del Espíritu de Dios, no depende de nosotros crearlo, pero sí mantenerlo sano y robustecerlo con nuestra fe, nuestra entrega y nuestro compromiso. En la regeneración, escribe bellamente Romano Guardini, Dios nos da existencia propia en cuanto cristianos. «En la fe, aquél que se ha convertido en cristiano se vuelve hacia Dios, pero es la vida de Dios lo que lo atrae»[52]. Lo extraordinario de la vida cristiana es que no está sometida a la amenaza de la ley, sino a la pulsión del amor: «El amor de Cristo nos apremia, habiendo llegado a esta conclusión: que uno murió por todos, por consiguiente, todos murieron; y por todos murió, para que los que viven, ya no vivan para sí, sino para aquel que murió y resucitó por ellos» (2 Corintios 5:14-15).

52. R. Guardini, *La experiencia cristiana de la fe*, Balacqva, Barcelona 2005, p. 126.

Ocupados en el Espíritu, haciendo frente a los deseos de la carne (Gálatas 5:16), ahondando en el conocimiento de Dios que nos atrae con «lazos de amor» (Oseas 11:4), el creyente va fortaleciendo en él ese nuevo corazón que posibilita su semejanza a Cristo y le da fuerza para vencer el poder del pecado. Gracias a la promesa de la savia de Cristo que ahora opera en su carne (Juan 15:5), el cristiano llega a participar de la naturaleza divina (2 Pedro 1:4), siendo uno con Cristo en espíritu y novedad de vida. No de forma automática, sino mediante la fe, siempre la fe, que nos muestra el camino y lo que estamos llamados ser, un nuevo ser en el Ser de Cristo.

Aiden W. Tozer se quejaba en su día del «cristianismo instantáneo» por el que podemos descargar todo el cuidado de nuestra alma en uno, o a la sumo dos actos de fe, y liberarnos de toda ansiedad respecto a nuestra condición espiritual, a no preocuparnos de llegar a ser santos efectivamente en el carácter, puesto que la salvación se ha realizado de forma automática de «una vez por todas». Por culpa de condensar la salvación en una sola experiencia, o a lo sumo dos, «los abogados del cristianismo instantáneo ignoran la ley del desarrollo, que corre a través de toda la naturaleza. Ignoran los efectos santificantes del sufrimiento, el llevar la cruz y la obediencia práctica. Pasan por alto la necesidad del entrenamiento espiritual, la de formar correctos hábitos religiosos y la de luchar contra el diablo, el mundo y la carne»[53].

Algunos místicos como el español Miguel de Molinos, ensayaron la vía del *quietismo*. Puesto que todo está hecho por Dios en Cristo, sólo nos resta *abandonarnos* a su gracia. «Has de reconocer –escribe– que tu alma es el centro, la habitación y reino de Dios. Por tanto, para que el soberano Rey descanse en ese trono, debes poner cuidado en guardar tu alma pura, quieta, vacía de afectos, deseos y pensamientos; y pacificada en tentaciones y tribulaciones. Siempre debes guardar tu corazón en paz, conservarlo puro como templo de Dios, y con pura y recta intención has de trabajar, orar, obedecer y sufrir, sin turbarte nunca, sea donde fuere donde el Señor te mande»[54]. Podemos entender la intención de Molinos, y qué duda hay que tiene profundas intuiciones espirituales no tan *quietistas* como parecen[55],

---

53. A. W. Tozer, *Ese increíble cristiano*, Christian Publications, Harrisburg 1979, pp. 22-23.

54. Miguel de Molinos, *Guía espiritual*, Edición de José Ángel Valente, Barral, Barcelona 1974.

55. Hay ciertamente un aspecto *pasivo* de la vida y experiencia cristiana que no conviene olvidar, no vayamos a caer en un activismo demasiado humano. «En la salvación, el salvo descansa en la *noble pasividad* del recuerdo que él es 'hechura de Dios, constituido de nuevo en Cristo Jesús'; y luego se levanta en la *bendita actividad* de uno que sabe qué es lo que posee y quién lo posee a él, y que delante de sí se extiende un sendero de 'buenas obras'» (H. C. G. Moule, *Estudios sobre Efesios*, CLIE, Barcelona 1984, p. 58).

pero hay que observar en el Nuevo Testamento que el lenguaje de Cristo y de los apóstoles es eminentemente *activo*. Por ejemplo: «Si alguno quiere venir en pos de mí, *niéguese a sí mismo*, y *tome su cruz*, y sígame» (Mateo 16:24), y todos los textos que nos hablan de despojarnos del viejo hombre, de no proveer a los deseos de la carne (Romanos 13:14; Gálatas 5:16), de mortificar lo terrenal (Romanos 8:13; Colosenses 3:5), de proseguir hacia la meta (Filipenses 3:14), etc.

El mismo apóstol Pedro que nos dice que somos partícipes de la naturaleza divina, es el que nos insta a continuación a *añadir* a nuestra vida cristiana toda una serie de virtudes, comenzando por la fe, dando a entender que la *fe sola* que nos une a Dios no debe quedar sola en lo que respecta a nuestra experiencia cristiana: «*Añadid* a vuestra fe virtud; a la virtud, conocimiento; al conocimiento, dominio propio; al dominio propio, paciencia; a la paciencia, piedad; a la piedad, afecto fraternal; y al afecto fraternal, amor. Porque si estas cosas están en vosotros, y abundan, no os dejarán estar ociosos ni sin fruto en cuanto al conocimiento de nuestro Señor Jesucristo» (2 Pedro 1:5-8).

El cristiano debe participar activamente en su configuración a Cristo. De él depende que llegue a ser lo que ya es en Cristo. «No hay nada formal o automático respecto a su operación en nosotros. Somos personalidades y estamos comprometidos con una personalidad. Somos personas inteligentes y poseemos voluntad propia»[56]. Pablo dice que el nuevo ser que estamos llamados a ser «se va renovando hasta el conocimiento pleno conforme a la imagen del que lo creó» (Colosenses 3:10). Aquí está diciendo, que el nuevo hombre del que nos revestimos en el momento de nuestra conversión no es un concepto estático, sino dinámico[57]. Nuestra cooperación es imprescindible para que el nuevo ser en Cristo, sea *nuestro* nuevo ser; don y tarea. «Cuando Dios nos recrea en Cristo a su propia semejanza, cooperamos enteramente con lo que él ha hecho»[58].

Para no ser llamados a engaño, hay que entender que la unión con Cristo es real y verdadera, pero no sensible y material, sino mística y espiritual, no externa o convencional. «Unión del Espíritu de Cristo con nuestro espíritu. Verdadera *comunión*: In-existencia espiritual en la existencia personal de Cristo»[59]. Injertados en Él, nos incorporamos en su vida, vivimos de su Espíritu, ayudándonos a ser lo que ya somos en Él. «Estar unido a Cristo

---

56. A. W. Tozer, *op. cit.*, p. 41.

57. Cf. Anthony A. Hoekema, *op. cit.*, p. 72.

58. John R. W. Stott, *La nueva humanidad. El mensaje de Efesios*, Certeza, Downers Grove 1987, p. 175.

59. José M. Solé, *Tu eres el Cristo, el Hijo de Dios*, Editorial Claret, Barcelona 1975, p. 479.

y con Cristo es el elemento clave que permite al creyente ser y existir de ese modo»[60].

Estamos aquí ante una de las paradojas más sencillas y más grandiosas del cristianismo. A lo que ha nacido tiene que hacérsele nacer. Por el contrario, a lo que ha muerto tiene que hacérsele morir. Es absolutamente cierto que hemos «muerto, y nuestra vida está escondida con Cristo en Dios» (Colosenses 3:3). Hemos muerto al pecado y sus directrices rectoras, ahora tenemos a Cristo como principio de vida, pero todavía no hemos muerto al pecado en cuanto poder que se insinúa y asalta de muchos modos y maneras a lo largo de nuestra vida creyente. Por eso el apóstol añade a continuación, *habéis muerto*, «haced morir, pues, en vuestros miembros lo terrenal: fornicación, impureza, pasiones desordenadas…» (v. 5).

Me voy a permitir una nota teológica para esclarecer en lo posible las aparentes contradicciones directrices de la experiencia espiritual, que por una parte nos dice lo que ya somos y, por otra, que tenemos que llegar a ser, como si no fuéramos lo que somos. El profesor Eduard Lohse llama la atención sobre los usos del *indicativo* y del *imperativo* en el Nuevo Testamento, que pueden llegar a causarnos un problema de intelección o interpretación. «El problema del *indicativo* y del *imperativo* en la teología paulina consiste en que el Apóstol formula casi con las mismas palabras una afirmación y una exigencia. 'Si vivimos en el Espíritu, caminemos también en el Espíritu' (Gál. 5:25). 'Hemos muerto al pecado' (Ro. 6:2). 'No reine más elpecado en vuestro ser mortal… ni tengáis más vuestro cuerpo a su disposición como instrumentos de injusticia' (Ro. 6:12s). 'El pecado no tendrá dominio sobre vosotros' (Ro. 6:14). 'Haced buena limpieza de la levadura del pasado para ser una nueva masa conforme a lo que sois: panes sin levadura' (1 Cor. 5:7). 'Os revestisteis del Mesías' (Gál. 3:27). 'Revestíos del Señor, Jesús Mesías' (Ro. 13:14). ¿Qué relación hay entre ambos tipos de proposiciones? En ambos casos se utilizan los mismos términos. Por ello mismo no es lícito acentuar más una proposición que la otra, sino que ambas tienen el mismo peso y deben aclararse en base a la íntima relación en que se encuentran. Pablo dice por un lado: habéis recibido la salvación en Cristo; habéis muerto realmente al pecado, de modo que ya no os tiene prisioneros (Gál. 5:24). Por ello tiene que librar el cristiano la batalla entre la *carne* y el *espíritu*. Ha sido liberado de la necesidad de tener que obedecer a esas fuerzas. De ahí que el imperativo vaya dirigido al cristiano que no vive ya según la carne, aunque aún vive en ella. La vida nueva que ha recibido el cristiano está aún oculta. Por ello es necesario recalcar ambas cosas a la vez: el aserto

60. Federico Pastor-Ramos, *op. cit.*, p. 419.

de la salvación otorgada en Cristo y la exhortación a apropiarse ese don mediante la fe a fin de realizar lo que Cristo ya ha realizado»[61].

El Espíritu de Cristo tiene que intervenir constantemente en la neutralización del poder del pecado y en el avivamiento de ese nuevo ser que ha de ir configurándose a imagen de Cristo. No podemos pensar que porque ya estamos en Cristo por la fe, todo va ir bien. No basta con cambiar de corazón si todas las células de nuestro viejo hombre –nuestra herencia, nuestra memoria, nuestros hábitos, nuestros anhelos pasados– rechazan ese corazón nuevo, con sus nuevas apetencias, principios y directrices. Por nosotros mismos nos exponemos siempre a quedarnos en una identificación con Cristo abstracta, en el terreno de las ideas o de la voluntad, del deseo. Necesitamos una acción continuada, permanente, de una presencia, de un educador, de un abogado, de un guía, de un apoyo para que el injerto divino prenda en nosotros y el corazón se haga nuestro verdaderamente. Necesitamos del Espíritu y *cooperar* con Él; necesitamos del Cristo que está llamando *fuera* de nuestra puerta y al que debemos dejar entrar; necesitamos del Padre que nos ama en el Hijo y esforzarnos en ser hijos en el Hijo. «Si vivimos en el Espíritu, caminemos también en el Espíritu», se nos dice en Gálatas 5:25. Al caminar en el Espíritu vivimos de acuerdo con nuestra esencia íntima de cristianos, que es el Cristo vivo en nosotros (Gálatas 2:20). Pero hay que caminar con decisión y disciplina. La palabra que el apóstol Pablo usa aquí para «caminar» proviene del lenguaje militar, cuyo significado primitivo es «marchar en fila, avanzar». El cristiano tiene que avanzar en aquello que ya es.

Esto también se aprecia en la exhortación paulina a «que habite Cristo por medio de la fe en vuestros corazones» (Efesios 3:17). Es un dato de fe que Cristo habita, por medio de su Espíritu, en el corazón de cada creyente, pero es una morada participativa que sólo se hace realidad en la disposición del creyente a hacer de esa presencia una vivencia. De lo contrario, Cristo se convierte en huésped de piedra, inmóvil y como invisible. «Nuestra relación con el Señor no está determinada por la casualidad, sino por la elección. Nuestro corazón debe estar constantemente fijo *en* Él y *con* Él de modo que antes preferiríamos morir que vivir sin Él»[62].

Cuando el injerto ha prendido, sólo hay que temer una cosa: *estorbar a su crecimiento* –recordemos las advertencias sobre apagar y contristar el Espíritu–. Hay que temer todo lo que podría retrasarnos o impedirnos vivir correctamente según el ritmo, según la existencia, según la ley y el amor del Otro. «Llegará entonces el momento en el que el injerto no pueda

61. Eduard Lohse, *Teología del Nuevo Testamento*, Cristiandad, Madrid 1978, pp. 157-158.

62. Frieda J. Schneider, *ABC´s for Christian Living*, Zondervan, Grand Rapids 1961, p. 10.

deshacerse, en el que pasaremos de un plano abstracto a uno concreto y personal, en el que ya no hay nada que temer, ya nada puede apartarnos de Cristo y en el que las mismas dificultades y hasta las preguntas y los asombros sólo pueden reforzar esos lazos que nos unen a Él. Ese momento en el que el Otro se hace tan presente y tan real que ni siquiera hay que elegirlo, porque se le prefiere a todo, ese momento en que el Otro se ha hecho la medida de nuestra existencia y en que, en verdad, puede uno atreverse a decir: Hágase tu voluntad y no la mía»[63].

«La lucha entre la deidad que habita en nosotros y las propensiones de nuestra naturaleza caída no necesita continuar para siempre. Cristo ha hecho abundante provisión para librarnos de las ataduras de la carne […] Una vez que el corazón se ve libre de sus impulsos contrarios, Cristo en nosotros llega a ser un maravilloso hecho existencial»[64].

En verdad, todo está todavía en la raíz en la que somos injertados, pero como decía hace 200 años el predicador bautista Samuel E. Pierce, «los brotes, las flores y los frutos van a aparecer a su debido tiempo, no ya por el poder humano o esfuerzo natural. No, el mismo Espíritu que ha inspirado al alma con una nueva vida espiritual, e implantado en regeneración todos los principios de santidad, toda gracia y toda simiente de piedad y espiritualidad, tiene que continuar alentando espiritualmente dentro y sobre la persona renovada, y pulir su obra, pues de lo contrario no habrá crecimiento ni abundantes frutos de santidad… El creyente que tiene visitas de Dios en Espíritu es transformado y asimilado a Él en una conformidad a Cristo, que demuestra que ha nacido de nuevo, que participa de la naturaleza divina y un día va a ser conformado plenamente a Cristo, cuando le vea como Él es»[65].

10. ¿Ser como Cristo, o ser «otro Cristo»?

Arrebatado por la radical novedad de la vida cristiana y su nuevo ser en Cristo, san Agustín clama gozoso: «Alegrémonos y demos gracias: hemos llegado a ser no sólo cristianos, sino Cristo. Asombraos y alegraos hemos llegado a ser Cristo»[66].

No me gustaría discrepar de un escritor tan eximio como san Agustín, pero no me parece del todo correcto referirse al cristiano como «otro Cristo». Entiendo que la tarea de ser «otro Cristo» en este mundo es la tarea más

---

63. Bernard Bro, *Jesucristo o nada*, Narcea, Madrid 1978, p. 124.

64. A. W. Tozer, *op. cit.*, p. 41.

65. Samuel E. Pierce, *El Evangelio del Espíritu*, CLIE, Barcelona 1984, p. 66. Orginal de 1805.

66. San Agustín, *In. Joan. Trat.* 21, 8.

bella y fascinante, pero esta expresión me causa cierta aprehensión. Me da miedo pensar que el considerado «otro Cristo» pueda ser descubierto un día como el anti-ejemplo de Cristo[67]. Creo que es suficiente, y ya bastante honor y tarea igualmente grandiosa, llevar el nombre de «cristiano», que en nada disminuye su suprema vocación cristofórmica, a saber, conformarse a Cristo mediante la fe y la práctica de una vida vivida en el poder de su Vida. Con esto, aunque se sigue afirmando la identidad de espíritu entre el creyente y Cristo, se despeja la diferencia esencial entre ambos. Gregorio de Nisa lo explica suficientemente bien: «La bondad de nuestro Señor nos ha concedido una participación en el más grande, el más divino y el primero de todos los nombres, al honrarnos, con el nombre de 'cristianos', derivado del de Cristo, por lo que es necesario que todos aquellos nombres[68] que expresan el significado de esta palabra se vean reflejados también en nosotros, para que el nombre de 'cristianos' no aparezca como una falsedad, sino que demos testimonio del mismo con nuestra vida»[69].

La diferencia entre Cristo y los cristianos no sólo se mide en magnitudes de tiempo: Él, eterno; nosotros, temporales; ni siquiera en comparaciones morales, Él, siempre bueno, nosotros, limitadamente buenos. La cuestión es otra. Él asumió nuestra naturaleza humana y fue semejante a nosotros en todo, incluso en la posibilidad de ser tentado, excepto en el pecado (Hebreos 4:15). Esta es la gran diferencia y el abismo infranqueable que nos separa. No podemos mancillar su vida inmaculada haciéndonos pasar por «otros Cristos». El pecado de ira, envidia, codicia, enemistad y, en suma, todas las malicias de la vida humana residen en nuestra «carne», vencidas unas veces, reprimidas otras, pero siempre dispuestas a dar la cara al menor descuido. Sería una afrenta a su gracia que el cristiano, incorporado a Cristo –un dato de fe innegable–, llegara a ser tan realmente identificado a

---

67. Baste recordar el ejemplo tristemente notorio de Marcial Maciel, fundador de Los Legionarios de Cristo, del que el periodista español Jesús Colina escribió un libro con el título de *Marcial Maciel. «Mi vida es Cristo»* (Editorial Planeta, Barcelona 2003), que en unos meses alcanzó cuatro ediciones. Poco después estallaría el escándalo de su doble vida, verdaderamente aterradora, abominable.

68. «Pablo nos hace ver la gran virtualidad del nombre de Cristo, al afirmar que Cristo es la fuerza y sabiduría de Dios, al llamarlo paz y luz inaccesible en la que habita Dios, expiación, redención, gran sacerdote, Pascua, propiciación de las almas, irradiación de la gloria e impronta de la substancia del Padre, por quien fueron hechos los siglos, comida y bebida espiritual, piedra y agua, fundamento de la fe, piedra angular, imagen del Dios invisible, gran Dios, cabeza del cuerpo que es la Iglesia, primogénito de la nueva creación, primicias de los que han muerto, primogénito de entre los muertos, primogénito entre muchos hermanos, mediador entre Dios y los hombres, Hijo unigénito coronado de gloria y de honor, Señor de la gloria, origen de las cosas, rey de justicia y rey de paz, rey de todos, cuyo reino no conoce fronteras» (Gregorio de Nisa, *Tratado sobre el perfecto modelo del cristiano*, PG 46, 254-255).

69. *Ibidem.* No obstante, Gregorio de Nisa también piensa que «el cristiano es otro Cristo».

Cristo como para ser considerado «otro Cristo», y, sin embargo, capaz de pecar, y de hecho de actos pecaminosos en muchas ocasiones. ¿Tan pobre es la gracia que no puede cumplir lo que promete? De ningún modo, sólo que a veces se llevan las analogías a un extremo. El mundo puede entender y justificar que el cristiano sea otro Cristo sin su eternidad e infinitud (todo lo cual no pertenece a la naturaleza humana), pero nunca sin su santidad de vida. Es el honor de Cristo lo que está en juego.

Seamos humildes también aquí. El cristiano está en camino de ser uno con Cristo en comunión perfecta, pero de momento está en proceso, en desarrollo existencial, con todas sus ambigüedades, en lucha no siempre victoriosa contra el mundo y su propia carne para llegar a tan sublime meta (cf. Filipenses 3:14; 1 Corintios 9:27). El noble anhelo de ser «otro Cristo» en sentido pleno, llegará al final de los tiempos: «Ahora somos hijos de Dios, y aún no se ha manifestado lo que hemos de ser; pero sabemos que cuando él se manifieste, seremos semejantes a él, porque le veremos tal como él es» (1 Juan 3:20).

Por contra, que no podamos ser «otro Cristo» en la vida presente, no disminuye en nada la realidad y el compromiso de nuestra configuración a Cristo, de asemejarnos a Él en toda nuestra manera de vivir; de llevar su imagen en nosotros de la manera más pura posible de modo que su nombre no sea blasfemado por nuestras culpas y negligencias. Hemos adquirido con Dios un compromiso, que no es gravoso sino excelso, para el cual contamos con su gracia, que es ser portadores de la imagen de su Hijo. Es una grave responsabilidad, pero también es una vocación tremendamente maravillosa y gratificante, en la que no estamos solos. Cristo opera en nosotros desde dentro. Ser luz de la Luz, vida de la Vida, amor del Amor, justos del Justo. Nuestro testimonio como cristianos dependerá de que «la imagen del Señor viva en nosotros con fuerza primigenia, o esté gastada y pálida. Muchas objeciones contra Cristo proceden sin duda, en último término, de que su figura no fulge en el espíritu de los creyentes ni toca de manera viva sus corazones»[70].

---

70. Romano Guardini, *La imagen de Jesús en el Nuevo Testamento*, en *Obras*, Ediciones Cristiandad, Madrid 1987, vol. 3, p. 235.

IV
Una identidad en peligro

La fe cristiana es una conquista que cada generación debe haber suya. Por eso cada generación sufre una crisis de identidad tan pronto se pregunta sobre la esencia del Evangelio y su adecuación a la nueva situación que le toca vivir, tan cambiante en cada época como el mismo lenguaje utilizado para comunicarse. Esto se agudiza principalmente en el mundo evangélico donde no existe una autoridad central que defina u oriente los contornos básicos del cristianismo ante el reto de las nuevas circunstancias. Los padres viven confiados sus viejas doctrinas como rocas inamovibles, los jóvenes comparten la misma fe de los mayores pero con una perspectiva y un lenguaje diferentes. No es un problema de diferencia generacional, sino de cambios de situación y planteamiento que precisa un lenguaje ajustados a las nuevas sensibilidades.

A principios de siglo XX el fundamentalismo quiso librar la última batalla en pro de la vieja identidad del Evangelio, del viejo Evangelio de los reformadores y del más viejo todavía del Nuevo testamento. Una generación más tarde, los neo-fundamentales o neo-evangélicos[1] encontraron demasiado estrecho el molde al que sus mayores esperaban que se conformasen, simplemente porque el molde social había cambiado drásticamente. Acceso generalizado a los estudios superiores, mejores condiciones de vida, mayor información y contacto cotidiano con otras fes y culturas.

Surgen así voces inquietas que hacen la pregunta «¿qué es un evangélico?»[2], pues advierten que, sin llegar al nivel de herejía, los intereses se han desplazado, los énfasis ya no se ponen en los mismos tópicos. Lo «evangélico» se vuelve *líquido* y cada vez más difícil precisar sus límites e

---

1. El evangelicalismo está en peligro de convertirse en un «movimiento de guiones», escribe Brian Harris. «Crece el número de los que consideran necesario cualificar qué tipo de evangélicos son. Algunos son conservadores, otros post-conservadores, otros post-evangélicos (Dave Tomlinson, *The Post- Evangelical*, Triangle, London 1995); mientras que otros prefieren ser jóvenes o nuevos evangélicos (Robert E. Webber, *The Younger Evangelicals: Facing the Challenges of the New World*, Baker, Grand Rapids 2002). Debemos estar más preparados que nunca para múltiples expresiones o manifestaciones de la fe evangélica» (Más allá de D. Bebbington: *The Quest for Evangelical Identity*, en *Churchman*, 2008, vol. 122, n. 3).

2. Martyn Lloyd-Jones, *What is an Evangelical?*, Banner of Truth, Edimburgo 1992.

identidad, aparte de un puñado de verdades doctrinales comunes. Las respuestas no parecen convencer a algunos. A principios de la década de 1990 la Alianza Evangélica Británica publicó una obra titulada *¿Quiénes son los evangélicos?*[3], en la que se precisaban los puntos esenciales que definen al ser evangélico. En la opinión del director de la *Revista Evangélica de Gales*[4] la definición era insuficiente. Dejaba poco claro la doctrina de la inerrancia de la Biblia, la naturaleza del castigo eterno, y abogaba por el pluralismo teológico. A su parecer, todos éstos son síntomas claros de la *hemorragia* de las iglesias evangélicas, que tanto en el Reino Unido como en Estados Unidos se sienten amenazadas desde dentro[5].

Este tipo de discusiones nunca tendrá fin ni solución mientras giren en torno a una manera particular de considerar la fe cristiana –el evangelicalismo– y no el cristianismo en sí. *¿Qué ideas tenemos del cristianismo?*, no de esta u otra denominación, sino de la que se puede extraer directamente del Nuevo Testamento. Ahí está el núcleo de la cuestión.

Por encima de los debates sobre la identidad evangélica y la naturaleza del evangelicalismo debemos tener claro que «evangélico» es un adjetivo de «cristiano». Es decir, que lo esencial, lo sustantivo, es saber con precisión qué es un cristiano y desde ahí enjuiciar el ser o no ser evangélico. Puede parecer una observación superficial, pero no lo es. Desgraciadamente son cada vez menos lo que se preguntan *qué es ser cristiano* y por contra quieren saber qué es ser reformado, bautista, pentecostal, carismático, apostólico, menonita..., como si todo esto no fuera derivado de Cristo y supeditado al mismo. Es a la luz de Cristo que toda manifestación eclesial o comunitaria debe juzgarse. Mientras no lo hagamos así tendremos confusión para largo sobre qué es o no un evangélico.

Cuando nos pongamos en claro sobre qué es un cristiano estaremos en condiciones de comprender qué es un evangélico en todo su sentido: vida, misión, carácter y compromiso consigo mismo y con los demás. Ya hemos mostrado sin género de dudas que el cristianismo es Cristo, desde el principio al fin. No sólo en términos doctrinales: Cristo nuestro Señor y Salvador que nos libra de la condenación y nos asegura la vida eterna, sino en términos de experiencia que tiene en cuenta el propósito y obras divinos y la cooperación humana. En primer lugar estamos llamados a amar y manifestar la vida de Cristo en todo nuestro ser. Cuando hayamos dominado esta difícil y espléndida asignatura estaremos capacitados para pensar y

---

3. Derek Tidball, *Who are the Evangelicals? Tracing the Roots of Modern Movements*, Marshall Pickering, 1994.

4. Stephen Clark, *The Evangelical Magazine of Wales*, febrero 1996.

5. Cf. David Wells, *The Bleeding of the Evangelical Church*, The Banner of Truth, Edimburgo 1995.

vivir como cristianos y formar iglesias y comunidades de fe que tengan por norte y meta esa tarea que tanto hacía sufrir al apóstol Pablo y que no debe ser menos para nosotros: «Hijitos míos, por quienes vuelvo a sufrir dolores de parto, hasta que Cristo sea formado en vosotros» (Gálatas 4:19).

1. Nuestra herencia

Lo primero que hay que tener en cuenta es que la vida cristiana se caracteriza por la clara conciencia de saberse objeto de una *herencia*, que somos herederos. O lo que es lo mismo, que lo que somos, lo somos por gracia. «En Cristo mismo, también nosotros participamos de la *herencia* a la que hemos sido destinados de antemano, según el designio del Dios que todo lo hace de acuerdo con los planes de su libre decisión» (Efesios 1:11, *BLP*). En griego la palabra utilizada para herencia es *klêros*, de donde viene clérigo, aplicado a un determinado número de personas dentro de la Iglesia, pero que en realidad pertenece a todos y cada uno de los miembros de la Iglesia. Cada cristiano es un *clérigo*, un «heredero»[6]. Heredero de las promesas de Dios y de los dones que conlleva. Esta herencia no es un bien solamente futuro –*la vida eterna reservada en los cielos* (1 Pedro 1:4)–, sino una posesión presente que se hace realidad mediante la fe. En primera y última instancia Cristo es nuestra heredad, y nosotros la suya. Todo lo nuestro es suyo, y todo lo suyo es nuestro. Nuestra calidad de herederos está en relación a nuestra calidad de «coherederos»[7] de Cristo (Romanos 8:17). Cristo es el *único* heredero de todo por virtud propia (Hebreos 1:1), esto significa que no podemos participar de la herencia divina más que en la medida que estamos unidos a él por la fe.

El término «herencia» obedece a un concepto de la historia que tiene en cuenta a Dios como el Señor de la historia y que le mira a Él como la fuente de todo don[8]. Nos recuerda que no somos independientes de Dios en absoluto; le pertenecemos. Israel tenía plena conciencia de este hecho: «La porción del Señor es su pueblo; Jacob es la parte de su heredad» (Deuteronomio 32:9, *DHH*). Nuestra vida está llamada a ocupar un lugar determinado en el propósito de Dios con su creación, que se concreta en la *historia de la salvación*. Historia radicada en Dios y orientada hacia la consumación futura. Lo cual quiere decir que la historia del mundo va conforme a un

---

6. «Todos aquellos que están en Cristo, tanto judíos como gentiles, son ahora el *klêros* de Dios, como lo fue Israel en días del Antiguo Testamento», John Stott, *op. cit.*, p. 45.

7. Griego: *synkleronómos.*

8. «Las bendiciones de Dios se llaman *herencia* porque son el don de la gracia de Dios, que una vez dado no puede ser arrebatado» (William Hendriksen, *Galatians & Ephesians*, Banner of Truth, Edimburgo 1981, p. 99; (versión cast.: *Comentario al Nuevo Testamento*, CLIE, Terrassa 2005).

plan eterno, cifrado en la promesa de la herencia, revelada en la persona de Jesucristo.

La experiencia cristiana entra en la órbita del plan salvador de Dios y representa su núcleo más acabado y perfecto. El Evangelio se predica a todas las naciones para llevar a buen término ese propósito de salvación, que es la clave de la historia en relación a Dios. Pablo fue elegido apóstol para que abriera los ojos de judíos y gentiles a la luz de la verdad y para que por medio de la fe recibieran «perdón de pecados y *herencia* entre los santificados» (Hechos 26:18). La obra del Espíritu Santo en la regeneración consiste en transformar a los desheredados de la tierra en herederos de la promesa celestial. «Nos salvó, no por obras de justicia que nosotros hubiéramos hecho, sino por su misericordia, por el lavamiento de la regeneración y por la *renovación en el Espíritu Santo*, el cual derramó en nosotros abundantemente por Jesucristo nuestro Salvador, para que justificados por su gracia, viniésemos a ser *herederos conforme a la esperanza de la vida eterna*» (Tito 3:5-7).

Herencia tiene que ver con historia. Historia de la redención. Por historia no entendemos el recuento del pasado, o la memoria de lo ocurrido registrada en archivos de bibliotecario, sino el sustrato vital del que venimos y del que nos alimentamos en la larga cadena del ser humano en la tierra. La historia de un pueblo es como la memoria de un individuo: la seña de su identidad, la nota característica de su personalidad. Lo que es y lo que ha sido, lo que probablemente será. Cuando Moisés solicita a Dios que se identifique, que le revele su nombre a modo de credencial personal para que el pueblo hebreo esclavo en Egipto le preste atención, Dios responde: «Así dirás a los hijos de Israel: Yahveh, el Dios de vuestros padres, el Dios de Abraham, Dios de Isaac y Dios de Jacob me ha enviado a vosotros. Este es mi nombre para siempre» (Éxodo 3:15). Lo que Dios está diciendo a Moisés es que Él es un Dios solamente reconocible en la historia, la historia concreta de personas concretas y bien conocidas por los destinatarios: Abraham, Isaac, Jacob. La naturaleza revelada de Dios consiste en su trato con el ser humano en su historia concreta y nunca es objeto de especulación mágica[9] ni religiosa.

Un propósito eterno recorre la historia de la humanidad. El Dios que obró en el pasado, en Moisés, y antes de él, en los patriarcas, está obrando ahora, en Jesucristo y por medio de Él en su Iglesia y en todas las naciones; en cada tiempo y en cada nueva generación. No hay ruptura ni aplazamiento de la continuidad del plan eterno. Nuestro ser entero, nuestro

---

9. En la antigüedad, en un pensamiento cercano a la magia, se creía que conocer el nombre de alguien ofrecía la oportunidad de tener influencia sobre él, de ejercer poder en base a ese nombre.

sentido y nuestra intuición, nos dicen que el mundo tiene que tener un sentido. No siempre es fácil percibirlo, pero por fe sabemos que este mundo caótico y como sin control, tiene un propósito. Aquel que Dios le imprime. Las personas más relevantes y enérgicas en la obra cristiana han sido precisamente aquellas que se han considerado «parte del esquema del Todopoderoso», que se extiende a lo largo de las edades. Cuando las cosas se ponen difíciles y nuestro pequeño mundo amenaza con hundirse, inevitablemente la fe se levanta sobre la roca firme del Dios que interviene en la historia, el Dios de nuestros padres, el Dios de la viña del mundo, el Dios y Padre de nuestro Señor Jesucristo, el Dios de las aves del cielo y de las flores del campo.

«Somos *hechura* suya» (Efesios 2:10), dice el apóstol Pablo. La palabra griega utilizada aquí –*poiema*– sólo se usa una vez más en todo el Nuevo Testamento, que se traduce por «gloria». Algo parecido al Salmo 8:5 cuando habla de la creación del hombre: «Le has hecho poco menor que los ángeles, y lo coronaste de gloria y de honra». Alguien ha dicho que aquí se debería traducir «gloria» por «poesía». «Somos la poesía de Dios, el poema de la divinidad». «Creación armoniosa, hermosa, encantadora de Dios, su poema» (Harold Ockenga). Es una figura significativa que nos recuerda que en cada ser humano hay una música especial. En realidad toda la creación goza de esta característica de formar parte del poema divino. El credo de la Iglesia Ortodoxa llama a Dios el «Poeta de la creación». Las estrellas son la poesía del cielo, las flores la poesía de los campos; el agua la poesía de los ríos y los niños la poesía de la humanidad. Pero por encima de todo, está el cristianismo como un himno de gloria a su amor por la humanidad. La versión Reina-Valera no recoge en toda su hermosura y poesía el sentido original, cuya expresión gramatical nos remite a la preeminencia y supremacía de Dios como sólo autor activo, cuya obra es perfecta en sí misma. Donde la Reina-Valera pone «alabanza de la gloria de su gracia» (Efesios 1:6), la Nueva Biblia Española dice: «himno a su gloriosa generosidad», «himno a su gloria» (12, 13). Ya Charles Hodge había llamado la atención sobre el pobre sentido de las versiones tradicionales, que asocian «alabanza» con «gracia», como si se tratara de admirar la gracia gloriosa o alabanza gloriosa; «himno a su gloria» expresa la maravilla divina de esos atributos manifestados como objeto de admiración en la persona de los creyentes. La gloria de Dios es la excelencia de Dios manifestada, y la gloria de cualquiera de sus atributos es la manifestación de esos atributos como objetos de alabanza. El propósito de la redención es mostrar la gracia de Dios en los hombres de un modo tal que llene los corazones de asombro y la boca de alabanza[10]. Nosotros mismos, en cuanto objetos de la gracia de

---

10. Charles Hodge, *Ephesians*, Banner of Truth, Edimburgo 1991, p. 15. Original de 1856.

Dios, somos motivos de su gloria, «epístolas vivientes» donde vislumbrar los rasgos de Cristo, pueblo de su heredad y herencia de su gracia. Detrás de un poema reconocemos la obra de un poeta. El cristiano fiel viene a ser como el poema del supremo poeta celestial donde otros pueden leer el glorioso drama de la redención y la herencia recibida en Cristo.

Es creencia generalmente aceptada que el pecado ha afectado gravemente a la raza humana, pero es al mismo tiempo un hecho y una verdad que el hombre sigue siendo la obra magnífica de un Dios que crea desde la riqueza inagotable e insondable de su ser seres hechos a su imagen y semejanza. Un palacio en ruinas sigue dando testimonio de la gloria que un día tuvo. Un hombre arruinado por el pecado sigue conservando la gloria y el misterio de una raíz que se hunde en la eternidad creadora. Es su marca de fabricación. Nadie ni nada puede privarle de ella. Una persona caída sigue siendo obra de Dios, no hay nada ni nadie que pueda borrar la huella de Dios que lleva impresa.

Cuando una persona recibe el Evangelio recupera la gloria con que fue originalmente creado, y es tan grande la gracia divina, que la gloria que ahora lleva no es ya la imagen del padre Adán, que cayó en desobediencia, sino la imagen de Jesucristo, declarado Hijo de Dios según el espíritu de santidad (Romanos 1:4), «aunque era Hijo, aprendió la obediencia por lo que padeció» (Hebreos 5:8). Es conforme a esta imagen que el cristiano es creado por medio de Cristo Jesús (Efesios 2:10), elegido desde la eternidad para «reproducir la imagen de su Hijo, que había de ser el primogénito entre muchos hermanos» (Romanos 8:29).

Por medio de la fe, nuestras vidas carentes de sentido y amenazadas por la condenación eterna, se convierten en materia útil en las manos de Dios para la forja de la «nueva creación». Ahora son parte del vasto plan de Dios. El hombre en rebelión, desconcertado, temeroso, en guerra consigo mismo y contra Dios, descubre en Cristo «el Sinfonista de la Salvación, el que armoniza la música desafinada del género humano»[11]. Halló Cristo un mundo aviejado, caduco y decrépito, y con su venida todo lo restaura, todo lo renueva, todo lo hace nuevo. Ya no somos lo que fuimos.

Reflexionemos un poco más en el concepto de «herencia». Somos herederos. Es un concepto muy importante en el pensamiento moderno, especialmente a partir de Dilthey que quiso hacer algo así como una *crítica de la razón histórica*. El cristiano disfruta de una herencia particular (Efesios 1:11.14.18). Nosotros somos la herencia de Dios y a la vez sus herederos. Herederos de Cristo. Cristo es nuestra herencia suprema, en cuanto salvador y ejemplo y principio de vida. Nosotros entramos en Cristo como en nuestro verdadero ser. No podía ser de otra manera, ya que sin Él nada

---

11. Ireneo, *Adv. Haer*. IV, 14, 2.

podemos hacer. Pero Cristo es a la vez individuo y sociedad. Es el Señor glorificado de su Iglesia, sentado a la diestra de Dios Padre, al tiempo que es principio de vida en todos y cada uno de sus seguidores, de tal modo que éstos constituyen su Cuerpo, que es la Iglesia. Cristo hoy vive como comunidad creyente. Heredar a Cristo es heredar lo que le pertenece. Es automáticamente entrar en esa gran sociedad eterna y universal que es la Iglesia. «Con gozo dando gracias al Padre que nos hizo aptos para participar de la herencia de los santos en luz» (Colosenses 1:12). «Herencia en los santos» (Efesios 1:18). «Herencia con todos los santificados» (Hechos 20:32). «Herencia entre los santificados» (Hechos 26:18). El término directo de comparación es, indudablemente, el reparto de la tierra de Canaán entre los israelitas salidos de la esclavitud. Así como ellos recibieron por herencia parte de la tierra que fluye leche y miel, los creyentes en Cristo reciben parte de la ciudad celestial, de la gloria de Dios y la salvación eterna. Pero a la vez es equiparable a la solidificación de una nación que se va formando con el añadido de nuevos individuos. Lo que importa advertir es que la herencia no es sólo lo que tenemos o se nos entrega, sino lo que somos y hacemos. Tenemos que ser herencia para los demás, como ellos son para nosotros.

Somos herederos de Cristo juntamente con todos los santos. No existe tal cosa como cristianismo individualista. Sólo Cristo nos salva, pero no nos salvamos solos. A la decisión personal, consciente e individua delante de Dios, por la que aceptamos la salvación corresponde el injerto en el viejo olivo de Cristo, que es su Iglesia. Dios nos salva uno a uno en comunidad. Pertenezco a Cristo y por ello pertenezco a la comunidad. La Iglesia es el modo preeminente que Cristo tiene de acercarse a nosotros mediante la Palabra, y cuando nosotros nos acercamos a Él lo hacemos realmente a la Iglesia que vive de su Palabra y por ella. «Donde está la palabra, allí soy, también yo, algo primario. Yo pertenezco a la asamblea. Yo no podría preguntar: ¿qué tengo yo que ver con mi madre? ¡Sencillamente, pertenezco a ella!»[12]. Nuestra herencia es compartida por los santificados y con ellos. «Os habéis acercado al monte de Sión, a la ciudad del Dios vivo, la Jerusalén celestial, a la compañía de muchos millares de ángeles, a la congregación de los primogénitos que están inscritos en los cielos, a Dios el Juez de todos, a los espíritus de los justos hechos perfectos» (Hebreos 12:22-23). La Biblia, como libro que recoge la herencia pasada y fundamental de Cristo con y en los suyos, nos ayuda a entender nuevos grados de compromiso y realidad divinas; la Biblia es el instrumento más útil para nuestra edificación, pero se mantiene siempre en un nivel intelectual e individual imposible de vencer sin comunión con otras personas; por eso la Iglesia, en cuanto comunidad

---

12. Dietrich Bonhoeffer, *Creer y vivir*, Sígueme, Salamanca 1974, p. 62.

de hombres y mujeres unidos por lazos de amor a Cristo, nos ayuda, nos consuela, y nos conduce afectiva y existencialmente a Cristo. La presencia sensible de los cristianos nos debería ser fuente de alegría y consuelo, como si de Cristo mismo se tratase. «Al ver a tu hermano estás viendo a tu Señor» (*Vidisti fratrem, vidiste Dominum tuum*), decía Tertuliano[13]. Cristo nos sale al encuentro en el hermano –recordemos los parámetros por los que seremos juzgados al final de los tiempos. Es una verdad tan olvidada que las iglesias (en la vida real y efectiva de sus miembros), en lugar de ser ayuda para la vida espiritual, se convierten en estorbo, en tropiezo– de esto nos ocuparemos más adelante. Es preciso reconsiderar el primer y fundamental mandamiento cristiano, que es el reverso del amor al Señor de todo corazón y con todas las energías del alma: «Considerémonos unos a otros para estimularnos al amor y a las buenas obras» (Hebreos 10:24). Nada hay tan reconfortante como la compañía de cristianos honestos y sinceros. Hay un sentido verdadero en que podemos decir que nuestra fe depende de nuestros hermanos. «La conducta cristiana está sostenida por el ejemplo mutuo» (Juan Mateos). Aunque a veces, en nuestro desconsuelo nos consolamos diciendo que sólo Cristo nos basta y que nuestra fe no está puesta en los hombres, lo cual es verdad en ambos casos, no podemos dejar de reconocer que ambas confesiones surgen de amargas experiencias de decepción y que en su sentido más secreto y profundo son llamadas urgentes de socorro que quieren atraerse lo mejor y más humano de los hermanos. No hay que rendirse, no hay que claudicar, tenemos anhelos de comunión y de amistad con otros en Cristo. Hay que correr el riesgo de amar a los hermanos. No podemos renunciar a nuestra herencia, a nuestro especial tesoro[14].

2. El hombre nuevo en las revoluciones del siglo

Una de las señas de identidad más características del cristiano es la que le define como «hombre nuevo» (Efesios 4:24). Para Karl Barth, la realidad del hombre nuevo es el *contenido* central del Evangelio, compendia *todo el Evangelio*. «El hombre nuevo es lo que, hablando históricamente, puede llamarse la *esencia del cristianismo*. Es la contribución del cristianismo a la

---

13. Tertuliano, *De oratione*, XXVI, 1.

14. Los antiguos hablaban del «tesoro de los santos», no como que éste sea un bien en sí y por sí mismo, pues según el dicho de Cristo: «Siervos inútiles somos, pues lo que debíamos hacer, hicimos» (Lucas 17:10). «No hay méritos sobrantes que luego puedan ser repartidos entre otros. El 'tesoro' es el mérito de Cristo en la comunidad. Sólo él nos deja participar de aquél. La intercesión, la obediencia, la abstinencia de los demás no pueden, por sí mismas, servirme de nada. Pero Cristo hace que estas acciones de los demás tengan valor e importancia para mí. La doctrina católica es una racionalización y moralización, al declarar que la acción del otro es ya eficaz en sí misma» (D. Bonhoeffer, *op. cit.*, p. 73).

vida de la humanidad. Y es también el criterio permanente y eficaz de la autenticidad de cuanto se denomina cristianismo»[15].

El hombre nuevo es una imagen tan poderosa que se ha convertido en el lema de muchos movimientos revolucionarios ajenos a la fe cristiana. En su mismo concepto concita los sueños, ilusiones y esperanzas de todos los que buscan un mundo mejor, una sociedad más justa.

El mito del hombre nuevo es una obsesión de la historia espiritual y política del siglo XX, según el profesor Dalmacio Negro Pavón. El siglo XX resulta ininteligible sin tener en cuenta la soterrada influencia de semejante mito en las ideas-creencias de la época. Los políticos revolucionarios lo adoptaron de la visión cristiana, que hace referencia a la vida eterna, y lo remitieron a la salvación en este mundo. Abandonado el interés por el más allá, la revolución francesa consagró el hombre nuevo como un mito político: el del hombre perfecto integrado en la Ciudad perfecta, la Ciudad de Amor Fraterno universal. «Concepto histórico-político de origen religioso profundamente revolucionario, el mito del hombre nuevo opera en la política contemporánea creando un problema de civilización. Desde la Gran Revolución, el hombre nuevo, un ser abstracto, se convirtió en una fórmula vacía apta para acoger toda clase de sueños y anhelos. Prevaleció primero en la imagen del ciudadano ideal, el ciudadano de la Ciudad del Hombre. A partir de la teoría de la evolución, esta figura mítica se hizo más tangible y real como posibilidad biológica y giro antropológico radical. En el siglo XX, previa destrucción o de-construcción de la idea ancestral de naturaleza humana, se presentó como un objetivo cientificista realizable de las religiones de la política a fin de construir el hombre o ciudadano perfecto de la Ciudad del Hombre. En el siglo XXI es un concepto que subyace a importantes tendencias de la antropología, la psicología, la sociología y la ética, deviniendo una categoría de la política con profundas repercusiones jurídicas»[16].

El concepto de «hombre nuevo» se hizo muy popular a mitad del siglo XX debido a la influencia del famoso Ernesto «Che» Guevara. No fue el primero que habló del hombre nuevo. A través de la historia muchos han sido los pensadores que desde la posición del humanismo han tratado la problemática del mejoramiento humano. Sin embargo, el Che es el primero que desde una perspectiva marxista, conceptualiza el problema del hombre nuevo enfatizando en la práctica lo correspondiente a su formación.

La concepción del hombre nuevo en el Che constituye el fundamento de la ética guevariana. No existe un solo análisis en su obra, en cualquiera

15. Karl Barth, *La realidad del hombre nuevo*, en *Ensayos teológicos*, Herder, Barcelona 1978, pp. 75-76.

16. Dalmacio Negro Pavón, *El mito del hombre nuevo*, Ediciones Encuentro, Madrid 2009.

de sus aspectos: económico, político, militar, artístico cultural, etc., que no tenga como punto de partida y llegada al hombre, al interés humano, al desarrollo de la conciencia, al proceso de autoeducación para el alcance de su desarrollo creador y multifacético[17].

El hombre nuevo es el tipo de hombre y ética revolucionaria que se va gestando tanto en el proceso de la lucha por el poder como en la sociedad socialista. El nuevo hombre se construye al calor del proceso de transformaciones sociales, a medida que la conciencia se va desarrollando y va dejando de lado las formaciones mezquinas y egoístas que imperan en el capitalismo. El individualismo en cuanto tal, como acción aislada de una persona, debe funcionar en beneficio absoluto de la colectividad. Para Guevara el hombre nuevo es un concepto de cambio continuo y perfeccionamiento dentro de la escala humana. Es la valoración plena del hombre, no sólo de su materialidad, sino también de su subjetividad. En este aspecto de su pensamiento se distanció del marxismo ortodoxo, impregnado de excesivo economismo. El hombre debe transformarse al mismo tiempo que la producción progresa, decía Guevara, quien no consideraba adecuado sólo producir artículos y materias primas, y creía que al mismo tiempo se debían producir hombres. La creencia del líder revolucionario en la capacidad ilimitada de transformación del hombre fue absoluta y se plasmó en su acción política.

La Revolución no es únicamente una transformación de las estructuras sociales, de las instituciones del régimen; es además una profunda y radical transformación de los hombres, de su conciencia, costumbres, valores y hábitos, de sus relaciones sociales.

Una Revolución sólo es auténtica cuando es capaz de crear un «Hombre Nuevo» y este, para Guevara vendrá a ser el hombre del siglo XXI, un completo revolucionario que debe trabajar todas las horas de su vida; debe sentir la revolución, por la cual esas horas de trabajo no serán ningún sacrificio, ya que está implementando todo su tiempo en una lucha por el bienestar social; si esta actividad es lo que verdaderamente complace al individuo, entonces, inmediatamente deja de tener el calificativo de «sacrificio». Tal es la mística que anima al revolucionario.

Sólo si hay hombres nuevos, habrá también un mundo nuevo, un mundo renovado y mejor. Sólo si nos convertimos en hombres nuevos, el mundo se convertirá en nuevo. Esto vale igualmente para cristianos que para revolucionarios. El problema es cómo llegar a ese hombre nuevo, cuáles son los medios y los métodos elegidos.

17. Ernesto Che Guevara, *El socialismo y el hombre nuevo*, Siglo XXI, México 1979. Cf. Mario Guilli y Silvia Vázquez, *El Hombre Nuevo. Ensayo sobre la transformación revolucionaria de la personalidad*, Ediciones Sexta Tesis, Buenos Aires 2002.

En la «Canción del hombre nuevo», de Daniel Viglietti (1967), se dice:

Lo haremos tú y yo,
nosotros lo haremos,
tomemos la arcilla
para el hombre nuevo.

Su sangre vendrá
de todas las sangres,
borrando los siglos
del miedo y del hambre.

Por brazo, un fusil;
por luz, la mirada,
y junto a la idea
una bala asomada.

Y donde el amor,
un grito escondido,
millones de oídos
serán receptivos.

Su grito será
de guerra y victoria,
como un tableteo
que anuncia la gloria.

Y por corazón
a ese hombre daremos
el del guerrillero
que todos sabemos.

Lo haremos tú y yo
(por brazo, un fusil),
nosotros lo haremos
(por luz, la mirada);
tomemos la arcilla:
es de madrugada.

A la luz de la experiencia revolucionaria, y de lo que se trasluce en la letra de esta canción, nos preguntamos, cómo es posible pensar que pueda surgir un hombre nuevo del corazón de la violencia –por brazo, un fusil–, cómo construir una sociedad mejor sobre el cimiento de los cuerpos brutalmente eliminados. Es un hecho que los ejércitos revolucionarios se juegan el todo por el todo; claman libertad o muerte y su objetivo es la aniquilación del adversario. Sólo una fe robusta –fe diabólica– puede entregarse a la muerte del contrario con semejante entusiasmo. Para matar, hace falta mucho *entusiasmo*, escribe el filósofo francés André Glucksmann[18]. «Para masacrar a millones, hace falta una ideología de hierro que se reclame de la raza, de la clase, de una Nación por encima de todo, de un Libro que tenga respuestas para todo, la *Biblia*, el *Corán*, el *Capital*. Hay que sentirse poseído por una fuerza infalible e incorruptible, es decir, extasiarse en lo que antes se llamaba religión».

18. André Glucksmann, *La tercera muerte de Dios*, Kairós, Barcelona 2000, p. 95.

El problema del marxismo es que no cree en el hombre individual y por eso no le importa inmolar en el altar de un hipotético futuro mejor a miles y miles de individuos, unos eliminando, otros siendo eliminados por fusiles como brazos exterminadores. Para Marx y sus epígonos el individuo no cuenta, sino el hombre *genérico*, es decir, el individuo entendido como parte de la especie. Especie humana que es a la vez naturaleza y sociedad. En relación al individuo, lo que cuenta es la evolución de la sociedad hacia el comunismo. Será entonces, cuando se alcance esa etapa, que se hará realidad el hombre nuevo. Por eso hay que sumarse y apresurarse a luchar en pro de la consecución de ese estadio de la historia. El marxista es un hombre en lucha que renuncia a su individualidad[19]. Esto es lo que explica la indiferencia ante la muerte propia y ajena. Propia como mártir, ajena como obstáculo. Todo esto en el contexto de un determinismo materialista natural. La muerte de unos es la vida de otros. «El individuo pasa, pero la especie no tiene fin; he aquí lo que justifica al hombre que se consume» (Diderot). Por esta razón la aptitud de los revolucionarios proletarios al sacrificio no tiene igual. «El movimiento de la Historia puede arrastrarme, y conmigo a mi nombre y a mis obras, e incluso el recuerdo de mi vida. Entonces sobrevivo bajo otra forma, en este mismo movimiento que me arrastra y me niega, si he contribuido a crear las condiciones de cambio»[20]. Tal es la fe inquebrantable del revolucionario, pródiga en mártires y asesinos.

Al hombre *genérico*, el cristianismo opone el Hombre concreto, Jesucristo, el nuevo Adán, el nuevo y definitivo Hombre, el Hombre nuevo por excelencia. En Él la nueva existencia humana se convierte en realidad, y nosotros podemos verdaderamente convertirnos en nuevos hombres si nos ponemos en sus manos y comenzamos a dejarnos modelar por Él. Jesucristo es el portador del Espíritu que da a luz el Nuevo Ser; el que estamos llamados a ser, como fundamento y apetencia. Al mismo tiempo es el poder que nos asegura que es posible alcanzar el ideal del Nuevo Ser, que Él es y que quiere ser en nosotros. «Permaneced en mí, y yo en vosotros… Yo soy la vid, vosotros los sarmientos; el que permanece en mí, y yo en él, éste lleva mucho fruto; porque separados de mí nada podéis hacer» (Juan 15:5). Ser cristiano significa mantener con Jesús un lazo personal que conforma la totalidad de nuestra vida hasta el punto de la transformación existencial (Romanos 12:2). Entre Jesús y los suyos se establece siempre una relación interpersonal, que constituye la fuerza

19. «El marxista es un hombre que ha renunciado a ser un individuo y a reivindicar un valor absoluto, porque es necesario someterse a la historia y porque, desde la gran Revolución Industrial, sólo la comunidad proletaria hace historia» (Roger Mehl, *Imágenes del hombre*, Casa Bautista de Publicaciones, El Paso 1967, p. 17).

20. M. Verret, *Les marxistes et la religion. Essai sur l'athéisme moderne*, Bordeaux 1961, p. 172.

determinante de la vida y espiritualidad de los creyentes, pues lo que está en juego en la formación del Hombre Nuevo desde la transformación del hombre viejo.

3. Mística de ojos abiertos

Este concepto hombre nuevo, entendido en términos de espiritualidad, puede llevar a muchos a pensar que la visión cristiana del hombre nuevo aquí propuesta es una evasión de la dura y fría realidad del mundo que nos rodea, una especie de escapismo *místico* frente a las injusticias de la sociedad, que confrontan a creyentes y no creyentes por igual.

Ciertamente hay una espiritualidad escapista que supone una huída al interior al precio de cerrar los ojos a los problemas y dificultades de la sociedad y encomendarlo todo, muy piadosamente, a la voluntad de Dios, sin preguntarse cuál pueda ser su papel y cuál su lugar en esa voluntad divina a la que remite los problemas. Una espiritualidad que huye del mundo, y se refugia en una especie de nube de bienaventuranza célica.

Pero así como existe una espiritualidad de «ojos cerrados», también existe de «ojos abiertos», como señaló el teólogo Johann Baptist Metz, el fundador de la *Nueva Teología Política*, marco conceptual que sería la semilla y posteriormente el motor de lo que se llamaría teología de la liberación. Es decir, un teólogo al que nadie puede acusar de indiferencia respecto a las realidades duras y retadoras de este mundo.

«La fe cristiana es, a no dudarlo, una fe buscadora de justicia», dice. Y lo argumenta del siguiente modo. A la mayoría de los teólogos, y cristianos en general, les gusta referirse a Dios como amor, «Dios es amor». «Pero en la Biblia hay una segunda denominación de Dios que también encuentra eco y confirmación en el mensaje del Nuevo Testamento y que, por tanto, tampoco debe desaparecer de la memoria de los cristianos: Dios es justicia. Este el es el nombre con que lo llamarán: *Yahveh, nuestra justicia* (Jeremías 23:6)»[21]. A partir de aquí se puede entender que para la fe cristiana, la justicia no es solo un tema político, o social, sino un tema *teológico*. No cae fuera del campo de la teología, sino precisamente en lo íntimo de su naturaleza. «Ciertamente los cristianos deben ser místicos, pero no exclusivamente en el sentido de una experiencia individual espiritual, sino en el de una experiencia de solidaridad espiritual. Han de ser *místicos de ojos abiertos*»[22].

21. Johann Baptist Metz, *Por una mística de ojos abiertos. Cuando irrumpe la espiritualidad*, Herder, Barcelona 2013, p. 18.

22. *Ibid.*, p. 23.

Los ojos bien abiertos «nos hacen volver a sufrir por el dolor de los demás: nos instan a sublevarnos contra el sinsentido del dolor inocente e injusto; suscitan en nosotros hambre y sed de justicia, de una justicia para todos»[23]. El problema es cuando la espiritualidad se entiende en términos individuales y de aspiraciones interiores a una santidad con vista en el cielo. A este respecto, Metz nos plantea cuestiones inquietantes:

«¿Qué significa espiritualidad cristiana?

¿Qué es la mística cristiana, mística de ojos abiertos?

¿Por qué hemos terminado siendo una Iglesia más sensible al pecado que al dolor de las víctimas?

¿Por qué nos hemos vuelto a veces más duros con las víctimas que con los autores culpables?

¿Cómo vivir la mística cristiana en esta sociedad postmoderna? ¿Cómo recorrer el camino del seguimiento?».

La mística cristiana de la identificación con Cristo (Gálatas 2:20) es ineludible para vivir la fe a la altura de los tiempos y en fidelidad a la vocación del que nos llamó con el supremo llamamiento de Dios en Cristo (Filipenses 3:14). Como escribe Bernardo Pérez Andreo, «cuanto más se aleja el cristianismo de su vertiente mística, menos se encarna en el mundo y más se desvía de su origen en Jesús de Nazaret, el místico más comprometido de la historia»[24].

El aspecto «místico» del cristianismo nos salva de los que lo identifican con religión, como si ser cristianos fuera ser más religiosos, cuando lo cierto es que en muchas ocasiones lo religioso es el mayor obstáculo para la realización del mensaje de Cristo. A diferencia del hombre religioso, que fácilmente se desliza por la pendiente del rito y la ceremonia sin compromiso personal, el hombre espiritual o místico tiene que buscar a diario la experiencia de comunión con Dios más allá del cumplimiento del deber o de la observancia de buena conducta y prácticas religiosas, como leer la Biblia, orar, asistir al culto, etc. En la comunión con Dios en Cristo, el creyente descubre el sentido de la vida, el valor de la gracia y la gravedad del pecado que arruina vidas y destruye sociedades enteras. En la experiencia de su comunión con Dios encuentra el estímulo y la fuerza suficiente para

23. Cf. Benjamín González Buelta, *Ver o perecer: Mística de ojos abiertos*, Sal Terrae, Santander 2006; X. Alegre, J. I. González Faus, J. M. Rambla, J. Giménez, G. Juan, F. J. Vitoria, *Mística y compromiso por la justicia*, Cristianisme i Justícia, Barcelona 2011.

24. *Un cristianismo para el futuro*, http://bernardoperezandreo.blogspot.com.es/2009/06/un-cristianismo-para-el-futuro.html

que, mediante el poder de su Espíritu, pueda acometer la tarea de transformar las situaciones de injusticia que le rodean.

El nuevo hombre, al negarse a sí mismo, a su viejo yo, deja espacio al nuevo Yo que es Cristo en su corazón; deja a Dios ser Dios, se somete a su voluntad y se dispone a ser un instrumento de salvación y liberación en sus manos.

La mística cristiana de la inhabitación de Dios en el templo del corazón (cf. Juan 14:23), no vuelve ajeno al creyente del dolor humano, sino al revés, lo sensibiliza, lo humaniza y lo convierte en un ser humanizador. Cuanto mayor sea la comunión con el Dios de la justicia y la misericordia, mayor será el grado de compromiso con los pobres y oprimidos de la tierra, con los desposeídos y desechados por la sociedad.

Si creemos que Jesús es «el nuevo Adán», con el que Dios ha dado comienzo a una nueva creación[25], entonces Él es el primogénito de una nueva humanidad, con el que Dios ha comenzado a «hacer nuevas todas las cosas». En la Persona de Jesucristo se cumple la venida del Reino, que nosotros estamos llamados a vivir y extender en cuanto personas integradas en la Persona del Hijo de Dios. Por eso se le llama «primicia»: Cristo ha resucitado de los muertos; primicia de los que durmieron es hecho (1Corintios 15:20). Por primicia se indica el primero de una serie, al que seguirán otros muchos. Él es como el primer fruto de la cosecha y en él está ya presente la cosecha entera. Él es el punto de arranque, el fundamento, la raíz de la nueva humanidad.

En esta misma línea hay que interpretar la expresión «primogénito», porque él es el primero entre muchos hermanos: «Él es la cabeza del cuerpo que es la iglesia; él que es el principio, el primogénito de entre los muertos, para que en todo tenga la preeminencia; por cuanto agradó al Padre que en él habitase toda plenitud» (Colosenses 1:18). La fuerza salvadora de la resurrección no termina en Cristo, porque, al ser él la primicia y el primogénito, en quien habita toda la plenitud de Dios, los efectos transformadores y renovadores de su vida se prolongan y son participados por los que creen en él y le reconocen como Señor. En él se ha iniciado un proceso, que se prolonga en la historia, en el que todos nos vemos implicados y comprometidos. Jesucristo es el primer Hombre Nuevo, cuyo poder de resurrección posibilita la existencia del hombre nuevo en la historia, tal como se manifiesta en los hombres y las mujeres que se abren a su

---

25. «El nuevo Adán engloba la vida humana, pues es la promesa hecha vida que se convierte en modelo concreto para el hombre en la realización de la fe, la esperanza y el amor: él es el hombre perfecto, modelo de la verdad de todo hombre y clave de comprensión de su ser» (Rafael Gutiérrez Cuervo, *Cristología y moral: el seguimiento de Jesucristo como compromiso con la justicia*, Pontificia Universidad Javeriana, Bogotá 2004, p. 187).

influencia mediante la fe y el amor. El Reino de Dios es el ámbito donde se vive la realidad del hombre nuevo abierto a la transcendencia y volcado hacia el mundo con el poder regenerador del mensaje evangélico.

Como cristianos somos plenamente conscientes de lo profundamente alejada que está la sociedad secular de los principios del Reino de Dios que se manifiestan en Jesucristo. Los atentados contra la dignidad humana son tan enormes y tan graves que nada menos que un «dios» puede enfrentarlos. Por eso el Evangelio no nos propone una ética ni un programa social de reformas y leyes, sino ni más ni menos que el nacimiento de un ser creado en Cristo Jesús para realizar en la historia aquellas obras de amor y justicia que pongan un poco de luz en medio de las tinieblas. Hombres nuevos para un mundo en transición hacia un mundo nuevo.

Tenemos que reconocer que la enseñanza de Jesús sobre el ámbito social no es muy extensa. Parece ser que la responsabilidad social del cristiano no es el interés prioritario del Nuevo Testamento que, sin embargo, no deja nada que desear en materia de claridad respecto a los efectos innovadores de la fe sobre la vida concreta de los cristianos. El Reino de Dios proclamado por Jesús, y que después se concretiza en su persona y se manifiesta en la Iglesia[26], tiende a un cambio total de la conducta individual de la vida y de la realidad social (cf. Mateo 17:24-27; Lucas 20:20-26; Romanos 10:12; 2 Tesalonicenses 3:10; Santiago 5,4-5; 1 Pedro 2:13-15; etc.).

Cuando uno reflexiona en todo lo que la fe apostólica ha meditado y reflexionado sobre la persona de Jesucristo, sobre el misterio de su vida y de su obra, se da cuenta que la salvación que Él ha venido a ofrecernos y que ha ganado para nosotros mediante el sacrificio de su vida, no se limita al perdón del pecado y la garantía de una comunión eterna con Él en el cielo, sino que esa salvación afecta al cosmos entero, a la creación en su totalidad. La redención es mucho más que la liberación de nuestras ataduras y alienaciones, es la impartición de una nueva naturaleza en orden a una «nueva creación». Al encararnos con Cristo, nos encontramos como el segundo Adán, el primogénito de la nueva creación, el Hombre Nuevo que el Creador había querido que fuese, con su sentido de justicia, amor y solidaridad con todos los hombres. Creer en Él es creer en el hombre nuevo y auténtico que

---

26. Como hace notar Charles H. Dodd, en las cartas paulinas comúnmente se habla de «predicar a Cristo». En Hechos de los Apóstoles se usa tanto la expresión «predicar a Cristo» como sinónimo de «predicar el Reino de Dios». Los apóstoles predican a Jesús o Cristo, y también el Reino de Dios. «Podemos observar que donde el autor habla en primera persona, Pablo mismo es representado como predicando el Reino de Dios. Nosotros podemos tomar esto como que un compañero de Pablo consideró su predicación como la proclamación del Reino de Dios tanto como fue la predicación de los primeros discípulos del Maestro, aunque Pablo mismo no habla en esos términos» (*The Apostolic Preaching and its Developments*, Hodder & Stoughton, London 1944, pp. 8-9).

todos estamos llamados a ser mediante nuestra identificación con Él. Él se convierte en nuestro futuro individual, y por extensión, en el futuro de la humanidad. El cristiano comparte el entusiasmo de los hombres y mujeres que buscan un mundo mejor y la creación de un hombre nuevo, de una mujer nueva, pero frente a los idealistas de un cuño u otro, el cristiano tiene el privilegio de discernir, ya desde ahora, la realidad del hombre nuevo en la persona de Jesús de Nazaret. «La grandeza futura del hombre nuevo no es un ideal lejano o quizá inaccesible. Tampoco se encuentra en el Cristo glorificado en el sentido que la grandeza sólo podrá pertenecerle a Él, mientras que a nosotros nos es negada. Según nuestra unión con Cristo por la fe, su vida es nuestra desde ahora. La vida de fe que quebranta las dimensiones habituales de nuestra existencia y de nuestro destino, ya es una realidad. Desde el presente el cristiano puede decir con el Apóstol: *Ya no vivo yo, mas vive Cristo en mí* (Gálatas 2:20)»[27].

4. El nuevo hombre y la renovación de la sociedad

Dallas Willard, filósofo estadounidense y autor de libros de formación espiritual, pone el dedo en la llaga al afirmar que «el cristianismo debe tomar tan seriamente la necesidad de la transformación humana como lo hacen los movimientos revolucionarios modernos»[28], sólo así podrá arrojar de sí el concepto negativo, o cuanto menos irrelevante que la gente se forma de él.

Muchos cristianos han olvidado, o les ha faltado comprensión de su propia fe, para advertir que «la conversión es la fuerza más revolucionaria del mundo moral»[29], tal como enunció el filósofo alemán Max Scheler.

Hombre nuevo, hombre reconciliado y reconciliador, hombre comunitario y solidario, creador de una «nueva humanidad»[30], agente de «un nuevo humanismo, en el que el hombre queda definido principalmente por la responsabilidad hacia sus hermanos y ante la historia»[31], lejos de todo egoísmo que define al «hombre natural» y su moral. «La conversión es renunciar a una identidad egocéntrica a favor de otra definida por Cristo. Todo aquello que nos configura es entregado a Cristo, y su mentalidad de amor abnegado y sacrificado pasa a ser la nuestra»[32].

---

27. Roger Mehl, *op. cit.*, p. 49.

28. Dallas Willard, *El espíritu de las disciplinas*, Vida, Miami 2010, p. xii.

29. Max Scheler, *Vom Ewigen im Menschen*, Leipzig 1921, pág. 41(versión cast.: *De lo eterno en el hombre*, Ed. Encuentro, Madrid 2007).

30. *Gaudium et Spes*, 30.

31. *Gaudium et Spes*, 55.

32. Kline Snodgrass, *Efesios*, p. 287.

Recordemos lo que dice Pablo sobre el hombre nuevo: «Creado según Dios en la justicia y santidad de la verdad» (Efesios 4:24). *Creado según Dios*. No podía ser de otra manera. Ya hemos tenido oportunidad de referirnos a los paralelos que se dan entre la creación del mundo en el principio del tiempo y la nueva creación en Cristo en «la plenitud de los tiempos» (Gálatas 4:4). Lo que distingue a este nuevo hombre no es que sólo es nuevo en sí mismo, sino que trae algo nuevo al caos de nuestra existencia. «Así como la creación del hombre está indisolublemente unida a la creación del mundo, y su existencia está inseparablemente conectada con la existencia del mundo, la nueva creación del hombre no puede ser concebida aparte de una nueva creación del mundo. Todo nuevo hombre en Cristo es la promesa de la renovación de la sociedad. El hombre no es renovado en Cristo a fin de escapar de la vida del mundo, sino para involucrarse en ella más genuinamente como una persona auténtica. El nuevo hombre es el hombre que sabe lo que significa ser justo, ver las situaciones y los hombres desde el punto de vista de Dios, con la visión de Dios más bien que con la visión de un gusano, y actuar de tal manera que afirme y extienda esta justicia»[33].

Creado en la justicia y santidad de la verdad. La verdad de Dios que salva y justifica, es la palabra divina que obra y crea. Ella es la que forma al hombre nuevo en *la justicia y santidad*. En términos teológicos esto significa que el hombre nuevo no es resultado de políticas humanas ni de ingeniería social. No serán los hombres los que lo creen y lo hagan triunfar. Es obra de Dios y su Verbo. Como tal, constituye el contenido del mensaje del Evangelio que las iglesias deben difundir y esforzarse para que sea una realidad. «Dar testimonio a favor de Jesucristo equivale a dar testimonio del hombre nuevo»[34]. Porque, ¿dónde está ese hombre nuevo, de quién hablamos, quién es realmente? «No hay más que una respuesta, que en su peculiaridad es a la vez exclusiva e inclusiva: *el hombre nuevo es Jesucristo*»[35]. Respuesta *exclusiva*, porque solamente Él es el hombre nuevo; respuesta *inclusiva*, porque es una realidad presente en Jesucristo que se comunica a los suyos viniendo a ser en Él el hombre nuevo.

La justicia, la verdad, la santidad, la misericordia, etc., están incluidas en la realidad del nuevo hombre en cuanto *revestido* de Cristo (Gálatas 3:27; Romanos 13:14). «El vestido está ahí. La armadura está ahí. Todo está dispuesto. El hombre nuevo está ahí precisamente porque Dios le ha creado, como ratificación, expresión concreta y realización del amor de Dios a su

---

33. H. Berkhof y P. Potter, *Palabras clave del Evangelio*, pp. 90-91.

34. Karl Barth, *op. cit.*, p. 79.

35. *Ibidem.*

criatura»[36]. Pensemos en el alcance político y social que reviste precisamente esta forma de la realidad del nuevo hombre en cuanto nos lleva al Nuevo Ser en Cristo, quien nunca pudo tolerar la presencia de la injusticia y del dolor a su lado.

En el plano de la redención se nos dice que «murió por todos» (2 Corintios 5:15). Con esta confesión declaramos que nosotros estamos incluidos en ese *todos* y alabamos su nombre por tan gran provisión, pero nótese que el texto sigue: «para que los que viven, ya no vivan para sí», lo cual tiene una dimensión práctica que nos afecta directamente como creyentes. En su sentido inmediato dice que ahora vivimos para aquel que murió y resucitó por nosotros, pero vivir para Cristo es vivir para el hermano y el prójimo, cristiano o no cristiano, por medio de los cuales Jesucristo nos sale al encuentro. «Él llevó sobre sí la penalidad última de la humanidad injusta, dividida. Al morir por todos, demostró otra cualidad del hombre auténtico: *que no vive para sí mismo*»[37]. Es un ser para los demás.

En los últimos meses de su vida, Dietrich Bonhoeffer añadió a los viejos títulos de Jesucristo uno nuevo, al mismo tiempo evidente y profundo: «Hombre para los demás». «Para él es ésta una expresión rigurosamente teológica que revela, humilla y funda; es una afirmación existencial cuya relación a la realidad ilumina; contiene un impulso ético, impide la fuga religiosa del mundo y la soberanía clerical y, finalmente, celebra a Jesús con palabras saturadas de experiencia. Este título es confesión, himno, oración e interpretación»[38]. Con esto Bonhoeffer estaba poniendo freno a una actitud que tiende a dejar a un lado el significado humano de Cristo para la humanidad[39], y aunque nunca han faltado hombres y mujeres de fe que han sabido proclamar con su vida este valor teológico de ser para los demás, y esto en un grado y una entrega dignos de admiración, desgraciadamente la mayoría se comporta como si los demás fueran para uno mismo.

A comienzos del siglo XIII se produjo un acontecimiento grandioso, que aún en nuestros días sigue resonando. Me refiero a Francisco Asís y su contagiosa visión de la hermandad universal en el espíritu de Cristo, extendida a hombres y animales. Pues bien, su principio motor no fue otro, precisamente, que su concepción de Jesucristo como Hombre para

---

36. *Ibid.*, p. 75.

37. H. Berkhof y P. Potter, *Palabras clave del Evangelio*, pp. 88-89.

38. Eberhard, Bethge, *Dietrich Bonhoeffer, teólogo-cristiano-hombre actual*, DDB, Bilbao 1970, p. 1196.

39. Cayendo así en un peligroso monofisismo moderno, como advierte Johann Baptist Metz, «el cual buscaría legitimarse a partir sólo de Cristo, aunque de hecho no lo siga» (*op. cit.*, p. 155).

los demás, «que se ofreció a sí mismo de modo cruento como sacrificio y víctima sobre el altar de la Cruz, no para sí, sino para los pecadores, dándonos ejemplo para que sigamos sus huellas»[40].

Con esto cerramos el círculo. Místico por excelencia, el cristiano participa de la naturaleza divina en cuanto hijo adoptivo en el Hijo, y tan pronto su yo se hunde en el yo de Cristo, no es arrebatado al tercer cielo, ni se queda en lo alto del monte de la transfiguración, sino que es dirigido hacia el mundo, al valle de los hombres, donde la vida continúa con sus miserias y desgracias, donde tiene que desarrollar y expresar la alegría del nuevo ser y el amor de Dios que lo ha hecho posible. Esto forma parte de su seguimiento y discipulado de Cristo, con su componente místico y otro social. «Dos componentes que no se oponen en su radicalidad, sino que son directamente proporcionales. La radicalidad del seguimiento es mística y política al mismo tiempo… La mística del seguimiento nunca está libre de una situación, nunca se da en una ausencia de destino social o con una ausencia de situación política que pudieran ahorrarle los antagonismos y sufrimientos del mundo y le permitieran conservar su inocencia propia mediante la apatía. La mística del seguimiento es en su núcleo una *mística de ojos abiertos*»[41].

De la misma manera que podemos afirmar emocionados que Jesucristo es un «hombre para los demás», es además, «un hombre de amor y gran amor», como bien lo define Jon Sobrino. Nunca jamás nadie amó como él. «Por amor comienza anunciando la buena nueva del Reino; por amor hace milagros y exorcismos, denuncia y condena a los opresores; por amor se mantiene en su misión, a pesar de la persecución; y por amor hasta el final muere en la Cruz, con la cual pronuncia la gran palabra de amor: que Dios se ha acercado definitivamente al mundo»[42].

La Cruz fue el coronamiento de una vida de entrega apasionada por la salvación del hombre. No fue un acto obligado, ni pasivo. «Nadie me quita la vida, sino que yo la doy voluntariamente» (Juan 10:18). Fue un acto deliberado motivado por el inmenso amor que sentía por todos los hombre. No fue un acto de desesperación, ni de cálculo político. Como buen judío amaba la vida. De hecho, «amaba la vida como no la había amado ningún hombre»[43]. Pero la entregó, renegó a su propio bien por el bien ajeno. Desde entonces su sangre inocente clama a favor de todos los inocentes;

---

40. *Scritti de San Francesco D'Assisi*, Milén 1978, p. 32.

41. Johann Baptist Metz, *op. cit.*, pp. 154-155.

42. Jon Sobrino, *La teología de la cruz hoy*, en *Pascua de liberación. Espiritualidad de la Cruz habitada*, PS Editorial, Madrid 1993, p. 58.

43. J. M. González Ruiz, *Marxismo y cristianismo frente al hombre nuevo*, Marova, Madrid 1972, p. 77.

derrota mediante su muerte a la muerte y desenmascara todos los poderes que suprimen la vida con injusticia[44]. Fue su mayor servicio a la vida, su mayor lección y ejemplo para sus seguidores.

No hay miedo, pues, que el ser cristiano, que vive comprometido y activamente su configuración a Cristo, pueda entenderse como una huida de la responsabilidad social y del compromiso con la justicia y la promoción de la persona. Creo que es todo lo contrario; cuando el Cristo que nos revela el Evangelio va tomando cuerpo en el creyente es del todo imposible que no se manifieste como hambre y sed de justicia. Es precisamente la ausencia del Cristo interior lo que explica la dureza de corazón y la indiferencia a la suerte de su prójimo. El Cristo que vive en el creyente es el mismo que no pudo pasar de largo ante la visión del vecino caído, robado y herido por los salteadores de caminos. Me gusta la cristología interior de Javier Melloni cuando dice: «Si bien hay una cristología descendente, y otra ascendente, también podemos hablar de una cristología interior. *Interior* no significa ajena al mundo, sino revelación de lo que el mundo alberga. Brota desde dentro de las cosas y de las personas no como un esfuerzo, sino como el desarrollo de una semilla (Lucas 13:19), como la germinación de un núcleo oculto pero siempre presente en todo. Venimos a la vida para acoger el darse de Dios y para convertirnos en matrices de su despliegue en el mundo»[45].

Es la parábola de la mostaza, de la levadura, operando siempre desde dentro, de la tierra, de la masa, de la sociedad. Por eso hay que cultivar el hombre interior por encima de todas las cosas para que en el despliegue de la acción exterior no sucumba al extravío de las modas ni la magnitud de los problemas, ni tampoco ceda al desaliento y la desesperación.

En conclusión, como decía hace muchos años José María González Ruiz, «podemos afirmar sólidamente que la mística y la moral bíblicas no apartan al hombre de su tarea 'transformadora del mundo', sino que al contrario su condición religiosa en cuanto tal lo empuja violentamente a un compromiso cósmico e histórico sin reservas»[46].

---

44. Es interesante, a este respecto, leer las tesis de René Girard sobre el «chivo expiatorio» y cómo la muerte de Cristo pone fin al mecanismo del chivo expiatorio, que está detrás de tantas muertes inocentes, hechas pasar por culpables. «Jesús salva a los hombres porque su revelación del mecanismo del chivo expiatorio, al privarnos cada vez más de protección sacrificial, nos obliga a abstenernos crecientemente de practicar la violencia si es que queremos sobrevivir. Para alcanzar el Reino de Dios, el hombre debe renunciar a la violencia» (*Veo a Satán caer como el relámpago*, Anagrama, Barcelona 2002; *La violencia y lo sagrado*, Anagrama, Barcelona 2005).

45. Javier Melloni, *El Cristo interior*, Herder, Barcelona 2010, p. 10-11.

46. José María González Ruiz, *El cristianismo no es un humanismo*, reeditado en *La provocación permanente*, SPICUM, Málaga 2013, p. 107.

5. La luz del mundo

El nacimiento de Cristo fue anunciado como el nacimiento de una estrella que guía y atrae a los sabios y magos de tierras lejanas; una luz tan determinante que origina un nuevo mundo, el comienzo de una nueva etapa de la historia:

El pueblo asentado en tinieblas vio gran luz;
y a los asentados en región de sombra de muerte,
luz les resplandeció (Mateo 4:15).

Las tinieblas y el caos que acompañan a la humanidad desde sus inicios, todo aquello que oscurece el sentido y siembra confusión en la vida de las mujeres y hombres que están obligados a hacer su camino en el teatro de este mundo, ceden y se repliegan a la palabra luminosa de Cristo. «El que me sigue no andará en tinieblas, sino que tendrá la luz de la vida» (Juan 8:12).

El cristiano es aquel que vive a la luz de la luz de Cristo, y es él mismo parte de esa luz.

«En otro tiempo erais tinieblas –escribe el apóstol Pablo–, mas ahora sois luz en el Señor» (Efesios 5:8). El estado anterior de los creyentes es descrito como «teniendo el entendimiento entenebrecido, ajenos de la vida de Dios por la ignorancia que en ellos hay, por la dureza de su corazón» (Efesios 4:18). No puede haber mayor contraposición, mayor cambio en virtud de la fe en Cristo: «En otro tiempo erais tinieblas, mas ahora *sois luz en el Señor*».

Debe advertirse que aquí el apóstol Pablo estaba ofreciéndonos una parte de su propia biografía. Se cuenta de un negro que nunca supo que era negro hasta que se encontró a un blanco. Pablo nunca supo que era tinieblas hasta el día que conoció a Jesucristo, entonces los ojos de su entendimiento fueron abiertos e iluminados. Su religiosidad autocomplaciente se transformó en novedad de vida en Cristo.

La oscuridad tiene un misterioso poder de ocultamiento. Borra las distinciones. Valles y montañas pierden su peculiar fisonomía en una noche oscura. Uno apenas si puede distinguir un árbol de una piedra. El camino se difumina y no distinguimos la senda del barbecho. Todo el color y la belleza del paisaje se extinguen. El jardín más florido se convierte en una oscura masa informe. Al anochecer los rostros de los compañeros no se reconocen, pierden su individual fisonomía. La oscuridad es un cierto tipo de ceguera. Nos priva de un elevado porcentaje de visión. Hay una condición espiritual que corresponde a este orden de la naturaleza. «Erais tinieblas», dice Pablo, señalando una condición de vida en la cual las distinciones entre el bien y el mal quedan reducidas a nada; donde no se distingue la fe de la superstición, porque el entendimiento está entenebrecido; donde no se reconoce la verdad como verdad, sino que a esta se le llama mentira y a la mentira verdad; una condición anímica que ignora la línea que separa la rectitud de la maldad porque la ceguera del espíritu le incapacita para distinguir las claras líneas del entendimiento; una condición moral que confunde la justicia de los intereses privados.

Pablo no estaba totalmente satisfecho al comparar la vida anterior a la revelación de la fe a un estado de «oscurecimiento», de andar a tientas, entre tinieblas, como si fuera un entorpecimiento pasajero. Para él la cosa era más seria: *«Erais* tinieblas». No simplemente que *estabais* a oscuras, en las tinieblas de la ignorancia y del pecado, sino que *erais* tinieblas en vuestro carácter y persona. John Milton, el recordado autor de *El paraíso perdido*, ciego a causa de tantas lecturas y horas dedicadas a la escritura, dijo que un buen poeta tiene que ser él mismo un poema. Un buen novelista no escribe novelas, él es novela; un buen orador no habla meramente con elocuencia; él es elocuencia; un artista no crea arte solamente, él es arte; un santo no realiza obras de santidad, él es santidad. Del mismo modo, y en sentido negativo, un pecador no es una persona que comete pecados, él es pecado. El ser humano es la perfecta encarnación de lo que hace. Obra hacia fuera lo que es desde dentro. Hace lo que es, es lo que hace. ¿Puede, por tanto, decirse algo más penoso y realista que una persona es «oscuridad», un peregrino del anochecer que nunca llega a ver el despuntar del alba, el clarear del día? Tiene ojos, pero como si no los tuviera. Como esos peces de las profundidades cuya visión se ha atrofiado por falta de uso, al no llegarles ni el más mínimo rayo de luz. Así hay personas que tienen ojos pero no ven, oídos pero no oyen. Es como si estuvieran ciegos para la belleza y hermosura del Reino de Dios que fue primero anunciado por Jesucristo e inmediatamente realizado en su persona.

De Juan Bautista, verdadera estrella de Belén, precursor del que había de venir como Sol de justicia, en cuyas alas traería salvación y vida eterna (Malaquías 4:2), es descrito como el que camina delante de la presencia del Señor, quien prepara el camino y da a conocer la salvación del pueblo, el perdón de los pecados, la misericordia de Dios, que en Cristo «nos visitó desde lo alto como la aurora, para dar luz a los que habitan en tinieblas y en sombra de muerte; para encaminar nuestros pies por el camino de paz» (Lucas 1:77-79).

«Ahora», dice Pablo en vista de las nuevas condiciones introducidas por Cristo en el mundo, «*sois luz en el Señor*». No meramente que andáis en la luz, sino que vosotros mismos por la fe en Cristo, y el milagro de la gran transformación en Él, *sois* luz. En un pasaje memorable del evangelio de Juan, Cristo se describe a sí mismo como la Luz del mundo (Juan 8:12). Es su gloria suprema. Pero gloria participativa. Gloria que se comunica por vías de transfiguración, de conversión y nuevo nacimiento. «Vosotros sois la luz del mundo», dice Jesús a los suyos en Mateo 5:14, sin sentir por ello disminuir su carácter y significado personal como fuente de la luminosidad del mundo. De tal manera que, siguiendo nuestra línea de argumentación, el buen cristiano no es únicamente quien sigue a Cristo, él es un reflejo de Cristo con quien comparte su vida, y como tal luz en la Luz.

La luz llega al individuo en diversos grados. De repente o gradualmente, en suaves tonalidades o contrastes fuertes, aunque en nuestra moderna sociedad tan altamente iluminada por millones de aparatos luminosos, hasta el punto de producir a nivel planetario una «contaminación lumínica», hemos perdido el sentido y la sensación de lo que significa la oscuridad. Pero cualquiera que sea el modo que tengamos de percibir la luz y la oscuridad, una cosa es cierta: la presencia de la luz. Cuando esta viene no pueden quedar dudas. Como el ciego que dijo: «Una cosa sé, que habiendo sido ciego, ahora veo» (Juan 9:25). Thomas Bilney, el mártir inglés del siglo XVI, cuenta que cuando consiguió un ejemplar del Nuevo Testamento traducido del griego al latín por Erasmo de Roterdam, fue el momento en que la luz vino a su vida. «En mi primera lectura –escribe–, descubrí estas palabras: *Palabra fiel y digna de ser recibida por todos: que Cristo Jesús vino al mundo para salvar a los pecadores, de los cuales yo soy el primero.* Esta única sentencia levantó del tal modo mi atribulado espíritu, gracias a la obra interna de Dios, que hasta mis huesos saltaron de alegría y gozo. Fue como si después de una larga noche oscura el día hubiera amanecido de repente»[47].

Esa luz y ser de luz, que son una verdadera gracia y un soberano privilegio, lleva aparejada una ineludible responsabilidad social, al servicio de Dios y de los hombres: «No se enciende una luz y se pone debajo de un almud, sino sobre el candelero, y alumbra a todos los que están en casa. Así alumbre vuestra luz delante de los hombres, para que vean vuestras buenas obras, y glorifiquen a vuestro Padre que está en los cielos» (Mateo 5:15-16).

6. La conquista de la muerte

La nueva vida en Cristo esa es gran transformación que puede describirse como una resurrección de la muerte. Es una de las más atrevidas concepciones de la fe que ha pasado al lenguaje cotidiano. Hablamos de *tiempo muerto*, como aquello que no cuenta, compás de espera. Pablo no tiene reparos en decir que nuestra vida no cuenta, no tiene valor hasta que

47. M. L. Loane, *Masters Of The English Reformation*, Church Society, London 1954. Reeditado por The Banner of Truth Trust, Edimburgo 2005.

Dios la toca. «Él os dio vida a vosotros, cuando estabais muertos en vuestros delitos y pecados» (Efesios 2:1). La muerte es la condición de los seres más allá de toda solución humana. Cuando sobreviene la muerte admitimos que el caso está fuera de nuestro control, su arreglo ya no depende de nosotros. No importa cómo se vista o se prepare al difunto, la cantidad de perfume que riegue su cuerpo o las flores gastadas en él; la muerte es muerte, y no hay maquillaje en el mundo que pueda cambiar la rigidez de su rostro sin vida. El cadáver conserva durante un breve tiempo todas las apariencias del cuerpo vivo que fue, pero ya es una forma sin vida; más patético cuanto más se entrega al maquillaje artístico. El cadáver no puede valerse por sí mismo, no dispone de sus movimientos. Esta es la manera que Pablo tiene de describir la vida anterior al toque renovador de la gracia. Sin poder propio, sin capacidad de curarse por sí misma: *muertos en vuestros delitos y pecados*[48].

Solemos pensar en la vida y la muerte como términos físicos que describen una condición material y se olvida todo su contenido simbólico. En el Evangelio no es el cuerpo el que, primariamente, se tiene en mente cuando se habla de la muerte, sino el espíritu. La existencia física es sostenida por la comida con que es alimentada, aparte del ejercicio, el aire y el sol, pero la vida espiritual es sostenida por la gracia de Cristo. La mera existencia física no es vida en sentido propio, ni es garantía de vida. Hay muchos que viven sin haber vivido realmente. Han pasado por la vida, pero la vida no ha pasado por ellos.

Una persona puede ser y dejar de ser sin haber experimentado la vida en términos espirituales, es decir, vitales, insertos en la conciencia de la Vida que nos sobrepasa y arrebata como esa fuerza fundamental e impelente que nos hace ser y nos ilumina el valor de ser.

Para que la vida surja del seno de la muerte, tiene que intervenir una fuerza exterior, como una respiración boca a boca.

Cristo fue como ese socorrista que acude al rescate del moribundo. «Yo he venido para que tengan vida» (Juan 10:10). Jesucristo vino a ofrecer

---

48. Aclaremos que cuando decimos que el hombre natural está muerto, lo decimos en términos religiosos y analógicos. Como especifica el teólogo Charles Hodge: «Cuando las Escrituras afirman que los hombres están espiritualmente muertos, no niegan que tengan vida física intelectual, social o moral. Admiten que los objetos de los sentidos, las verdades de la razón, las relaciones sociales y obligaciones morales, son asimiladas más o menos correctamente; no dejan de despertar los sentimientos y de excitar a la acción. Pera hay una clase más alta de objetos que esta, y que la Biblia llama 'las cosas de Dios', 'las cosas del Espíritu', 'las cosas que pertenecen a la salvación'. Estas cosas, aunque intelectualmente aprehendidas, tal y como se presentan a nuestras facultades cognoscitivas, no son espiritualmente discernidas por el hombre no regenerado» (*Teología sistemática*, CLIE, Barcelona 2010, p. 710).

vida a las mujeres y hombres de su tiempo, y de todos los tiempos. No vino a traer nuevas doctrinas, ni a fundar una nueva religión, vino a restaurar la vida de los caídos, a infundir vida en los muertos, a alentar a los abatidos. Esta ha sido su mayor contribución a la historia de humanidad. El regalo de la vida. «El que oye mi palabra, y cree al que me envió, tiene vida eterna; y no vendrá a condenación, mas ha pasado de muerte a vida» (Juan 5:24). Regalo que para Él supuso el mayor sacrificio.

El sustantivo «muerte» es una expresión que puede tener muchas aplicaciones metafóricas según lo que se quiera significar, como cuando se dice de un idioma que es una «lengua muerta», es decir, que ya no es operativa, ha caído en desuso, su existir es existir como memoria, como recuerdo, que es la forma en que las cosas muertas se agregan a la vida. «Este mi hijo muerto era», dice el padre del hijo pródigo de la parábola (Lucas 15:24), dando a entender que en tanto su hijo estaba lejos de él, ausente en tierra extraña, sin la más mínima comunicación entre ambos, era como si hubiese muerto, envuelto en el sudario del silencio, enterrado en la tumba de la ausencia, aunque vivo en el recuerdo del padre angustiado por causa de su fuga. De la Iglesia de la ciudad de Sardes está escrito: «Tienes nombre de que vives, y estás muerto» (Apocalipsis 3:1). Como una etiqueta en un envase vacío, el nombre del dueño en una casa sin ocupantes, puede ser una sátira amarga, una ironía, una decepción y una pretensión; o el memorial patético de algo que fue una vez pero que ha dejado de ser para siempre. Hay una iluminadora sentencia que dice: «Quien vive para el placer está muerto mientras vive». Una vida entregada a la disipación, a la indulgencia y a fines erróneos está muerta en cuanto a su verdadera función y vocación. «Muerto era, y ha revivido» (Lucas 15:24). El regreso a la casa familiar operó el milagro. Allí mismo recuperó la vida donde la perdió. En la casa del padre. Dios es nuestro hogar más real, la patria en relación a la cual todos somos prófugos, exiliados voluntariamente por una decisión equivocada. Hasta que un día, visto el fracaso de una vida que ya no merece el nombre de vida, trae a la memoria el recuerdo melancólico de los parajes añorados, de las palabras amables, de los olores familiares que nos devuelve la razón. Se dice que antes de emprender el retorno, y la causa que lo motivó, es que el hijo pródigo «volvió en sí» (v. 17). La conversión reside precisamente en volver en sí, en recuperar la razón. Es el acto de cordura por excelencia. Es regresar al ser que uno es después de haber andado extraviado. La conversión, como decía el genial filósofo español Ortega y Gasset, es «ensimismamiento». «En ella el hombre perdido de sí mismo se encuentra de pronto con que se ha hallado, con que coincide consigo y está por completo en su verdad»[49].

49. José Ortega y Gasset, *Estadios del pensamiento cristiano*, en *En torno a Galileo*, Revista de Occidente, Madrid 1976, p. 174.

El poder de Cristo halló su expresión más eficaz y triunfante en la resurrección de algunos difuntos. Resucitó a la hija de Jairo que acababa de morir; al hijo de la viuda de Naín deteniendo el cortejo fúnebre; a Lázaro después de hallarse tres días en el poder de la muerte. Los Padres de la Iglesia no dudaron en hacer de estos milagros parábolas de lo que Cristo hace en el campo espiritual. Sobre todos los grados o estados de la muerte Cristo es Señor. «Yo soy el primero y el último; y el que vivo, y estuve muerto; mas he aquí que vivo por los siglos de los siglos, amén. Y tengo las llaves de la muerte y del Hades» (Apocalipsis 1:17-18). En virtud de su propia resurrección todo poder le es dado en el cielo y en la tierra (Mateo 28:18). Donde él viene la fealdad se torna en belleza, de las cenizas surge el fuego, la vida se levanta de muerte. En el poder de la resurrección de Cristo manifestado en él y a través de él presenciamos la esencia del actuar de Dios, «el cual da vida a los muertos, y llama las cosas que no son, como si fuesen» (Romanos 4:17).

¿No estaba Cristo mismo pensando en esta idea cuando instó a nacer de nuevo? Una vida nueva toma el lugar de la vieja existencia. La Ley es relevada de su cargo policial y es sucedida por la libertad de los hijos de Dios. A la esterilidad del pecado sigue la abundancia de vida. «Yo he venido para que tengan vida, y para que la tengan en abundancia» (Juan 10:10). El Espíritu Santo se encarga de hacer realidad en la experiencia creyente esa promesa de Cristo. Él es origen y fuente de frutos y dones espirituales tendentes a consumar la plenitud humana en el nuevo estado de gloria y para la gloria. Si alguno está en Cristo es una nueva criatura, la vida de Dios es recreada en él. El propósito original de la creación queda salvado en Cristo en relación a la vida y la muerte espiritual. «Porque si por la transgresión de uno, por éste reinó la muerte, mucho más reinarán en vida por medio de uno, Jesucristo, los que reciben la abundancia de la gracia y el don de la justicia» (Romanos 5:17). El enamorado errante, que son todos y cada uno de los miembros de la familia humana, desde el primero hasta el último, encuentran por fin el objeto supremo de su amor y ahogan en tan dulce idilio las penas del amor perdido. Dios se inclina en amor sobre el amado y éste descansa su pecho en el mismo seno de Dios, que es la vida eterna, la vida victoriosa sobre la contingencia de la muerte.

El que dice ser cristiano tiene que ahondar con rigor en la experiencia de esta novedad de vida en Cristo que la fe le hace posible. No se trata de memorizar relatos evangélicos sobre la vida y la obra de Cristo, sino de permitir que la misma vida de Cristo se manifieste en la vida del que cree, es decir, del que ama en el creer y cree en el amar. «Ya no soy yo el que vive, sino que Cristo vive en mí; y la vida que ahora vivo en la carne, la vivo por fe en el Hijo de Dios, el cual me amó y se entregó a sí mismo por mí» (Gálatas 2:20).

El creyente que vive de este amor es para los demás como un mundo nuevo, una vida sacada de la angustia de la muerte al canto gozoso del liberado. Cuenta John Bunyan que tres o cuatro mujeres que a menudo encontraba sentadas en la calle, fueron para él «como si hubiera encontrado un mundo nuevo», de gusto que daba oírlas hablar de su relación con Dios, como si lo conocieran personalmente.

La vida cristiana entendida como resurrección de los muertos significa una ruptura con el pasado y, por ende, el descubrimiento de un mundo diferente. Ciertamente el mundo espacio temporal sigue siendo el mismo, pero los ojos que ahora lo miran son nuevos, como nuevo es el sentir del corazón, la evolución de la mente. La conversión es tanto un acontecimiento ético como intelectual de primera magnitud. El corazón, como centro de la personalidad, encuentra su centro y reconciliación en el Dios que le ama y le perdona por pura gracia; la voluntad, la mente y los sentimientos obedecen ahora a un nuevo modo de ser. La mente sigue ahora a ese cambio central operado en la persona creyente. «En la resurrección del alma muerta, el primer signo de vida es la apertura de los ojos de la mente» (Matthew Henry)[50]. En un principio el alma resucitada no es consciente de estos cambios que tan globalmente afectan a su ser, pero la enseñanza y el entendimiento correcto de las implicaciones y aportaciones de su nueva vida en Cristo harán de ella un nuevo valor en el mundo y un nuevo centro interpretativo impregnados por la sabiduría divina. La conversión es en verdad una auténtica revolución en el orden de la conciencia y en el cognoscitivo también. En cierto sentido, cuando alguien se hace cristiano es cuando comienza a pensar por vez primera.

7. La libertad que libera

La resurrección como metáfora de la conversión, nos lleva a un concepto tan querido por el ser humano como es la *libertad*. Tan pronto Lázaro se mostró en el umbral del sepulcro, Jesús dio la orden de que le quitaran las vendas que envolvían su cuerpo, para que recuperase su libertad (Juan 11:44). Vivir es un ejercicio de libertad. No se entiende la vida, la verdadera vida, sin libertad. A aquel a quien Cristo da la vida, le da igualmente la libertad, quebradas las ataduras del pecado. «Y él os dio vida a vosotros, cuando estabais muertos por vuestros delitos y pecados, en los cuales anduvisteis en otro tiempo, siguiendo la corriente de este mundo, conforme al príncipe de la potestad del aire, el espíritu que ahora actúa en los hijos de la desobediencia, entre los cuales también todos nosotros nos movíamos en otro tiempo al impulso de los deseos de nuestra carne,

---

50. *Comentario Bíblico de Matthew Henry*, «Hechos 9:40», CLIE, Barcelona 1999.

satisfaciendo las tendencias de la carne y de los pensamientos, y éramos por naturaleza hijos de ira, lo mismo que los demás. Pero Dios, que es rico en misericordia, por el gran amor con que nos amó, aun estando nosotros muertos por nuestros delitos, nos dio vida juntamente con Cristo (por gracia habéis sido salvados), y juntamente con él nos resucitó, y asimismo nos hizo sentar en los lugares celestiales con Cristo Jesús» (Efesios 2:1-6).

El significado esencial de Cristo para la vida del cristiano, no consiste en el señorío de Jesús, de manera que los cristianos puedan reconocerlo en cuanto Señor y Salvador en los cielos, sino en esa intimidad por la cual el cristiano se hace uno con Cristo y vive del poder de su fontalidad, que hacen posibles esos ríos de agua viva (Juan 7:38) que desde el interior rompe barreras y arrastra consigo los viejos hábitos de vida de modo que llegue a tener en su propia vida la experiencia de la libertad y victoria de Cristo sobre toda mortandad.

El poder de Cristo no guarda sólo relación con el perdón de los pecados pasados, sino también con la vida presente de cada cristiano. Todos sabemos por experiencia cómo gracias al amor y a la amistad nuestra vida crece en sentido, propósito y capacidad de lucha frente al desaliento y las dificultades de la vida. La mente despierta al contacto de un nuevo vigor; la esperanza y el sentido de la vida ocupan el lugar de la desilusión y el cansancio; la paciencia y el aguante se robustecen gracias a la confianza y la camaradería de otros. Un amigo de Goethe apuntó que «a todo el resto de amigos amo con mi propia fuerza, pero él me hace amar con la suya». Cada cual podría rendir semejante tributo de gratitud a las buenas influencias ejercidas sobre él por amigos, familiares o compañeros, pero la amistad de Cristo, la presencia de su Espíritu en la vida del creyente, le eleva por encima de sí mismo hasta el punto de decir: «Ya no vivo yo, sino que Cristo vive en mí» (Gálatas 2:20). Este episodio maravilloso, este señorío interno, otorga a los discípulos una nueva motivación, un nuevo centro de poder intelectual y moral. Cuando Cristo viene a la vida, escribe C. F. Andrews, «la cadena de los malos hábitos se rompe y su atadura queda destruida para siempre».

Hoy la esclavitud, en su sentido material, nos suena a algo extraño, aunque desgraciadamente no ha desaparecido del todo en el mundo y pervive en muchas formas y lugares. La esclavitud sirve también como una metáfora para expresar muchas formas de atadura existencial que gravan la vida humana. La esclavitud física, es decir, la dependencia de un hombre en relación a otro, es fácil de detectar, pero hay otro tipo de esclavitud moral y psicológica tan insidiosa e insoportable como la primera. Nuestras sociedades están llenas de personas con problemas, personas con enfermedades depresivas, que manifiestan un desajuste interior con la vida; personas «enganchadas» a un tipo u otro de droga que no tienen poder de liberarse a sí mismas.

La esclavitud espiritual consiste en el conflicto que se produce en la conciencia entre el deber y el hacer. Entre lo que uno reconoce como bueno, y lo que practica como malo. Pablo conocía bien esta experiencia angustiosa. «Sabemos –dice– que la ley es espiritual; mas yo soy carnal, vendido al pecado. Porque lo que hago, no lo entiendo; pues no hago lo que quiero, sino lo que aborrezco, eso hago». Desde el fondo de su espíritu lastimado clama: «¡Miserable de mí!; ¿quién me libertará de este cuerpo de muerte?». Poco después nos señala el camino de la liberación y del triunfo: «Gracias doy a Dios, por medio de Jesucristo nuestro Señor» (Romanos 7:14-15.24.25). Es Cristo quien cambió su agónico lamento en un grito de victoria: «¿Quién nos separará del amor de Cristo?» (Romanos 8:35). El amor de Cristo le liberó del poder del mundo, de los deseos de la carne, de las malicias de la mente y de la peor de todas las cautividades, la cautividad que el ser humano se impone a sí mismo, y le elevó hacia una majestuosidad que sobrepasa los límites de la tierra: «Sentado en lugares celestiales con Cristo Jesús» (Efesios 2:6).

> *¡Ay!, en guerra conmigo mismo*
> *¿dónde encontraría la paz?*
> *Quiero y no cumplo nunca.*
> *Quiero, pero ¡oh suma miseria!*
> *No hago el bien que amo*
> *y hago ese mal que odio.*
>   (Jean Racine).

A esta angustia del hombre natural responde el Evangelio con la liberación efectuada por Cristo mediante la fe. No se trata de una experiencia reservada para los místicos y grandes apóstoles de la talla de Pablo; es común a todos los que se acercan a Jesús con corazón sincero. Para Pablo el Evangelio es poder de Dios para salvación *a todo aquel que cree* (Romanos 1:16). No tenía ni la menor duda. Hablaba por experiencia personal. El poder de salvación es el capital más universal de todos, la riqueza más accesible de cuantas existen. No hay que caer en el engaño de pensar que este tipo de experiencias tan tremendas en sus efectos liberadores pertenecen en exclusiva a unos cuantos superhombres o mujeres de Dios, a quienes la memoria honra como santos.

El poder del Evangelio se manifiesta entre los más miserables, los más indignos. El escritor de himnos tan conocidos como «Gracia admirable», John Newton, fue en su juventud un marinero disoluto enrolado en un navío dedicado al nada noble tráfico de esclavos. «Fui a África

–confesó– para poder pecar con libertad según los caprichos de su corazón». Llevó una vida desordenada hasta que encontró a Jesucristo. «Yo era –dice– una bestia salvaje en la costa africana, pero el Señor me cogió y me domó. No sólo pequé con despotismo, sino que me dediqué a tentar y seducir a otros en toda ocasión que se me presentaba»[51]. La memoria de este período sórdido de su vida siempre fue para él un recuerdo humillante. El cambio se produjo en parte por un sueño y en parte por una tormenta en alta mar. Nunca dejó que ese día pasara inadvertido. «Porque en ese día, 21 de marzo de 1748, el Señor envió socorro de arriba y me sacó de las aguas profundas»[52]. Bajo la influencia de Cristo pasó a un nuevo reino. Cristo libró al esclavo; hizo del siervo un rey. Eso viene a significar en la experiencia humana estar sentado en lugares celestiales con Cristo Jesús. «Él nos hizo reyes y sacerdotes» (Apocalipsis 1:6). Sentarse en lugares celestiales, compartir su trono, es participar de su poder, juzgar y no ser juzgado (1 Corintios 2:15), vivir el triunfo de la cruz en medio de las pruebas, «y vi tronos, y se sentaron sobre ellos los que recibieron la facultad de juzgar... los decapitados por causa del testimonio de Jesús y por la palabra de Dios» (Apocalipsis 20:4). Pasar por la vida como ciudadanos de otro reino, enfrentando la injusticia con las armas de la verdad. No dejarse llevar por las mezquindades del mundo, pues la vida del cristiano está «escondida» con Cristo en Dios, en lugares celestiales, campos de la resurrección del espíritu renovado por el amor de Dios. «Si, pues, habéis resucitado con Cristo, buscar las cosas de arriba, donde está Cristo sentado a la diestra de Dios» (Colosenses 3:1).

Una de las paradojas del cristianismo consiste en que hombres como el apóstol Pablo pueden referirse en la misma frase a la vida cristiana como experiencia de libertad y de servidumbre a la vez, sin incurrir en contradicción. Pablo se describe a sí mismo «esclavo de Jesucristo», y por serlo, el más libre del mundo. «Siendo libre de todos, me he hecho siervo de todos» (1 Corintios 9:19). Sí, el siervo de Cristo es el ser más libre del universo, el suyo no es un servicio impuesto, sino elegido libremente por amor: «Me he hecho», pues en la fe ha descubierto que servir no es deshonra, sino mayor gloria. En el servicio realizado por amor a Dios y a los hombres hay verdadera libertad. El servicio cristiano, en este contexto, obedece a un anhelo de compartir la experiencia de libertad espiritual de la que uno ha sido hecho objeto; la razón es «para ganar a mayor número», como se dice en el texto citado. El libre quiere personas libres, busca que la llama de la libertad corra y se extienda. Para ello él primero tiene que haber experimentado esa

---

51. Brian H. Edwards, *Dios le sacó del fango. Biografía de John Newton*, Ed. Peregrino, Moral de Calatrava 1981, p. 31.

52. *Ibid.*, p. 48.

libertad que es, en primer lugar, libertad del pecado. Libertad de las consecuencias morales del pecado y libertad de la necesidad de pecar, por causa de la concupiscencia o deseos desordenados que controlan y determinan el comportamiento humano.

El *pecado* es ciertamente una cárcel, pues no es lo que cometemos: *pecados*, que como tales uno puede esforzarse en evitar; sino una inclinación de la que es imposible salvarse, a menos que Dios intervenga con su palabra de liberación. Cuando lo hace, por medio de la fe, las puertas de la prisión ceden y el prisionero sale libre.

> Sé, Señor, lo que es la cárcel
> del miedo, de los prejuicios,
> de la superficialidad, del odio,
> de la indiferencia, de la mentira,
> de la justicia propia,
> del Yo rabioso e intolerante.
>
> He estado en cada uno de esos
> calabozos muchas veces.
> He sido reincidente.
> Estoy fichada, y...
> ¡no quiero volver!
>
> No me gusta estar ahí.
> Es un lugar oscuro,
> inquietante, sin alegría,
> frío, terrible,
> parecido a la muerte.
>
> Y ahora, que he salido libre,
> que he vuelto a Ti,
> con la cabeza baja y
> el alma llena de propósitos
> y esperanza,
> que respiro un aire que corre
> y que me sopla Tu Espíritu,
> que puede correr con ese aire y

extender mis manos a Ti y
a los otros,
que puede salir de cualquier lugar...

Te pido, oh Dios fuerte, que no
me dejes penetrar de nuevo
en esa cárcel a la que me ha llevado
mi despego de Ti y de lo tuyo.

Te ruego, Señor, que me ates.
Que me ates, enredándome en las
cuerdas de Tu voluntad
y pueda ser libre para Ti.

(Nati Domingo, *La cárcel*).

Cuando Jesucristo forma parte de la experiencia personal se es verdaderamente libre, en cuerpo, alma y espíritu. Cristo buscó las personas angustiadas, inseguras, temerosas, abiertamente pecadores, desechas y divididas por dentro y por fuera, y las limpió por el poder de su palabra y les devolvió la unidad de su persona, de modo que agradecidos pudieron llamarle *Señor*, Señor peculiar que no domina ni esclaviza, sino libera y enriquece. Jesucristo elimina la cautividad de raíz. La mentira y la injusticia ceden a su paso. En los días de su carne demostró su supremacía en todos los reinos de este mundo. Sanó a los enfermos; respondió a los críticos; alivió a los atormentados de espíritu; liberó a las almas cautivas; redimió a los fracasos humanos; impuso su voluntad a los vientos y a la mar. Hombres y mujeres se maravillaron de su gracia y se convirtieron en sus discípulos. «Señor, ¿qué quieres que yo haga?» (Hechos 9:6), preguntó Pablo el mismo día que comprendió que era Cristo el Señor quien le hablaba. George Herbert nunca pudo pronunciar el nombre de Jesucristo sin añadir, «mi Señor». «Es un buen Señor», dijo David Livingstone; «ningún otro como Él», añadió. «Tengo un Señor tan bueno –dijo Ambrosio en su lecho de muerte– que no tengo miedo a la muerte». Este es el lenguaje de alguien para quien todo está solucionado de antemano. «Dios, que es rico en misericordia, por el gran amor con que nos amó, nos dio vida juntamente con Cristo y juntamente con él nos resucitó, y asimismo nos hizo sentar en los lugares celestiales con Cristo Jesús» (Efesios 2:5, 6). «Señor, guíame y te seguiré hasta los confines de la tierra con fidelidad y lealtad», dijo un personaje de leyenda. Eso es devoción. Eso es lo se que espera de cada verdadero cristiano convertido de corazón.

8. El regreso del exilio

No se nace siendo naturalmente cristiano. La conversión y el nuevo nacimiento son una obra de gracia sobrenatural. Se nace más bien en una condición de *exilio*. Como escribe el apóstol Pablo: «En otro tiempo estabais privados de Cristo, sin derecho a la ciudadanía de Israel, ajenos a las alianzas portadoras de la promesa, sin esperanza y sin Dios en medio del mundo. Ahora, en cambio, injertados en Cristo Jesús, gracias a su muerte ya no estáis lejos sino cerca. Cristo es nuestra paz. Él ha hecho de ambos pueblos uno solo. Él ha derribado la barrera de odio que los separaba. Él ha puesto fin en su propio cuerpo a la ley mosaica con sus preceptos y sus normas. Él ha traído la paz y en su propia persona ha hecho de los dos pueblos una nueva humanidad. Él ha reconciliado con Dios a ambos pueblos por medio de su cruz, los ha unido en un solo cuerpo, y ha dado un golpe de muerte a la enemistad que los tenía divididos. Su venida ha traído, pues, la alegre noticia de la paz: paz para vosotros, los que estabais lejos, y paz también para los judíos, que estaban cerca. Unos y otros, gracias a él y unidos en un solo Espíritu, tenemos abierto el camino que conduce al Padre. Ya no sois, por tanto, extranjeros o advenedizos. Sois conciudadanos en medio de un pueblo consagrado, sois familia de Dios» (Efesios 2:12-19). La salvación de Cristo transforma al extranjero en un ciudadano, al extraño en un miembro de la familia. Toda distancia es salvada, toda frontera sobrepasada. En el Evangelio los días del exilio humano han llegado a su final. Cada día están llegando a su fin allí donde el Evangelio penetra y es vivido como la alegre noticia de la venida de un mundo nuevo, el mundo de Dios, el Reino de los cielos que está en la tierra.

El sentido de exilio es algo muy real. Según la Biblia el exilio humano de lo divino comenzó en los mismos orígenes de la creación. Expresado en términos familiares, Dios es nuestro hogar en relación al cual todos somos hijos pródigos, hasta el punto del despilfarro de nuestros bienes, es decir, de nuestra vida y sus talentos donados por el Creador. Concomitante a nuestra situación de exiliados corresponde el sentido de extrañamiento de Dios. Un vago sentido del Dios abandonado persigue el corazón humano. Somos peregrinos extraviados del hogar. De ahí se deriva el sentido de aburrimiento y fastidio de todo lo que nos rodea una vez pasadas las primeras novedades e impresiones. «Señor, tú nos has sido refugio de generación en generación» (Salmo 90:1), proclama quien ha hallado el camino de vuelta a casa. «Como el ciervo brama por las corrientes de las aguas, así clama por ti, oh Dios, el alma mía» (Salmo 42:1). Es un deseo mezclado a la vez de temor. «¿Con qué me presentaré ante el Señor, y adoraré al Dios Altísimo? ¿Me presentaré ante él con holocaustos, con becerros de un año? ¿Se agradará el Señor de millares de carneros, o de diez mil arrojos de aceite? ¿Daré mi primogénito por mi rebelión, el fruto de mis entrañas por el pecado de mi alma?» (Miqueas 6:6-7).

Fue este sentimiento de culpabilidad, el sentido amenazante de haber trastocado el orden del universo que hizo de Caín un fugitivo. El pecado es siempre una huída, un apartarse. Ahí comienza la historia del exilio, que es siempre repetición constante de la misma falta; ir contra Dios, en lugar de amarle y servirle. El pecado es el movimiento que el ser humano realiza para alejarse de Dios, separarse de él, ponerse fuera del alcance de su voz. «¿Qué has hecho?», interroga la voz de Dios al fraticida. «La voz de la sangre de tu hermano clama a mí desde la tierra» (Génesis 4:10). La voz del hermano cercenado de su derecho a la vida es la misma palabra de Dios que ha dado vida a todo cuanto existe. Por eso quien se aparta de la palabra divina se pone fuera del alcance de la humanidad y se convierte en una amenaza para la misma. Pero entiéndase bien, no es que el hombre en sí sea malo, ya que todo lo que Dios ha hecho es muy bueno, pero ha tomado un *mal giro*, como diría Kierkegaard. Las fronteras del mundo se ponen al revés. Por eso el pecado se expresa siempre por medio de metáforas espaciales: caer, apartarse, perderse, torcer, descarriarse, desviarse, extraviarse, etc. Uno de los términos más importantes y significativos con que el Antiguo Testamento expresa la realidad del pecado es el hebreo *hatta't*, derivado del verbo *hata'*, que significa «desviarse», «caer» y, en sentido moral, alejarse del camino de la norma. En realidad quiere decir «errar el blanco», tanto en el sentido material de fallar el tiro (Jueces 20:16), como en el sentido moral de faltar a una norma (Levítico 4:2.27), a una persona (Génesis 20:9), a Dios (Éxodo 9:27; 10:16; Josué 7:20). Faltar a Dios significa para el ser humano perder su objetivo, arruinar su vida y correr en vano. Apartarse de la fuente y poder del ser que Jesucristo nos describe como Padre. Por el contrario, la salvación es, siguiendo la terminología espacial, «acercarse», «allegarse», «acceso».

La mala intención convierte al ser humano en un exiliado. «Judas *fue* a hablar con los sacerdotes para entregarles a Jesús» (Marcos 14:10). Lo mismo se puede decir tocante a la deslealtad. «Y, *saliendo* de allí, Pedro se echó a llorar amargamente» (Mateo 26:75). Deseos impropios juegan su parte en la cuestión del exilio espiritual. Como Demas, que desamparó al apóstol Pablo, «amando este mundo, y se ha *ido*» (2 Timoteo 4:10). Algo ocurre, un lapso interior o exterior, y el ser humano deja de estar donde estaba. Cuando Dios pregunta a Adán: ¿Dónde estás?; esto significa que, después de la caída, Adán, el ser humano, se encuentra *lejos* de Dios.

El pecado siempre es separación. Trae con él extrañamiento; pone distancia entre la vida que se daña y la que daña. Entre el agredido y el agresor. «Vuestras iniquidades han hecho división entre vosotros y vuestro Dios» (Isaías 59:2). El pecado de egoísmo e indulgencia personal llevó al hijo pródigo fuera de su casa, de sus amigos, e incluso de sí mismo. Se produjo en él una pérdida de carácter y de sentido una vez consumada la separación y agotados los recursos. El hombre pecador es un ser insatisfecho, intranquilo, triste, melancólico. No hay límites al extrañamiento que produce el pecado. Siempre ha conducido a la persona del jardín al desierto; de la compañía de la bondad infinita a la soledad del confinamiento solitario. «Pero nadie le daba nada» (Lucas 15:16). Es la desesperada situación de una vida abandonada. El pronunciamiento final de separación se contiene en esta terrible sentencia: «Apartaos de mí» (Mateo 25:41). Se trata del último destierro. La separación causada por el pecado termina en el inexorable exilio final.

La influencia alienadora del mal puede observarse en la vida de Judas, quien se separó a sí mismo de toda comunión, primero de la compañía de Jesucristo y de sus discípulos, y después, cuando había satisfecho los malvados propósitos de los escribas y sacerdotes, y en su amargo remordimiento regresó con el dinero que le habían entregado por la traición de Cristo, no quisieron saber nada de él. Se encontró solo, solo con su culpa, con su saberse traidor. No le querían a él ni a su dinero. Entonces la vida se le volvió insoportable e hizo un último esfuerzo desesperado para alejarse de sí mismo, abandonando la existencia por la puerta prohibida del suicidio.

No fue sino hasta que agotó todos sus recuerdos en un país lejano que el hijo pródigo pensó en su casa. Las pérdidas y privaciones del hijo pródigo hicieron un hueco en su corazón para su padre y le enviaron de vuelta al hogar. Regresó con una apasionada resolución: «Volveré a mi padre y le diré: Padre, he pecado contra Dios y contra ti; y ya no me merezco que me llames hijo» (Lucas 15:18). Enseguida hizo lo que una persona cuya conciencia haya sido despertada a su pecado debe hacer. Su doble petición recibió doble perdón. «Inmediatamente se puso en camino para volver a casa de su padre», esto es confesión en acción; y su padre le recibió con un beso. «Padre, he pecado», esto es confesión en palabras; y su padre le vistió con la mejor túnica, le calzó con bellas sandalias y puso un brillante en su dedo. No recibió reproches, en lugar de ello se organizó una fiesta. El que se descubre pecador se descubre al mismo tiempo reconciliado. Tomar conciencia de la necesidad de perdón es signo por el que se conoce que somos amados de Dios.

Aún más significativo fue el doble regreso del hijo exiliado. «Volvió en sí y volvió a su padre». Algún motivo que ignoramos, algún deseo oculto, pero en ambos casos equivocados, le llevaron a actuar imprudentemente contra lo mejor de sí mismo, y cayó en la cuenta de lo que era y lo que llegó a ser: o nunca se comprendió a sí mismo, nunca miró por debajo de su egoísmo y capricho; o nunca llegó a entender la realidad de la existencia hasta que llegó al final de sus posesiones y privilegios externos, y en ese fin amargo, volvió en sí mismo, llegó a su propio ser. Ser un hijo en la casa del padre, un miembro más de la familia, no un ser desmembrado y sin un lugar en el mundo que pudiera llamar suyo. Pero ésta es sólo la primera parte del regreso. Muchos nunca han ido más allá de este primer reconocimiento. A causa de una enfermedad, de una desgracia, de una bancarrota en los negocios, por la influencia de un sermón evangelístico o alguna conversación cristiana, hay quien se propone cambiar de vida, pero nunca lo lleva a cabo. Las impresiones pasan y se olvidan. Hay quien vuelve en sí, pero nunca vuelven al hogar de su padre Dios que en Cristo se nos ofrece como don mediante la fe. Quien pierde el instante de la decisión corre el riesgo de perder la salvación para siempre.

La experiencia completa es el regreso al padre. Nada había ya que esperar del país lejano; su fortuna había sido dilapidada; se engañó a sí mismo y fue engañado. Decidió dejar atrás su pasado; volvió en sí. Se propuso firmemente abandonar aquel país lejano y regresar a la tierra conocida de su hogar, donde la música y la fragancia familiar le habían acompañado desde la niñez. Cortó su relación con su pasado para así dejar sitio al futuro.

Esta es la historia del regreso del alma exiliada. El corazón de Dios es el hogar verdadero del alma. Al trabajado y al cansado se le invita a reposar en el mismo corazón de Dios. El que a él va no se le echa fuera. «Se había perdido, y le hemos encontrado» (Lucas 15:24). Al que llama se le abre, el que pide recibe.

El aire está lleno de voces que dicen: «Vuelve a casa, vuelve a tu Dios». La desilusión que produce todo lo que el mundo ofrece, la desolación del país lejano, el abandono de los amigos, el duro trabajo en el campo, el descontento de la vida, del dolor del mundo, todo esto y mucho más grita con aspereza y rotundidad a la vez: «Vuelve a casa, la casa de tu Dios. Allí hay un lugar para ti». A la persona que se encuentra lejos de Dios le dice el Salvador: «Regresa hijo, vuelve a tu Dios». Y el corazón solitario convierte la invitación en una oración. Tal como confiesa el himno *Just As I Am* de Charlotte Elliot:

> Tal como soy, sin más decir.
>
> Que a otro yo no puedo ir;
>
> Y tú me invitas a venir,
>
> Bendito Cristo, heme aquí.

A las metáforas del exilio y la repatriación corresponde la doctrina teológica de la adopción, por la que Dios nos introduce en su amistad y nos hace miembros de su familia, con el fin y el propósito de que nuestra vida refleje la vida de su Hijo, «pues nadie es amado por Dios sino en Cristo»[53].

---

53. Juan Calvino, *Institución*, lib. III, cap. II, 32. 5º.

9. La reconciliación, el final de la enemistad

El regreso del hijo pródigo terminó en completa reconciliación. La experiencia cristiana también comienza de este modo. Puede vivirse como una amistad recuperada. Para Pablo todo el Evangelio consistía en un ministerio de reconciliación (2 Corintios 5:18). Pablo se encontró con dos enemistades en este mundo: la enemistad entre los pueblos, especialmente entre los judíos y los gentiles; y la enemistad entre la humanidad y Dios. Así en la carta a los Efesios se refiere a hombres y mujeres como «hijos de la desobediencia», «hijos de la ira», «ajenos a la vida de Dios». A Pablo le preocupa la alienación humana, la amarga enemistad entre judíos y gentiles, los nombres insultantes con los que se referían entre sí, las barreras que habían levantado entre ellos, los abismos que los separaban. Los gentiles eran «ajenos a la comunidad de Israel», pero mucho peor era su enajenación de Dios.

Aquí, pues, tenemos una doble enemistad que, desde el Evangelio, precisa una doble reconciliación. «Ahora, en cambio, injertados en Cristo Jesús, gracias a su muerte ya no estáis lejos sino cerca. Cristo es nuestra paz. Él ha hecho de ambos pueblos uno solo. Él ha derribado la barrera de odio que los separaba. Él ha puesto fin en su propio cuerpo a la ley mosaica con sus preceptos y sus normas. Él ha traído la paz y en su propia persona ha hecho de los dos pueblos una nueva humanidad. Él ha reconciliado con Dios a ambos pueblos por medio de su cruz, los ha unido en un solo cuerpo, y ha dado un golpe de muerte a la enemistad que los tenía divididos. Su venida ha traído, pues, la alegre noticia de la paz: paz para vosotros, los que estabais lejos, y paz también para los judíos, que estaban cerca. Unos y otros, gracias a él y unidos en un solo Espíritu, tenemos abierto el camino que conduce al Padre» (Efesios 2:13-18).

Este es uno de los grandes textos de la reconciliación. El término es paulino, pero la idea en que se origina pertenece a Cristo y es parte vital del Evangelio y de todo el Nuevo Testamento. De todos los pacificadores Cristo es el supremo. Ha traído a la humanidad el don de la amistad en una nueva escala. Sentía compasión por los marginados y los perdidos, y así ha pasado a la historia como el amante de los pobres, y vive en la imaginación popular como el amigo de los débiles, de los trabajados y cargados, pero todo esto no fue sino parte de un programa mayor. Cristo vivió y murió para llevar los hombres a Dios, invitarles la casa del Padre y al corazón del Padre, suprema expresión de la paz.

En el Antiguo Testamento a la palabra «reconciliación» corresponde la palabra «expiación», que significa ofrecer un sacrificio en orden a la reconciliación. En su origen la palabra hebrea *kaphar*, traducida por «perdonar» en el Salmo 65:3, y 79:9; «reconciliar» en Levítico 16:6, significa literalmente «cubrir», y está relacionado con el sustantivo *kopher*, o «cubierta». Se usa en relación con el holocausto, la ofrenda de sacrificio por el pecado, por el que la culpa del adorador quedaba como «cubierta» u oculta a la mirada justiciera de Dios. Dios se reconciliaba con el pecador cubriéndolo con el manto de su propia justicia, como más tarde se hará evidente en el caso de Jesucristo y su muerte sacrificial en la cruz.

En el Nuevo Testamento el significado más completo se encuentra en Romanos 5:10: «Siendo enemigos, Dios nos reconcilió consigo mediante la muerte de su Hijo»; y en Colosenses 1:21: «Vosotros estuvisteis en otro tiempo lejos de Dios y fuisteis enemigos suyos de corazón y de obra. Ahora, en cambio, por la muerte que Cristo ha sufrido en su cuerpo mortal, Dios ha hecho la paz con vosotros para admitiros en su presencia como a gente consagrada, sin mancha y sin tacha» (*BLP*). La cruz revela la desaprobación divina del pecado y su amor reconciliador hacia la humanidad. Significa el esfuerzo realizado por Dios para atraer al mundo hacia sí mismo, el movimiento celeste que quiere apartar a las gentes del pecado para introducirlas en la presencia santa.

La enemistad más grave que se produce en el mundo es la que lleva al alma humana a oponerse a su Dios. «He pecado», confesó el pródigo errante. El ser humano descarriado por el pecado se aleja del Dios que es vida. El pecado es justamente tomar la vida en las propias manos sin ulterior consideración de responsabilidad respecto a aquel que es su autor y garante. Pecado es la desconsideración máxima al orden de Dios que gobierna todas las cosas. Aquí nos hallamos en presencia del pecado común de la humanidad. Cada cual se considera el señor de su destino sin tener el cuenta el propósito de Dios para la vida. Esta conducta desequilibra las condiciones de la casa común, que es el mundo. Dios mismo se resiente de dolor ante el desafío y la arrogancia de su hijo y, verdaderamente, sufre el mal de la injusticia humana. Pero la reconciliación se produce mediante el regreso del hijo, su confesión y readmisión en la vida, servicio y hogar del padre.

No hay nada más grande que poner armonía donde reina el desorden, el caos de una voluntad opuesta a la otra. La reconciliación no está basada en el compromiso. No es la firma de un tratado de paz entre dos potencias que se temen y aguardan la ocasión más propicia para subyugar una a la otra. No es un pacto de amistad basado en intereses. Tampoco se trata de un cálculo de conveniencias e inconveniencias que no afecta a la conciencia y al contenido de la personalidad. Reconciliación cristiana es un estado, estar reconciliado es haber dirimido toda controversia interior. Cristo es el reconciliador que posibilita la reconciliación entre Dios y el ser humano. Muestra la faz amante del Padre e indica al ser humano que no tiene nada que temer de semejante Padre. Su muerte lo patentiza. El Padre la recibe como la muerte de todo pecador arrepentido. La Cruz de Cristo situada entre Dios y el mundo conecta el cielo y la tierra, une Dios y hombre. «Somos, pues –dice Pablo–, embajadores de Cristo, y es como si Dios mismo os exhortara sirviéndose de nosotros. En nombre de Cristo, os pedimos que hagáis la paz con Dios» (2 Corintios 5:20, *BLP*). «Reconciliaos con Dios».

El peor desastre que puede ocurrirle a una vida humana es la enemistad de su espíritu con Dios; la negativa de tomar el camino de Dios. John Bunyan escribe en *El progreso del peregrino* que el Intérprete de la Casa «estaba como si rogara con los hombres». Esta es la actitud del embajador cristiano. Su enorme privilegio es declarar que, en lo que a Dios respecta, hay una oferta de paz y bienvenida. El embajador cristiano presenta a los individuos a Dios mediante la proclamación del Evangelio. Su tarea es hacer amigos de Dios, del mismo modo que Dios en Cristo manifestó su amistad hasta al más indigno de los pecadores. No se trata de una paz y reconciliación con el pecado, sino con la persona que mediante el arrepentimiento y la fe da la espalda a las ataduras del pecado. Por parte de Dios el pecado queda olvidado, por parte del hombre superado en el amor y el don de la gracia que viene de Dios.

Hasta aquí hemos hablado de los aspectos individuales de la reconciliación, pero no hay que olvidar que la influencia reconciliadora de Cristo se extiende a todas las relaciones humanas. No hay área de la experiencia humana que no se vea afectada por la misma. La enemistad entre los judíos y los gentiles es un ejemplo paradigmático de la división amarga y cruel que divide a los pueblos en bandos antagónicos y les conduce al enfrentamiento, al exterminio incluso. Pero el Evangelio cristiano fue la primera nota musical de una nueva sinfonía. Como apoteósicamente se dice en Gálatas 3:28: «Ya no hay distinción ente judío y no judío, ni entre esclavo y libre, ni entre varón y mujer. En Cristo Jesús, todos sois uno». En Cristo quedan abolidas las barreras raciales. Aquí también plantó su cruz en medio de las divisiones y declaró que Dios es uno para todos los seres humanos; y que una y la misma es la redención de toda la humanidad. En Apocalipsis se aclara que ante el trono celestial hay una muchedumbre inmensa, incontable: «Gentes de toda nación, raza, pueblo y lengua; todos de pie delante del trono y del Cordero» (Apocalipsis 7:9). Estar delante de Dios es la suprema nivelación, la hermandad universal, nadie destaca por encima del otro, todos son iguales en la visión y el amor divinos.

Los discípulos de Pitágoras aprendieron y practicaron una lección que también encuentra su lugar en el Nuevo Testamento: «No dejéis que el sol se ponga sobre vuestro enojo». Al anochecer aquellos hombres se estrechaban la mano por más que hubieran estado divididos y enfrentados durante el día; la noche siempre les encontraba reconciliados. Pero se trataba de una reconciliación pasajera, válida para una sola noche; a la mañana siguiente se reabría la discusión. Sin embargo, el Evangelio cuenta con que la enemistad es eliminada para siempre. No hay peor anti-testimonio que cristianos divididos, enemistados, enfrentados unos a otros, cualquiera que sea la causa.

El lugar privilegiado donde esta reconciliación divino-humana tiene que manifestarse y brillar por luz propia es la Iglesia, la sociedad de amigos de Dios, la compañía de los santos en paz. La Iglesia está inscrita en el programa divino de reconciliación mundial. «La iglesia es la comunidad universal designada por Dios para trascender y abrazar todas las diferencias de raza, condición y sexo que dividen a la humanidad»[54].

En una sociedad donde reina la animosidad, la suspicacia, la ira, los celos, el resentimiento, el orgullo, la vanidad, los prejuicios, los nacionalismos, ¿qué esperanza hay de ver amistad, paz, confianza, buena voluntad si tales valores no se están dando en la Iglesia, el pueblo reconciliado de Dios?

Nada hay más necesario en un mundo tan violento como el nuestro que la paz. Bastantes guerras habidas y por haber han agotado los recursos humanos e introducido en la existencia un dolor indescriptible. Y esto en todos los órdenes, desde la familia al Estado. El espíritu de reconciliación es el espíritu de la hora cristiana. Tiene que darse tanto *ad intra* como *ad extra*, en el interior como en el exterior. Si los cristianos no pueden acercarse más unos a otros en lazos de amistad provistos por la fe, el mundo mismo los condenará. ¿Qué salida queda cuando presenciamos la división irreconciliable de distintas maneras de entender el cristianismo y hacerlo patente en la sociedad actual? En esto, como en todas las cosas, Cristo es la respuesta, «el camino, la verdad y la vida». Y por ahí tienen que pasar las Iglesias. Quien circule por el camino correcto llegará al final deseado. Cristo es suficiente para hacerlo. Es cuestión de dejarle obrar, como solicita a los miembros de la antigua iglesia de Laodicea: «¿No ves que estoy llamando a la puerta? Si alguno oye mi voz y abre la puerta, entraré en su casa y cenaré en su compañía» (Apocalipsis 3:20). Aquí es donde tenemos que comenzar. En paz unos con otros. Adivinando a Cristo en el rostro del hermano. Pagando a Dios nuestro tributo de adoración y alabanza después de habernos reconciliado con el hermano, es decir, sin albergar rencor ni enemistad hacia nadie. «Por tanto, si en el momento de ir a presentar tu ofrenda en el altar de Dios te acuerdas de que tu hermano tiene algo en contra de ti, deja tu ofrenda allí mismo, delante del altar, y ve primero a reconciliarte con tu hermano. Luego podrás volver a presentar tu ofrenda» (Mateo 5:24-25, *BLP*). Las enemistades de los cristianos tienen que interpretarse responsablemente como causas indirectas de enemistades en el mundo, aunque sepamos

---

54. Juan A. Mackay, *El orden de Dios y el desorden del hombre*, CUPSA, México 1964, p. 33.

las muchas causas que concurren en los disturbios humanos, aun cuando el cristianismo permaneciese tan unido como una piña. El cristiano ha aprendido a dar prioridad al espíritu, y así como la creación entera gime esperando la liberación final de los hijos de Dios, la reconciliación de los cristianos puede contribuir a la conciliación de toda la tierra, a sanar las heridas, a salvar las diferencias. Esta tarea la lleva cumpliendo desde el inicio de su carrera, y en esto manifiesta que es fiel al mensaje y a la nueva vida de Cristo. En un impresionante documento cristiano de principios del siglo II, Justino Mártir escribía, entre otras cosas: «Antes nos odiábamos y matábamos unos a otros y, por diferencias de nación o costumbres, nos negábamos a admitir extranjeros dentro de nuestras puertas. Ahora, desde la venida de Cristo, vivimos todos en paz»[55].

Para el apóstol Pablo la Iglesia es el «Hombre Nuevo» manifestado como Comunidad. Gracias a la obra de Cristo la humanidad entera, el «Viejo Hombre» representado por Adán, esclavizado por el pecado, origen de tanta ruptura, tensión y discriminación, muere en la cruz y sale a la vida en la resurrección de Cristo, fuerza que origina la resurrección espiritual de sus seguidores en todos los tiempos. «Mediante la muerte de la cruz y la resurrección pascual, la humanidad ha recuperado la unidad original. De tal manera la ha recuperado que toda ella se halla concentrada de nuevo en un solo Hombre Nuevo»[56]. La Nueva Humanidad vive del amor de Dios y por tanto activa en el amor mutuo. Cuando esta es fiel a su llamamiento las barreras por cuestión de raza, sexo o condición dejan de ser. El lazo que une a todos por igual es el vínculo del amor hecho posible por el sacrificio de Cristo. Se cierra, se completa la reconciliación, el cielo y la tierra se unen en el punto de la cruz. El amor que primeramente desciende de lo alto se extiende por todo lo bajo. El amor de Dios y al prójimo es semejante a dos puertas que se abren al mismo tiempo; es imposible abrir una sin también abrir la otra, e imposible cerrar una sin cerrar la otra al mismo tiempo. «Dios debe ser todo para nosotros, y nosotros todo para el prójimo» (Lutero). «Esta es la Iglesia, símbolo del Reino: la parcela del mundo donde el amor de Dios fluye libremente hacia el prójimo, la prueba sorprendente de que la unión entre los hombres es posible»[57].

En el siglo pasado James Hannington fue a África como misionero y murió como mártir del Evangelio. Años más tarde, su hijo, también misionero tras las huellas de su padre, tuvo el privilegio de bautizar a dos hijos del hombre que mató a su padre. El hijo del mártir realizó la ceremonia

---

55. Justino Mártir, *Apología* I, 14.
56. Antonio González Lamadrid, *Ipse Est Pax Nostra*, CSIC, Madrid 1973, p. 94.
57. Juan Mateos, *Cristianos en fiesta*, Ed. Cristiandad, Madrid 31981, p. 52.

bautismal con los hijos del criminal[58]. En el presente siglo aún está fresco en la memoria de muchos cómo Elizabeth Elliot que ganó para Cristo a aquellos mismos que quitaron la vida a su marido[59]. Este tipo de reconciliación tiene todas las de ganar en la batalla contra la hostilidad y el odio entre las familias humanas. Sólo puede llevarse a cabo por medio de un bautismo, el bautismo en y del Espíritu de Cristo.

---

58. E. C. Dawson, *James Hannington. First Bishop of Eastern Equatorial Africa*, Seely & Co., London 1891.

59. Elizabeth Elliot, *Portales de esplendor*, Editorial Portavoz, Grand Rapids 1959.

V
Características de la vida en Cristo

Una característica esencial de la vida cristiana es la dignidad de *representación*. Representantes en la tierra del ser y carácter divinos. En el cristiano tiene que darse un cierto parecido, una semejanza al Dios que llama más allá de lo convencional. «Sed vosotros perfectos, como vuestro Padre que está en los cielos es perfecto» (Mateo 5.48). «Sed imitadores de Dios como hijos amados» (Efesios 5:1).

Parece una meta difícil de alcanzar, pero está, al comienzo del evangelio, como un llamamiento que no se puede eludir. Entiéndase que por perfección no hay que entender ningún tipo de *perfeccionismo* presuntuoso[1]. Para evitar malentendidos, habría que traducir, o entender perfecto, como «íntegro». Íntegros en la fe e íntegros en el comportamiento, como es propio de quienes participan de la naturaleza divina (2 Pedro 1:4). El creyente, decía Thomas Watson, lleva la imagen de Dios y su piedad es Divina. Watson hace un juego de palabra casi imposible de captar en su traducción: «godliness is Godlikeness»[2]. Esto me recuerda la manera que los teólogos griegos tenían de referirse a la acción de la gracia en el creyente como una obra de «divinización». En palabras de uno de sus primeros expositores: «El Logos de Dios se hizo hombre para que también tú aprendas de un hombre cómo el hombre puede llegar a ser dios»[3].

La doctrina de la participación de la naturaleza divina y, por tanto, de la asimilación del creyente a Dios, es tan sorprendente que algunos autores reformados como C. G. Berkouwer, se sentirían escandalizados de la

---

1. La palabra «perfecto» no tiene en el lenguaje bíblico el mismo sentido que en el nuestro, donde denota la idea de algo sin tacha ni falta en absoluto, mientras que tanto en hebreo como en griego hace referencia a lo que es completo, sano, «sin defecto», en el caso de las víctimas sacrificiales (cf. Lev. 22:21). En sentido moral tiene que ver con la idea de «integridad, rectitud, santidad», tal como se aplica a Noé: «Varón justo, era perfecto en sus generaciones» (Gn. 6:9), y aparece en el primer llamamiento de Dios a Abraham: «Yo soy el Dios Todopoderoso; camina delante de mí y sé perfecto» (Gn 17:1). Cf. «Perfecto, perfección», en A. Ropero, *Gran Diccionario Enciclopédico de la Biblia*, CLIE, Barcelona 2013.

2. Thomas Watson, *The Godly Man's Picture*, Banner of Truth Trust, Edimburgo 1992, p. 32. Original de 1666.

3. Clemente de Alejandría, *Protreptico*, cap. 1. PG 8, 64 D.

misma y la rechazarían por completo de no hallarse en el libro canónico de 2 Pedro 1:4.

La semejanza con Dios es básicamente una semejanza de amor. «Sois hijos amados de Dios. Procurad pareceros a él y haced del amor norma de vuestra vida» (Efesios 5:1, *BLP*). Si en algo se caracteriza, o debe caracterizarse el cristiano, es en el amor. No hay mayor testimonio de fe y práctica que una vida regida por el principio de amor. «Porque en Cristo Jesús ni la circuncisión ni la incircuncisión significan nada, sino la fe que obra por amor» (Gálatas 5:6).

1. Nuestra semejanza

Cristo es nuestra vida aquí y ahora y hasta el momento que alcance toda su perfección cuando le veamos «cara a cara» (1 Corintios 13:12). Juan Bautista representa la actitud correcta del cristiano respecto a la motivación que debe animar a todo cristiano. «Es necesario que él crezca, pero que yo mengüe» (Juan 3:30). No hay nada más grande que esta mengua por causa de Cristo. Realizarla en la vida de uno mismo es la ocupación de toda una vida; perfeccionarla es el último don divino. El crecimiento de Cristo en nosotros no nos disminuye, por el contrario, nos engrandece.

Cristo es en los creyentes la esperanza de gloria (Colosenses 1:27). Hace referencia al futuro. Alienta el corazón y fortalece las piernas del caminante cuando está cansado a medio camino. Pero el cristianismo, la vida en Cristo, no puede reducirse a un compás de espera que aguarda impaciente la segunda venida o ser llamado a la presencia del Señor, contando con el abogado defensor, aguardando en el tribunal de Dios. No se puede vivir toda la vida lamentando el pecado y suspirando por el día final de la transformación, cuando el mal será erradicado de este mundo. De momento Cristo es esperanza futura y a la vez tarea, ejemplo, molde, meta. «Hasta que todos alcancemos la unidad propia de la fe y del conocimiento del Hijo de Dios; hasta que seamos hombres perfectos; hasta que alcancemos, en madurez y plenitud la talla de Cristo» (Efesios 4:13). La esperanza del cristiano debe ser dar la medida de Cristo mientras aún está en la tierra. Quien no da esa talla no es apto para el servicio cristiano.

Cristo es para el cristiano tarea de imitación. Pero no como el que copia una obra ajena desde su propia habilidad o pericia. La verdadera imitación cristiana comienza por una renovación interna, personal, una asimilación a Cristo, a partir de la cual la «imitación» se convierte en expresión de la riqueza espiritual interior significada por Cristo. Se encuentra magníficamente expresada en el bautismo. «Hemos sido sepultados con Él por medio del bautismo para muerte, a fin de que como Cristo resucitó de ente los muertos para gloria del Padre, así también nosotros andemos en novedad de vida. Porque si hemos sido unidos a Él en la semejanza de su muerte, ciertamente lo seremos también en la semejanza de su resurrección» (Romanos 6:4-5, *BLA*). Una manera personal de decirlo es Gálatas 2:20: «Con Cristo he sido crucificado, y ya no soy yo el que vive, sino que Cristo vive en mí; y la vida que ahora vivo en la carne, la vivo por fe en el Hijo de Dios, el cual me amó y se entregó a sí mismo por mí». O un poco más adelante: «Todos sois hijos de Dios por la fe en Cristo; porque todos los que habéis sido bautizados en Cristo, *de Cristo estáis revestidos*» (3:26-27). «¿Por qué no ha dicho, como sería más natural: «todos sois hijos de Dios, puesto que de Dios habéis nacido?» –se pregunta Juan Crisóstomo un tanto sorprendido–. El apóstol ha expresado el mismo pensamiento, pero de otro modo: con una idea que llena el espíritu de estupor sagrado. Porque, si Cristo es Hijo de Dios y tú te has revestido de Cristo, teniendo en ti al Hijo, habiéndote transformado en Él, has entrado a formar parte de su familia, te has asimilado a su forma y naturaleza. ¿Qué cosa más digna de asombro? El que antes era gentil o esclavo, tiene ahora la forma, no de un ángel o de un arcángel, sino del Señor de todas las cosas y ostenta en sí a Cristo»[4]. «La Escritura –añade Juan Calvino– saca sus exhortaciones de la verdadera fuente, y nos ordena que refiramos a Dios toda nuestra vida, como autor que es de la misma y de la cual está pendiente. Y además, después de advertirnos que hemos degenerado del verdadero estado original de nuestra creación, añade que Cristo, por el cual hemos vuelto a la gracia de Dios, nos ha sido propuesto como dechado, cuya imagen debemos reproducir en nuestra vida. Porque si Dios nos adopta por hijos es con la condición de que nuestra vida refleje la de Cristo, fundamento de nuestra adopción»[5].

Lo que aquí se está diciendo es que Cristo no es aquel que se imita o se sigue desde fuera, sino el que se imita desde dentro vitalmente. La primera condición, pues, es hacer de Cristo parte de uno mismo. O como se dice en Efesios 3:17: «Que habite Cristo por la fe en vuestros corazones», gracias a la obra simultánea del Espíritu que fortalece el hombre interior con vistas a ese fin: alcanzar la talla, dar la medida de la estatura de Cristo, ser configurados a imagen del Hijo. «Hasta que todos lleguemos a la unidad de la fe y del conocimiento del Hijo de Dios, a un varón perfecto, a la medida de la estatura de la plenitud de Cristo» (Efesios 4:13). Cirilo de Jerusalén llegaba a decir que el participante de Cristo, puede con toda razón llamarse «otro Cristo»[6]. Es comprensible, pues, que el sufrimiento de

---

4. Juan Crisóstomo, *In Espist. ad. Gal.*, ad loc; PG 61, 704.

5. Juan Calvino, *Institución*, lib. III, cap. VI, 3.

6. Cirilo de Jerusalén, *Catequesis*, 21, 1, Editorial CLIE, Barcelona 2004. Pero no olvidemos, como apuntamos antes, que la designación «otro Cristo» sólo puede entenderse de modo analógico, no real, mientras dure nuestra peregrinación terrestre. Estamos

Pablo esté directamente relacionado con ese fenómeno central de la fe que es Cristo desarrollando su vida en la vida de sus seguidores. «Hijitos míos, por quienes vuelvo a sufrir dolores de parto, hasta que Cristo sea formado en vosotros» (Gálatas 4:19). Para el apóstol la polémica de los judaizantes introducidos en la iglesia de Galacia no era meramente una cuestión doctrinal, tenía que ver directamente con la realidad de Cristo tomando forma definitiva en los creyentes.

A veces se olvida este aspecto vivo y dinámico de la «doctrina» y las iglesias se enzarzan en controversias teológicas por cuestión de palabras, sin pararse a pensar cuánto de Cristo está sufriendo en medio de esa guerra verbal. El fin de la revelación, el propósito de las Escrituras, no es la formación de un código de doctrinas bíblicas –algo extrínseco–, sino desarrollar el conocimiento y la vida de Cristo, acompañando la experiencia cristiana en sus variadas circunstancias para que en todo momento realice la suprema tarea de asemejarse a Cristo, labor intrínseca por excelencia. Pablo se refiere al cristiano como el que está «injertado» en Cristo (Romanos 6:5). La vida de un cristiano no se encuentra en un manual, ni siquiera en la Biblia entendida como un fin en sí misma. La Biblia, como Juan el Bautista, es una voz que señala al Cordero de Dios; una voz como la que salió de la nube en el monte de la transfiguración, que dijo: «A Él oíd» (Mateo 17:5). En tanto en cuanto la Escritura sea un medio que nos ayude a conocer y a vivir a Jesús estamos haciendo un uso correcto de la misma, en tanto nos sirva para apoyar nuestras cábalas sobre ideas, doctrinas, fechas y teorías, estamos abusando de ella. La Biblia es la Palabra de Dios que se complace en mostrarnos a Cristo. Con toda claridad lo enseñó el mismo Cristo resucitado: «Y comenzando desde Moisés, y siguiendo por todos los profetas, les declaraba en todas las Escrituras lo que de él decían» (Lucas 24:27). La Biblia no es un fin en sí misma, sino un medio para un fin: presentar a Cristo en cada una de sus páginas como la perla de gran precio, el tesoro escondido, por el que hay que estar dispuesto a venderlo todo para hacerlo nuestro. Lutero decía que no leía la Escritura si no era para encontrar a Cristo en cada libro. Jesucristo encarna ahora el «código» cristiano, la Ley en su persona. «No he venido –dijo– a derogar, sino a dar cumplimiento» (Mateo 5:17, NBE). La ley se cumple en su manera de vivir y de morir. La manera de cumplir hoy la ley es vivir e imitar a Cristo desde el Espíritu. «El fin de la ley es Cristo, para dar justicia a todo aquel que cree» (Romanos 10:4).

La vida del cristiano está escondida con Cristo en Dios (Colosenses 3:3). Todo el conocimiento bíblico del mundo no justificará una vida que

---

unidos a Cristo realmente, pero su formación completa en nosotros y nosotros en Él sólo se consumará en el cielo.

no refleje el carácter de Cristo. El cristianismo es una relación. Un conocimiento personal desde la semejanza y asimilación. El heroísmo cristiano es estimar «como pérdida todas las cosas en vista del incomparable valor de conocer a Cristo Jesús, mi Señor, por quien lo he perdido todo, y lo considero como basura a fin de ganar a Cristo» (Filipenses 3:8).

Quien a Cristo vive, a Dios vive, quien a Cristo imita a Dios imita. «Sed, pues, imitadores de Dios como hijos amados» (Efesios 5:1). «Sed vosotros perfectos como vuestro Padre celestial es perfecto» (Mateo 5:48). «Sed misericordiosos, así como vuestro Padre es misericordioso» (Lucas 6:36). Quien ve al Hijo ve al Padre, quien ve al Padre ve al Hijo. El Hijo está en el Padre, y el Padre en Él (Juan 14:11), de modo que la experiencia cristiana es siempre una experiencia trinitaria. «Y yo rogaré al Padre, y Él os dará otro Consolador para que esté con vosotros para siempre... Si alguno me ama, guardará mi palabra; y mi Padre lo amará, y vendremos a él, y haremos con él morada» (Juan 14:16.23, *BLA*).

La vida trinitaria de Dios en la vida del creyente hace posible la experiencia de la semejanza, de la humana asimilación a Dios. Para el apóstol Pedro se trata de una verdadera participación de la naturaleza divina (2 Pedro 1:4). «Dios, por su poder, nos ha concedido todo lo necesario para una vida de auténtica fe al llevarnos al conocimiento de quien nos llamó por su propia gloria y fuerza poderosa. Fueron esta gloria y esta fuerza las que nos alcanzaron los preciosos y sublimes dones prometidos. De este modo participáis de la misma condición divina» (2 Pedro 1:3-4, *BLP*). Si así no fuera, todos estos llamamientos a imitar a Dios en Cristo serían tarea imposible. Un listón demasiado alto incluso para el más entrenado de los gimnastas del espíritu. Cristo desde el pasado inspirándonos con su ejemplo y su vida de obediencia consumada al Padre, Cristo en el presente viviendo su vida en nosotros desde y por el Espíritu. La esperanza de poder cumplir esta tarea de semejanza a Cristo reside en la esencia y resumen de la fe, aquello en lo que la vida de un cristiano consiste, a saber, *en* Cristo.

Sólo en las cartas del apóstol Pablo aparece unas ciento sesenta y cuatro veces la fórmula «en Cristo» y semejantes, dándonos a entender el cristocentrismo radical y absoluto de la vida cristiana. Elegidos en Cristo, perdonados en Él, herederos y coherederos en Él, unidos a Él, configurados a Él. No es por nada que haya en nosotros que el Padre nos ama, sino porque nos ve en el Hijo, ve al Hijo de Dios en cada uno de nosotros; hijos en el Hijo. Entonces «no hay ninguna condenación para los que están *en Cristo*» (Romanos 8:1). Ahora estamos más capacitados para entender mejor el fin y propósito de la predestinación: «Ser conformes a la imagen de su Hijo» (Romanos 8:29). En una palabra, el cristiano está en Cristo y es de Cristo no porque siga una doctrina sobre Cristo, sino porque Cristo mora en Él y se configura a Él. Como alguien ha dicho «Cristo es el Inevitable»; su ausencia es impensable en la fe cristiana, su reducción a un credo, absurdo. Ser cristiano es algo más que una adhesión a un maestro, es un vínculo especial e interno, una especie de germen vivo al que hay que facilitar el desarrollo en la asimilación a Cristo. Una gran transformación que comienza desde el mismo momento del llamamiento divino y la conversión. Una transformación ontológica, real, que nos configura con el Señor Jesús. No se trata de copiar, sino de reproducir en nosotros el nuevo ser en Cristo que se nos ha dado. Es Cristo mismo el que va realizando en sus discípulos su propia vida. «La causa por la que esperamos de Él la salvación es que no se nos muestra lejano, sino que, incorporados nosotros a su cuerpo, nos hace partícipes, no solamente de sus bienes, sino incluso de sí mismo. Jesucristo no está fuera de nosotros, sino que habita en nosotros; y no solamente está unido a nosotros por una lazo indisoluble, sino que, gracias a una unión admirable que supera nuestro entendimiento, se hace cada día más un mismo cuerpo con nosotros, hasta que esté completamente unido a nosotros»[7].

Cristo vuelve a andar en la tierra mediante nuestros pies, vuelve a tocar a los enfermos mediante nuestras manos, vuelve a proclamar al mundo la presencia del Reino de Dios mediante nuestra boca. «El que a vosotros oye, a mí me oye; y el que a vosotros desecha, a mí me desecha» (Lucas 10:16). Entendiendo que esta *representación* de Cristo está en relación directa a nuestro estar en Cristo. Nuestra mera confesión de fe no es garantía de autenticidad de Cristo viviendo en nosotros. El cristiano puede apagar, contristar el Espíritu de Cristo en él; su única garantía reside en el «andar digno» del que habla Pablo, en el «fruto» por el que se conoce al árbol.

A la tremenda verdad del Cristo en nosotros tenemos que añadir, para ser justos, el nosotros en Cristo, de modo que ambas fórmulas se conviertan en el doble aspecto de una misma verdad, en el anverso y reverso de la vida cristiana, pues es evidente que nuestro nuevo ser en Cristo no es ser *igual* a Cristo, que no conoció pecado, sino *participar* en su ser, en su Espíritu, con sus combates y oscilaciones.

Cristo vive en los cristianos (Gálatas 2:20) y los cristianos viven en Él (Romanos 6:11).

El poder de Cristo está en los cristianos (2 Corintios 12:9) y los cristianos son fuertes en Él (Efesios 6:10).

Cristo crece en ellos (Gálatas 6:19) y ellos crecen en Él (Efesios 4:15).

La verdad de Cristo está en el apóstol (2 Corintios 11:10) y el apóstol tiene la verdad en Cristo (Romanos 9:1).

---

7. Juan Calvino, *Institución*, lib. III, cap. II, 24.

Al don de Cristo en nosotros hay que corresponderle con la aspiración a alcanzar a aquello para lo que hemos sido alcanzados. Ya tenemos a Cristo, ahora tenemos que entregarnos a Él para que Él se desarrolle en nosotros. «Nosotros tenemos la mente de Cristo» (1 Corintios 2:16), sin embargo, también es preciso hacer nuestro «el sentir que hubo en Cristo Jesús» (Filipenses 2:5). El cristiano desea ser aquello mismo que Dios ha declarado que él es en Cristo Jesús.

2. Vida por vida

Hasta aquí la teología había enfatizado mucho la identificación de Cristo y el creyente en relación a la cruz, es decir, a la salvación y a la justicia de Dios. Cristo muere por el pecador para que el pecador tenga vida. Había que clarificar con nitidez en que consiste la gracia que justifica. ¿Se trata de una obra humana para ganar la vida eterna a fuerza de méritos[8], o de una obra divina mediante la que Dios salva gratuitamente al pecador arrepentido? Lutero respondió tajantemente, como era la exigencia de su hora. Cristo nos redime, muere por nosotros, y nosotros mismos morimos con Él. «Por consiguiente un hombre puede gloriarse confiadamente en Cristo y decir: Míos son el vivir, el hacer, el hablar, los sufrimientos y la muerte de Cristo; míos, tanto como si yo hubiera vivido, actuado, hablado, sufrido y muerto como él lo hizo»[9]. «No hay ni uno solo por cuyo pecado y muerte él no haya muerto; cuyo pecado y muerte él no haya abolido en la cruz, por quien él no haya hecho el bien positivamente, cuyo derecho él no haya establecido. No hay ni uno solo a quien esto no le haya sido acreditado como su justificación en su resurrección de entre los muertos. No hay ni aún uno a quien este Hombre no pertenezca y no haya sido justificado por Él»[10].

Al tomar Cristo sobre sí mismo nuestros pecados y expiar por ellos, es como si nosotros mismos hubiéramos muertos con Él (2 Corintios 5:14). Semejante a un intercambio vital entre el pecador y el crucificado. Lo que

8. «El concepto de mérito es típicamente fariseo. En el Antiguo Testamento se hablaba de recompensa, no de mérito. La diferencia estriba en que la recompensa depende de la generosidad del donante, mientras que el mérito exige una paga en proporción a la obra realizada y como efecto suyo propio. El mérito, según los fariseos, produce una plusvalía en el hombre: el pecado, en cambio, lo devalúa, lo mengua. Como Dios aprecia los valores objetivos, se complace en el justo por su valor intrínseco, y detesta al pecador, culpable de su mísero estado. De este supuesto provenía la condenación implacable del prójimo; si Dios condena a los pecadores, también el justo tiene razón en condenarlos, alegaban» (Juan Mateos, *Cristianos en fiesta. Más allá del cristianismo convencional*, Ediciones Cristiandad, Madrid 31981, p. 166).

9. Martín Lutero, sermón predicado en 1519. *Luther's Works*, vol. XXI, p. 297. Muhlenberg Press, Filadelfia 1957.

10. Karl Barth, *Church Dogmatics*, vol. IV, libro 1, p. 630. T. & T. Clark, Edimburgo 1936.

es propio del pecador pasa a Cristo, y lo que es propio de Cristo pasa al pecador. «Al que no conoció pecado, por nosotros lo hizo pecado, para que nosotros fuésemos hechos justicia de Dios en él» (2 Corintios 5:21).

Esto se verifica en nosotros de un modo existencial, histórico. La muerte de Cristo no pertenece al mundo estático de la historia lejana, sino a la dinámica vital de la plenitud del ser de Dios, que mediante su Espíritu hace nuevas todas las cosas. En Cristo en la cruz reconocemos nuestro sitio y Cristo nos comunica su vida y su justicia desde la cruz. «Llevó él mismo nuestros pecados en su cuerpo sobre el madero, para que nosotros, estando muertos a los pecados, vivamos a la justicia» (1 Pedro 2:24). Intercambio sublime, divina transacción que convierte al más perfecto en el criminal más grande, y al más miserable de los pecadores en el más excelso de los santos. Te damos, Señor, nuestra miseria, tú nos otorgas tu gloria, sí, Señor, porque así te agradó. Es el don inefable que sobrepasa todo entendimiento; uno de los misterios más grandes del mundo. La justicia que reside en una Persona de la divinidad se convierte en la justicia que justifica a la humanidad pecadora.

Es competencia del Espíritu reproducir en la vida del cristiano los atributos y el carácter de Cristo, hacerle *cristofórmico*. El Espíritu (*Pneûma*) de Jesús configura el espíritu (*pneûma*) de los creyentes en una relación íntimamente conectada a Cristo. «La obra del Espíritu es hacer al cristiano siempre más conforme a Cristo, en sus pensamientos, sentimientos, estados de ánimo y comportamientos concretos, hasta llevarlo a «ser un espíritu con Él» (1 Corintios 6:17). El Espíritu Santo realiza la transformación progresiva de las facultades operativas del cristiano imprimiéndoles –los mismos sentimientos que tuvo Cristo– (Filipenses 2:5). La participación en la vida de Cristo es sobre todo participación en el misterio de su muerte y resurrección. Así el creyente, en el Espíritu, muere y se levanta con Cristo (Romanos 8:16-18)»[11].

Conocido el fin para el que Dios nos ha creado y recreado en Cristo, hacernos conformes a la imagen del Hijo, esa semejanza del hombre nuevo se realiza en el amor y el conocimiento de Dios. Esta semejanza sobrenatural está llamada a desarrollarse continuamente a través de todos los momentos de la vida mediante el ejercicio de la fe y la ayuda de la gracia divina.

Es un largo proceso que dura toda la vida y que teológicamente se llama «santificación». Terminará cuando la visión del Señor sea clara. El Cristo *fuera* de nosotros en el Calvario, fundamento de nuestra justicia ante Dios, deviene el Cristo *dentro* de nosotros, posibilitando nuestra justicia en Dios, nuestra santidad de vida. Pablo dice que Cristo nos ha sido dado

---

11. Dionisio Tettamanzi, *El hombre imagen de Dios*, Secretariado Trinitario, Salamanca 1978, p. 71.

como justificación y santificación (1 Corintios 1:30). «Y todas las veces que al exhortamos a la santidad y pureza de vida nos da como razón la salvación que nos ha sido adquirida, el amor de Dios y la bondad de Cristo, claramente se demuestra que una cosa es ser justificado y otra ser hechos nuevas criaturas»[12].

La justificación, escribe Juan Wesley, al definir las doctrinas esenciales de la fe, «es la gran obra que Dios hace por nosotros al perdonarnos nuestros pecados. La santificación es la que Dios lleva a cabo en nosotros, al renovar nuestra naturaleza caída»[13]. «Si no estableces una diferencia entre la justificación obrada por el Hombre Cristo fuera de nosotros y la santificación obrada por el Espíritu de Cristo dentro de nosotros, no eres apto para interpretar rectamente la Palabra; sino que al contrario, perviertes la palabra de Dios y pones piedras de tropiezo ante la gente»[14]. Este ha sido siempre el sentir reformado y evangélico a lo largo de su historia.

Hechas estas aclaraciones doctrinales acometamos con valor la alta empresa, el vivir digno de un cristiano que es «andar como Él anduvo» (1 Juan 2:6).

3. Nuestra diferencia

Ser cristiano marca diferencias. «*En otro tiempo* anduvisteis según la corriente de este siglo» (Efesios 2:2, *BLA*). «Esto digo, pues, y afirmo juntamente con el Señor: *que ya no andéis así* como andan también los gentiles, en la vanidad de su mente» (4:17). Aquí se nos presenta una doble diferencia que distingue al creyente en su comportamiento.

La nueva manera de andar es diferente de la antigua. El apóstol enfatiza de tal modo su exhortación que una ruptura con el pasado debería ser completa y sin compromisos. Como el que pone la mano en el arado y ya no mira atrás. En la vida del cristiano se ha producido un corte semejante al introducido por Cristo en la historia del mundo, de tal modo que es correcto hablar de un antes y de un después de semejante acontecimiento. De un viejo y de un nuevo pacto. «En otro tiempo anduvisteis según la corriente de este siglo..., todos nosotros en otro tiempo vivíamos en las pasiones de nuestra carne... Recordad que en otro tiempo vosotros los gentiles en la carne...» (Efesios 2:2.3.11). La repetición de esta frase da a

---

12. Juan Calvino, *Institución de la religión cristiana*, FELIRE, Rijswijk, Holanda, vol. I, p. 562.

13. Juan Wesley, *Sermones*, Casa Nazarena de Publicaciones, Kansas City 1983, tomo II, p. 298.

14. John Bunyan, *Justification by an Imputed Righteousness*, Publicaciones Reiner, Swengle, Pennsylvania 1967, p. 6.

Pablo la oportunidad de ofrecer un marcado contraste entre la vida de un cristiano antes y después de su conversión. El cristiano debe ser consciente del mismo y andar siempre de cara al futuro nuevo del Evangelio, a la luz del Reino de Dios alumbrado en su corazón. Aquí más que en ningún otro lugar o aspecto es preciso practicar una quema radical de naves, una destrucción de puentes que impida retroceder hacia el pasado.

Para muchos ser cristiano es añadir a su agenda de actividades el hábito dominical de asistir a la iglesia, cuando no surgen mayores compromisos. Si una persona se conforma con esto, de tal modo que lo único que lo distingue de su antigua manera de vivir es la asistencia al culto dominical, es que no ha entendido para nada en qué consiste ser cristiano. La fe es la mano por la que se recibe la mano de Dios, y a la vez es el martillo que rompe con el pasado radicalmente. En la Escritura se ilustra como un «despojarse» del viejo hombre y «vestirse» del nuevo desde la cabeza a los pies, lo representa bajo la imagen de la armadura: yelmo, calzado, escudo, coraza, en cuanto está pensado en sentido protector (Efesios 6:10-17). El nuevo hombre tiene la forma de Dios: «En la semejanza de Dios, ha sido creado en la justicia y santidad de la verdad» (Efesios 4:24, *BLA*). La comunidad de creyentes reunidos en torno a Cristo representa en este mundo el mundo nuevo de Dios no tanto en el orden de una nueva religión, sino en el de una nueva manera de vivir ética y social. «Sólo por esta prueba cae o permanece la Iglesia. Mantener su distinción y separación del mundo es el imperativo moral absoluto de la misma»[15].

Desde el punto de vista de la psicología de la fe, el pasado en la incredulidad, la antigua hostilidad hacia Dios, incluso revestida de religión y buenos propósitos, debería ser un recordatorio que impulse la conciencia a renovar su comunión con Dios en un renacer siempre fresco. James Fraser de Brea[16] solía decir que la totalidad de la vida cristiana está formada por una conversión continua a Dios. Era costumbre de aquellos buenos creyentes, cuando notaban fríos sus corazones, darse una vuelta por el pasado de sus vidas y recordar la misericordia de Dios de tal modo que se volviera a encender su celo por las cosas espirituales. «Es sólo después de conocer a Cristo más y mejor —confesó James Fraser—, incluso mucho mejor, cuando regresamos a Él con más y más convicción de nuestra eterna esperanza en Él». Cuando no sabemos lo que nos pasa, o nos pasa que nos sentimos tibios, es hora de hacer memoria para salvar nuestra fe y nuestra vida espiritual. El recuerdo nos recupera el tiempo de nuestro encuentro con Cristo y nos recobra para Él. Como el matrimonio que hace tiempo olvidó renovar

---

15. F. R. Barry, *A Philosophy From Prison. A Study of the Epistle to the Ephesians*, SCM, London 1935, p. 106.

16. Pastor escocés, autor del libro *The Book of the Intricacies of my Heart and Life* (1636).

sus votos de amor, afecto, obediencia y fidelidad, y mediante la memoria vuelve a aquel momento sublime de compromiso y solidaridad con vistas a renovarlo en el presente.

La diferencia que distingue al creyente corresponde, de algún modo, a la diferencia que observamos en la vida natural, en el desarrollo de la persona. Especialmente en el proceso de crecimiento y madurez. Como dice Pablo: «Cuando yo era niño, hablaba como niño, pensaba como niño, juzgaba como niño; mas cuando ya fui hombre dejé lo que era de niño» (1 Corintios 13:11). Del mismo modo que hay un desarrollo en la vida orgánica y psicológica del ser humano, el paso de un estadio a otro, de la infancia a la madurez, también el cristiano debe anhelar la madurez que corresponde a Cristo, tanto en el orden moral como intelectual: «Para que ya no seamos niños fluctuantes, llevados por doquiera de todo viento de doctrinas» (Efesios 4:14). Nuestro pensamiento está determinado por el tipo de persona que somos, si queremos pensar madura y rigurosamente debemos empezar por nuestro ser interior, por el corazón, y desde ahí pasar a la cabeza.

Hay un momento en la vida en el que la persona madura deja a un lado lo que pertenece a la infancia, su ingenuidad y falta de determinación, su fijeza en los padres como hermanos mayores que le sacan de todo apuro… «Dejé lo que era de niño», dice Pablo, refiriéndose a la experiencia espiritual. Hay cosas que deben abandonarse definitivamente. Todo aquello que impide el desarrollo armonioso e independiente de la persona en armonía con Jesús. «Porque supongo que os han hablado de él y que, como cristianos, se os ha enseñado, en conformidad con la auténtica doctrina de Jesús, a renunciar a la antigua conducta, a la vieja condición humana que, seducida por el placer, se encamina hacia la muerte. Dad lugar a la renovación espiritual de vuestra mente y vestíos del hombre nuevo, creado a imagen de Dios para una vida verdaderamente recta y santa» (Efesios 4:21-24, *BI*). La diferencia, por tanto, es con vistas a una semejanza, la semejanza de la vida divina manifestada en Cristo. Lo que distingue al cristiano es, debería ser, su parecido con Cristo. «Al ver la confianza de Pedro y de Juan, y dándose cuenta de que eran hombres sin letras y sin preparación, se maravillaban, y reconocían que ellos habían estado con Jesús» (Hechos 4:13, *BLA*). Gracias a la conversión (*metanoia*) el cristiano se ha matriculado en la escuela de Jesús, es un alumno (*mathêtês*) que aprende a ver las cosas como Dios la ve. La mujer de Lot simboliza todos aquellos que habiendo sido advertidos por Dios respecto al nuevo orden del Reino de los cielos, continúan dirigiendo miradas furtivas a lo que queda atrás. Están como petrificados. No avanzan. «Olvido –escribe Pablo– lo que he dejado atrás, y me lanzo hacia adelante en busca de la meta y del trofeo al que Dios, por medio de Cristo Jesús, nos llama desde lo alto» (Filipenses 3:13, *BLP*).

Conviene señalar con firmeza que hay *dos* tipos de pasado. Uno que debe permanecer en el olvido, y otro que es preciso recuperar para la fe. El pasado a desterrar es el que se halla bajo el signo del pecado, cuyas manifestaciones son: la mentira (Efesios 4:25), el enojo (v. 26), el robo (v. 28), la grosería (v. 29), acritud, rencor, ira, voces destempladas, injurias o cualquier otra suerte de maldad (v. 31). «Sed, en cambio, bondadosos y compasivos; perdonaos unos a otros, como Dios os ha perdonado por medio de Cristo» (v. 32, *BI*). «Procurad ver claramente lo que agrada al Señor y no toméis parte en las estériles acciones de quienes pertenecen al reino de las tinieblas» (5:10). Ya Jesucristo, en su primer gran discurso, había dejado bien sentado que sus discípulos debían distinguirse por la fuerza moral de su conducta, que en nada debía ser inferior a la justicia del hombre religioso: «Porque os digo que si vuestra justicia no supera la de los escribas y fariseos, no entraréis en el Reino de los cielos... Si amáis a los que os aman, ¿qué recompensa tenéis? ¿No hacen también lo mismo los recaudadores de impuestos? Y si saludáis solamente a vuestros hermanos, ¿qué hacéis más que otros? ¿No hacen también lo mismo los gentiles? Por tanto, sed vosotros perfectos como vuestro Padre celestial es perfecto?» (Mateo 5:20.46-48, *BLA*).

Otro pasado es aquel que se refiere a la cultura, a la historia de un pueblo o de una comunidad. Aquí el cristiano también tiene que marcar diferencias, pero en otro sentido. En lo posible ha de buscar transfigurar su historia a la luz nueva de Cristo. La cultura, como lo que pertenece a la naturaleza, no es anulada por la gracia, sino metamorfoseada. Cuando se tiene en cuenta la diferencia entre pasado «pecaminoso» y pasado «cultural» se evitan muchos malentendidos y rupturas innecesarias. Aquí no hay motivo para obsesionarse por la destrucción de puentes, sino todo lo contrario. El pasado cultural de un pueblo o una región que no entre en colisión con los valores cristianos tiene que ser asimilado por la fe como un terreno común o punto de contacto a partir del cual edificar el edificio cristiano. Hay un sentido general en el que Cristo no ha venido a abrogar sino a dar cumplimiento. En el caso de las costumbres autóctonas que no impliquen injusticia ni inmoralidad es propio y necesario aplicarles el pasaje que dice: «Hermanos, tomad en consideración todo cuanto hay de verdadero, de noble, de justo, de limpio, de amable, de laudable; todo cuanto suponga virtud y sea digno de elogio» (Filipenses 4:8, *BLP*). Consideremos varios ejemplos:

Uno reciente. Se refiere a la obra entre los indios quechua del Perú. En ellos, como en muchas comunidades antiguas, existe un fuerte espíritu comunitario llamado *aylly*; por el que se mantiene vivo el sentido de familia y socorro mutuo, una envidiable solidaridad a nivel humano. Con la llegada del Evangelio a esas tierras mucha gente encontró la paz que estaba buscando, el perdón de los pecados, la amistad con Dios, y la dignidad que les había sido arrebatada, su ser hijos de Dios como personas amadas y valiosas para el Creador. Sin embargo, como era de esperar, el individualismo y denominacionalismo misionero puso en serio peligro de extinción el sentido de *aylly*, al considerarlo algo perteneciente al pasado pagano de los quechuas, destinado a perecer. Pero el Evangelio nunca puede ir contra proyectos de trabajo comunitario y ayuda mutua, respeten o no las demarcaciones confesionales. Es lo que entendieron, gracias a Dios y a la lectura de su Palabra, los propios quechuas que relevaron a los misioneros y tomaron la dirección o liderazgo de sus iglesias, recuperando desde y para el Evangelio lo que les pertenecía por herencia cultural. En otro orden de cosas, también tuvieron que luchar por conseguir el uso de la guitarra en las iglesias como instrumento tan santo como el órgano o el acordeón[17].

Algunos grupos de iglesias, de corte fundamentalista, cuestionan la conveniencia, e incluso la legalidad, de hombres y mujeres, chicos y chicas, bañándose juntos en la playa, debido a modernos trajes de baño, que se consideran indecentes. Teatro, cine, juegos de azar, todo ello y mucho más han sido motivos de polémica en las iglesias[18]. En nombre del Espíritu se ha querido incluso dictar el tipo de vestido para hombres y mujeres, llegando a extremos escandalosos de imponer una especie de uniforme en el vestir[19]. Mientras tanto se olvida, por estos motivos secundarios, lo más importante, la configuración a Cristo, el andar cristiano vivo y comprometido en medio de la sociedad, la lucha por la justicia, el respeto a la creación y la vida animal, el compromiso con los pobres, la asistencia al enfermo. Comunidades de este tipo se han aislado a sí mismas como pequeños reductos religiosos, una especie de conventos seculares. Han hecho, como bien observa Albert van den Heuvel, a Cristo Señor de la Iglesia y a Satanás señor del mundo. Se conforman con retener a Dios en sus templos (cómo si esto no estuviera condenado por Dios mismo), y abandonan el mundo a Satanás, como si Dios no fuese también Señor de las esferas seculares. Las generaciones más jóvenes han protestado contra este encierro forzoso diciendo que para ellos el aislamiento es la gran herejía, el peor mal. La Iglesia, dicen, está interesada en nuestras almas pero no en nosotros mismos, en nuestras decisiones políticas, en nuestros esfuerzos en pro de

---

17. Cf. W. Terry Chalin y Chris Woehr, *Ayacucho para Cristo*, Vida, Deerfield 1995, cap. 8.

18. Cf. Peter Wagner, *Una Iglesia dinámica entre una generación desorientada*, TELL, Grand Rapids 1980, cap. 6.

19. Como por ejemplo: «Un traje distinto para el cristiano», en *Luz de la Vida*, nº 1, 1992. Habría que recordar a estos hermanos el viejo refrán de la sabiduría popular: «El hábito no hace al monje».

la nación en que vivimos[20]. Con el pretexto de dar «testimonio» muchos hermanos han caído en la trampa de fijarse más en lo exterior que en lo interior[21]. Con el agravante que ese buen testimonio no es sino una pobre versión de la decencia y costumbres cívicas de una sociedad determinada, en un tiempo determinado.

Es un gran error imaginar el cristianismo como algo estrecho de miras. La vida de un cristiano es amplia, inabarcable, como su Dios; tiene que ver, en gran parte, con el entrenamiento de la imaginación para enfrentar nuevos y viejos retos a la luz de Cristo. Ser cristiano consiste en educar la inteligencia y el deseo en todo aquello que es puro, noble y de justicia. «Todo lo que es verdadero, todo lo honesto, todo lo justo, todo lo puro, todo lo amable, todo lo que es de buen nombre; si hay virtud alguna, si algo digno de alabanza, en esto pensad» (Filipenses 4:8). El pasado y el presente se hallan bajo el signo de la reconciliación. Lo que importa no es tanto las costumbres particulares de una Iglesia como el trabajo realizado con el debido espíritu cristiano en servicio al mundo y a la Iglesia. Lo importante es el motivo, no la cosa en sí. Esta manera de pensar ha hallado su expresión clásica en la poesía de George Herbert. Su poema *Elixir* es famoso:

> Enséñame, mi Dios y Rey,
> A verte en todas las cosas
> Y a cualquier cosa que yo haga,
> Hacerla para Ti.
>
> Que todo pueda participar de Ti:
> No puede haber nada tan mísero
> Que con esta tintura: «Por tu amor»,
> No se vuelva brillante y limpio.

---

20. A. van den Heuvel, *These Rebellious Powers*, SCM, London 1966, p. 31.

21. Hay quien cree encontrar fundamento para su casuística evangélica en textos como 1 Pedro 3:3: «El adorno de las mujeres no sea exterior... sino en espíritu». «No hemos de entender –señalaba el Dr. Rudd– que su propósito es condenar por completo tales adornos: su idea parece ser demostrar que el adorno interior, mencionado en el versículo 4, es tan superior al exterior del versículo 3, que las esposas siempre debieran dar la preferencia a aquél» (A. B. Rudd, *Las epístolas generales*, CLIE, Terrassa 1987, p. 129). Se trata de prioridades y preferencias, no de prohibiciones y condenas. En la cuestión de comer lo sacrificado a los ídolos Pablo no dice que coman o dejen de comer. Les hace saber que son libres y nadie debe forzarles a una decisión en un sentido u otro. «Es un signo de la comunidad cristiana que la gente es libre para hacer una cosa u otra y aun así vivir unidos en amor» (A. van den Heuvel, *op. cit.*, p. 47).

El siervo con esta cláusula
Vuelve divina la dura labor;
Quien barre una habitación según tus leyes
Hace bien eso y la acción.

Como antaño Israel adoró el templo más que al Dios del templo, así hay cristianos que adoran la Biblia en lugar de al Dios de la Biblia. La Iglesia se ha visto dominada por las mismas estructuras que debían servirle. En general la lucha por la renovación de la Iglesia está íntimamente relacionada con los poderes esclavizadores y dominantes que, en forma de tradiciones y costumbres piadosas, buscan obtener el control de la Iglesia. Muchos creyentes son víctimas de sus malformaciones del Evangelio que, en algunos casos, se ha convertido en un mensaje moralizante. Siguen manteniendo, en teoría, las doctrinas de la gracia, pero en la práctica actúan mediante la herejía de las obras y los méritos. Como los gálatas de antaño empiezan por el Espíritu y terminan por la carne. Judaizantes modernos que han convertido la libertad cristiana en un muñeco de guiñol a gusto de los rabinos de turno. Dominados por convicciones y puntillosos principios de conducta burguesa quieren dominar el resto de las iglesias y de la misma sociedad. La herejía judaizante es la que más persiste de todas cuantas hay y ha habido. Claramente fue desenmascarada por el Señor: «¡Ay de vosotros, escribas y fariseos, hipócritas!, porque diezmáis la menta y el eneldo y el comino, y dejáis lo más importante de la ley: la justicia, la misericordia y la fe. Esto era necesario hacer, sin dejar de hacer aquello. ¡Guías ciegos, que coláis el mosquito y tragáis el camello!» (Mateo 23:23-24). «¡Oh gálatas insensatos!, ¿quién os fascinó para no obedecer a la verdad, a vosotros ante cuyos ojos Jesucristo fue ya presentado claramente como crucificado? Esto sólo quiero saber de vosotros: ¿Recibisteis el Espíritu por las obras de la ley, o por el oír con fe? ¿Tan necios sois? ¿Habiendo comenzado por el Espíritu ahora vais a acabar por la carne?» (Gálatas 3:1-3).

El mundo se encuentra separado y enfrentado por incontables barreras de carácter temperamental, de raza, cultura, costumbres ancestrales, idioma, etc. El Evangelio no ha venido a abrogar unas para implantar otras, no, no ha venido para abrogar sino para cumplir. La gracia no anula la naturaleza, sino que la perfecciona. En lo que tengan de verdaderas deben ser transfiguradas en la vida superior de la fe en orden a Cristo. Todo lo que hay de bueno y verdadero entre los hombres debe ser reclamado en nombre de Cristo. Por el contrario, es tarea del cristiano derribar «argumentos y toda altivez que se levanta contra el conocimiento de Dios, llevando cautivo todo pensamiento a la obediencia a Cristo» (2 Corintios 10:5).

Desde aquí, y sólo a partir de aquí, podemos construir toda una teología cristiana del arte, de la cultura, de la economía, de la política, del pensamiento, de la ecología. Cristo nuestra herencia, foco de la tendencia cósmica, personificación de la vida eterna de Dios y nuestra; Cristo nuestra semejanza, forma en la que tenemos que configurar nuestra personalidad por medio del Espíritu; Cristo nuestra diferencia, en cuanto es el criterio mediante el cual se juzgan todas las cosas. La vida cristiana consiste en desarrollar las verdades y exigencias prácticas aquí implicadas.

4. El amor por principio

El andar cristiano se caracteriza por una cierta disposición o actitud: «Sed, pues, imitadores de Dios como hijos amados. Y andad en amor, como también Cristo nos amó, y se entregó a sí mismo por nosotros» (Efesios 5:1-2). Otras traducciones, como *La Palabra*, dice: «Haced del amor norma de vuestra vida». Con ello se indica el espíritu por el que la vida cristiana es regulada, conducida. Desgraciadamente «amor» es una palabra tan abusada de todos y por todos que apenas si significa algo. Al revés, parece un tópico, una manera de decir algo para quedar bien. Hablar del amor como norma de conducta suena humorístico en medio de un mundo lleno de intereses creados y enemistades, donde el egoísmo y el oportunismo no parecen dejar ni un hueco al amor, excepto el que se da entre un hombre y una mujer, y no siempre en el buen sentido de la palabra. ¡Abramos paso al amor! ¿Cómo? No es fácil, sólo pensar que es fácil es negarlo de raíz. El amor, nos recordaba Erich Fromm, es un arte. El amor, nos enseña la Escritura, es un don celestial.

El nuestro es un valle de lágrimas por causa de la imprudencia y de la injusticia humanas. Hablar del amor en un mundo como el nuestro suena a cursilería, a ganas de quedar bien delante de una concurrencia respetable. Para muchos es mejor dejar las cosas como están y que cada cual defienda su parcela como mejor pueda. Ya estamos en el infierno. «Nada de hornos de pez ni de calderas hirvientes. Nada de eso. Será una especie de *party*, *soirée*, fiesta ininterrumpida, con té, café y pasteles de crema. Con numerosos contactos sin amor. Una intensa agitación, pero sin gozo. Placeres a la fuerza por toda la eternidad»[22]. Así es como muchos teólogos han descrito el infierno eterno, nada de torturas ni tridentes diabólicos, ausencia de amor, separación total del amor de Dios, sol y vida de nuestras vidas.

Frente a un mundo que se rige por la ley del «mortificaos unos a otros», el cristianismo se atreve a levantar su voz y decir: «Amaos unos a otros». Nadie nos tiene que enseñar a mortificar al prójimo, a torturarle. Nacemos

---

22. Louis Evely, *Una religión para nuestro tiempo*, Sígueme, Salamanca 41965, p. 69.

bien preparados para el oficio. Verdugos por y desde nacimiento. Pero ¿amar? Eso ya es otro cantar. El egoísmo, la antítesis del amor, es el pecado original por excelencia. La facultad de amar se encuentra atrofiada, malherida, casi inhábil. Para decirlo de una manera directa y simple: Amar nadie puede hacerlo si primero no ama a Dios. Quien ama conoce a Dios, pues Dios es amor. No podemos resignarnos a andar en círculos, condenados a vivir bajo el dominio del miedo y del desprecio. Desde la fe tenemos que solicitar a Dios fuerzas para amar.

Que se sepa, en todo el mundo sólo hay un camino que lleva por nombre «Camino del corazón amante». Se encuentra en Samoa, en la Polinesia. Está dedicado al escritor R. L. Stevenson. Es una muestra de agradecimiento hacia el escritor por su amor y cuidado de los nativos cuando se encontraban en prisión, doloridos y desesperados. Los isleños quisieron fijar para siempre aquel recuerdo construyendo un camino perdurable. Es el único que vale la pena, y que habría que construir en todos los rincones de la tierra. Aquí no es propio escatimar esfuerzos. Vivir nuestra vida trazando caminos de amor. Si todos los caminos que llevan a Roma, o a Ginebra, o a Madrid, o a Bonn, o a Washington, o a Bogotá, o a Quito, fuesen «caminos del corazón amante», que fácil sería llegar a acuerdos de paz. Problemas del hambre y de la guerra comenzarían a encontrar solución. Nadie muere de hambre porque la tierra no dé suficiente para todos, sino porque unos pocos no tienen suficiente amor y buena voluntad hacia los demás. Pero hoy como ayer el amor continúa crucificado. La gente no quiere que reine sobre ellos.

No es suficiente ser fiel a la Iglesia y sus doctrinas, como tampoco amar a la patria y la bandera y no sentir amor por todos los que componen la iglesia o la nación. La fuerza del amor a la que el apóstol Pablo nos llama se aprecia por el contexto. «Amar como Cristo nos amó». La Biblia no define la naturaleza del amor, lo ilustra. Lo ilustra con el mayor ejemplo de amor que el mundo jamás ha presenciado. Cristo entregado por los pecadores, el justo por los injustos. «El amor supremo consiste en dar la vida por los amigos» (Juan 15:13, *BLP*). Cristo la dio también por los enemigos. Entrega, dádiva, sacrificio, todo eso es amor encarnado en la persona de Jesús. Por eso el amor tiene en él ejemplo a seguir, y él autoridad para solicitarlo: «Os doy un mandamiento nuevo: Amaos unos a otros; *como yo os he amado*, así también amaos los unos a los otros. Vuestro amor mutuo será el distintivo por el que todo el mundo os reconocerá como discípulos míos» (Juan 13:34-35, *BLP*). Aquí tenemos todo el cristianismo contenido en una frase. Toda la ética compendiada en un solo mandamiento: «Un intérprete de la ley preguntó para tentarle: Maestro, ¿cuál es el gran mandamiento en la ley? Jesús le dijo: Amarás al Señor tu Dios con todo tu corazón, y con toda tu alma, y con toda tu mente. Este es el primero y gran mandamiento. Y el segundo es semejante: Amarás a tu prójimo como a ti mismo. De estos dos mandamientos depende toda la ley y los profetas» (Mateo 22:35-40). Dos en el sentido de anverso y reverso del mismo mandamiento de amor. El amor a Dios y al prójimo coinciden, están en perfecta armonía. Van unidos en matrimonio indisoluble. Pablo da como razón ser «hijos amados de Dios», porque es propio esperar de los hijos un cierto parecido con los padres. El hijo de Dios es el fruto del amor por excelencia, y será, por tanto, un hijo de amor.

Ya tenemos aquí contenidas las características esenciales de la vida de un cristiano. La herencia: el amor con que Dios le ama. La semejanza: amar como Cristo ama. La diferencia: el amor como distintivo en el comportamiento con los demás.

Pero volvamos al contexto paulino del llamado a amar. Amar como somos amados por Dios. Es decir, amar incluso a aquellos que aparentemente no son dignos de amor. Es fácil amar a los que nos aman, son simpáticos y nos ayudan cuando los necesitamos. Se trata simplemente de una operación de devolución e intercambio. Damos al otro lo que nos da. Un negocio equitativo. Ojo por ojo, diente por diente, amor por amor, gracia por gracia. Hay que amar a los que nos aman, no hay nada malo en ello. Si nadie nos amase no sabríamos lo que es el amor y entonces no seríamos capaces de amar a los demás por falta de puntos de referencia. Pero no hay que quedarse allí. Cristo nos enseñó una curiosa manera de ser. Siempre dar un poco más de lo que se espera de nosotros mismos. «Al que quiera pleitear contigo para quitarte la túnica, cédele el manto. Y si alguno te fuerza a llevar carga un kilómetro, ve con él dos. A quien te pida algo, dáselo, y a quien te ruegue que le hagas un préstamo, no le vuelvas la espalda» (Mateo 5:40-42, *BLP*). Ser tan amable como sea necesario es una especie de justicia, ser un poco más amable de lo debido eso es amor.

Jesucristo vino a dar a los seres humanos una nueva orientación. Más o menos vino a decir que si Dios es amor, y que lo es como aquello en que radica su ser, entonces nada hay más importante que el amar, que es una expresión del ser de Dios. «Todo aquel que ama, es nacido de Dios, y conoce a Dios. Dios es amor; y el que permanece en el amor, permanece en Dios, y Dios en él» (1 Juan 4:7.16).

Es una firme convicción cristiana que amamos porque primero hemos sido amados. «En esto consiste el amor: no en que nosotros hayamos amado a Dios, sino en que él nos amó a nosotros. Nosotros le amamos a él, porque él nos amó primero» (1 Juan 4:10.19). Aquí se encuentra la fuente secreta donde nace el amor. Siembra amor y recibirás amor. El amor aumenta la capacidad de amar. Quien al amor responde con odio se engaña a sí mismo. Por eso nadie, y menos el cristiano, tiene que temer amar. El amor engrandece. «El amor de Dios es expansivo, pues una vez que ha llegado al corazón hace que éste sea más grande y generoso»[23].

El descrédito del amor ha venido de su abuso. No todo lo que pasa por amor es amor. Por cuanto es la virtud más noble y de la que más esperamos es la que más profundamente nos hiere cuando nos engaña, cuando finge y nos traiciona. Pablo, buen conocedor de la psicología humana, dice a los creyentes de Roma: «*El amor sea sin fingimiento*» (Romanos 12:9). O, dicho de otro modo: «No hagáis de vuestro amor una comedia» (*BLP*). Hay mucha novela rosa, mucha ficción sobre el amor, pero lo trágico es el comediante de amor, el que juega con los sentimiento de los demás. El gran descrédito cristiano es el escándalo del amor falso, interesado, egoísta. Los apóstoles siempre estuvieron al tanto para evitar semejante piedra de tropiezo en el camino del Evangelio. «Habiendo purificado vuestras almas por la obediencia a la verdad, mediante el Espíritu, para el *amor fraternal no fingido*, amaos unos a otros entrañablemente, de corazón puro» (1 Pedro 1:22). «Hijitos míos, no amemos de palabra ni de lengua, sino de hecho y en verdad» (1 Juan 3:18). La hora de la verdad tiene que coincidir con la hora del amor. No hay diacronía más fatal que en esta hora.

Se ama en verdad, no solamente con palabras, sino con obras, cuando ponemos nuestro corazón donde está el corazón de Dios. Cuando los sentimientos de justicia y misericordia predominan sobre los de reivindicación e indiferencia. La vida cristiana consiste en poner el corazón allí donde está el corazón de Jesucristo: con los pobres, con los necesitados, con los pecadores, con los marginados, con todos los verdaderos hijos de Dios que siguen a Dios en humildad.

Todo pasa pero el amor queda. Pasarán las lenguas, el conocimiento y la ciencia (1 Corintios 13:8). De hecho ya están pasando. Basta darse un paseo por las bibliotecas de los colegios y seminarios teológicos para observar cómo miles de volúmenes de teología, miles de comentarios bíblicos ricos en exégesis y erudición duermen la siesta del olvido; pero el amor sigue siendo la fuerza de las relaciones humanas, la vida de la Iglesia, la dinámica del cristiano. Lo que a la Iglesia le ha perdido no es la ausencia de disputadores por causas teológicas, doctrinales o rituales, las páginas de su historia están llenas de debates y controversias, de divisiones por motivos de dogma y opinión, lo que a la Iglesia le ha perdido, decimos, es la ausencia de personas marcadas por el fuego del amor. Quienes han buscado la verdad por medio de la verdad, como un camino del intelecto, la han perdido. Quienes han buscado la verdad por el amor la han encontrado, pues la verdad es amor, el amor es la verdad. Ninguna persona justa se ha equivocado jamás. Dios la sostuvo con su

23. A. T. Pierson, *El camino a la vida eterna*, CLIE, Terrassa 1985, p. 111.

amor y su verdad. Personas absorbidas en el amor de Dios –obsesión santa, genial locura– viviendo en Cristo, desde Cristo y como Cristo. Son muchos los que blasonan de cristianos pero que no responden a la llamada del amor. No es que le cierren la puerta totalmente –nadie puede vivir sin amar–, pero no la abren con generosidad ni prontitud. Aman, pero sin entregarse al amor, sin dejarse gobernar por él. No es ese su «distintivo» del que hablaba Jesucristo.

El amor es nuestra necesidad y nuestra falta. Lo que más necesitamos y lo que menos tenemos. Esta contradicción en el mismo centro de nuestra persona se debe a que, según nos explica la fe, el amor es un regalo del cielo, un fruto del Espíritu. ¿Acaso no hay amor en el mundo? Sí lo hay. Pero tan herido y acobardado por la malicia que le rodea que a menos que sea tomado por el Espíritu no puede llegar a ser fruto en nosotros, del que otros y nosotros mismos pueda alimentarse. «El amor de Dios ha sido derramado en nuestros corazones por medio del Espíritu Santo que nos fue dado» (Romanos 5:5). Mucho más importante que el bautismo en agua es este bautismo en amor que quiere inundar nuestro ser, alma, mente y espíritu. Como siempre los cristianos se han fijado más en la ceremonia que en el significado de la misma.

El que ama comparte. Comparte con Dios su tiempo, ora, adora y estudia, da. El amor no tiene límites. «La medida con que hemos de amar a Dios es amarle sin medida», decía san Bernardo. El que ama procura ser cada día más fervoroso. Pues, del mismo modo que el amor carece de límites, su poder salta por encima de todas las barreras. Conforme a aquella paradójica ley que dice: «A cualquiera que tiene, se le dará, y tendrá más; pero al que no tiene, aun lo que tiene le será quitado» (Mateo 13:12). Dios infunde amor a los sedientos de amor, que nunca dicen «basta». La misma naturaleza del amor pide más y más. «El alma que vive con el corazón lleno de amor tiene una fuerza muy grande, que se traduce en toda la vida; cuando un amor crece, el corazón es el que gobierna la vida entera; cuando el amor de Dios toma posesión de un corazón, de alguna manera obra e influye en todas las cosas de la vida, y así la persona que tiene ese amor tiene como un instinto certero y un cuidado especial de no hacer nada que vaya contra de ese amor; y tiene una delicadeza y un tacto tan íntimo, que va directamente a lo que más agrada a Dios; es el amor, que le da luz; es el amor, que le da delicadeza; es el amor, que la guía para que haga lo que quiere el Señor, lo que más conforme está con el Señor; y esto lo pueden alcanzar todas las almas en cualquier vocación que tengan, en cualquier circunstancia en que se encuentren»[24].

---

24. Alfonso Torres, *Los caminos del espíritu*, en *Obras completas*, BAC, Madrid 1972, vol. VIII, p. 662.

«El amor creó el mundo y el amor lo mantiene. El amor es la misma esencia de Dios»[25]. Se podrían decir muchas cosas del amor. Baste unas pocas, a modo de encabezamiento de unos ejercicios para reflexión personal:

El amor es optimista. El amor edifica a las personas. El amor es incondicional. El amor alaba a los demás. El amor perdona. El amor sana. El amor es paciente. El amor es profundamente sencillo. El amor nunca se da por vencido[26].

Es preciso notar que el mandamiento del amor en Juan 13:31-35 está en relación con la ausencia de Cristo, como si dijera: «Yo me haré presente entre vosotros por el amor que os profeséis unos a otros». Lo que aquí se pide no es una relación de amor, sino de semejanza de amor de Cristo. No es el amor que los seres humanos se deben entre sí, por el hecho de ser criaturas de un mismo Dios, sino del amor que un cristiano debe a otro cristiano por ser cristiano. «Es obvio que la persona que carece de este afecto peculiar hacia los cristianos como cristianos no es –no puede ser– cristiana» (John Brown). Alguien puede amar al cristiano por la nobleza e integridad de su persona; por su honestidad en el trabajo; por su servicio de amor a la comunidad; pero siempre sin tener en cuenta su fe, como pasándola por alto. El amor a los cristianos es distinto a todo otro amor. Luciano de Samosata decía: «Su legislador los ha convencido de que todos son hermanos. Los cristianos se aman entre sí, incluso antes de conocerse, con sólo saber que son cristianos». El amor de los cristianos es distinto al tenor general de la humanidad, porque, entre otras cosas, es «amor como cristianos». Cuando este falta, o se miente sobre uno mismo, o sobre la fe. O no se es cristiano o a la creencia le falta el poder que confiesa.

5. Una determinación transparente

La vida de un cristiano se caracteriza por una determinación firme. «En otro tiempo erais tinieblas, pero ahora, injertados en Cristo, sois luz. Portaos como quienes pertenecen al reino de la luz, cuyos frutos son la bondad, la rectitud y la verdad. Procurad ver claramente lo que agrada al Señor y no toméis parte en las estériles acciones de quienes pertenecen al reino de las tinieblas; desenmascaradlas más bien. Lo que esos tales hacen a escondidas, da vergüenza hasta decirlo. Pero todo cuanto ha sido desenmascarado por la luz, queda al descubierto; y lo que queda al descubierto, se convierte, a su vez, en luz» (Efesios 5:8-13, *BLP*). El contraste entre la luz y las tinieblas ejerce una particular atracción sobre el apóstol Pablo. Ofrece

---

25. Toyohiko Kagawa, *Love the Law of Life*, SCM, London 1930, p. 47.
26. Mary Lee Ehrlich, *El fruto deleitoso*, Vida, Miami 1983.

una imagen adecuada y convincente de algo categórico que acontece en la transición cristiana. Luz y tinieblas son polos opuestos y últimos, irreconciliables. Cuando se enciende la luz se disipan las tinieblas. No hay lugar para los dos. Es tan radical como el paso de la muerte a la vida que caracteriza la experiencia cristiana de conversión. Otra manera de decirlo es que el cristiano es aquel que ha sido «rescatado del poder de las tinieblas y trasladado al reino del Hijo de Dios» (Colosenses 1:13). «Llamado de las tinieblas a la luz maravillosa» (1 Pedro 2:9). «Todos vosotros, en efecto, sois luz; pertenecéis al día, no a la noche o a las tinieblas» (1 Tesalonicenses 5:5). La diferencia, lo que distingue a un cristiano, considerado anteriormente aquí, es puesta de relieve en toda su nitidez. El cristiano se ha despertado del sueño del olvido de Dios, representado por la noche y la muerte, y vive a la luz del nuevo día que el Evangelio le trae. El pecado, ese negro nubarrón que le impedía ver la gloria de Dios, ha sido disipado, perdonado por completo. Ahora puede bañarse en la luz luminosa de la salvación. Pablo utiliza una imagen y una expresión tomada de los profetas del Antiguo Testamento: «Despierta tú que estás dormido, levántate de la muerte y te iluminará Cristo» (Efesios 5:14). «Tus muertos vivirán; sus cadáveres resucitarán. ¡Despertad y cantad, moradores del polvo!» (Isaías 26:19). La vida cristiana es propiamente una iluminación espiritual. «Los que una vez fueron iluminados y gustaron del don celestial, y fueron hechos partícipes del Espíritu Santo» (Hebreos 6:4).

La verdadera iluminación cristiana va más allá de un esclarecimiento intelectual, significa una renovación de todo el ser: alma, mente y espíritu; a la que corresponde una actitud determinada frente a Dios, el mundo, y el prójimo. Es una vía, un carácter, una manera de ser, un *andar* en la luz, o lo que es lo mismo, vivir conforme a la bondad, la justicia y la verdad sacadas a la luz por el Evangelio. Esa es la lucha cristiana en la vida, hacer realidad los frutos del Espíritu, el carácter de Cristo en todo creyente verdadero. En el corazón del cristiano se libra la más grande las batallas, allí se enfrentan la luz y las tinieblas, Dios y el Diablo, Jesús y Satanás en el desierto, la Agonía y Getsemaní, el beber y el no beber del cáliz. Porque el corazón, el centro de la personalidad, según la concepción antigua de los hebreos, es un «palacio muy célebre y majestuoso» colocado en medio de la ciudad encantadora llamada Alma Humana. «Por su capacidad de resistencia podía ser llamado un castillo; por lo placentero, un paraíso; por su tamaño, un lugar tan inmenso que podría contener todo el mundo»[27]. Este es el lugar del rey del Universo, de él ha hecho un cuartel encomendado al cuidado del ser humano frente a las fuerzas del terror representadas por el diablo y sus fuerzas. «Sobre toda cosa guardada, guarda tu corazón; porque de

---

27. John Bunyan, *La guerra santa*, CLIE, Terrassa 1990, p. 13.

él mana la vida» (Proverbios 4:23). La sabiduría cristiana que ilumina el entendimiento con la verdad del Evangelio está orientada a la acción y a la obediencia de la voluntad de Dios.

El cristiano es alguien que ha sido armado caballero por Dios. Desde ese momento, como veremos más tarde, comienza a librar una guerra espiritual contra las potencias invisibles de maldad que dominan las tinieblas de este mundo (Efesios 6:12). Dios que le nombra caballero y le alista en sus filas es el mismo que le proporciona las armas adecuadas para la batalla. Así tenemos el escudo de la fe, el casco de la salvación, la espada del Espíritu, es decir, la Palabra de Dios, el cinto de la verdad, la coraza de la rectitud y el calzado del evangelio de la paz (Efesios 6:13-17). En este mundo el cristiano es un caballero de la fe. Pablo lo fue en sumo grado. «Ahí están los sufrimientos, las dificultades, las estrecheces, los golpes, las prisiones, los tumultos, los trabajos agotadores, las noches sin dormir, los días sin comer. Ahí está nuestra limpieza de vida, nuestro conocimiento de las cosas de Dios, nuestra entereza en la prueba, nuestra bondad. Ahí está la presencia del Espíritu Santo en nosotros, nuestro amor sin doblez, la verdad que anunciamos y el poder de Dios que nos avala. Tanto para atacar como para defendernos, empuñamos las armas que nos proporciona la fuerza salvadora de Dios» (2 Corintios 6:4-7, *BLP*). Todo cristiano está llamado a ser un caballero cristiano, un soldado de la cruz; a consagrarse a la gloria de Dios y a la salvación de la humanidad.

En otros tiempos se entendió erróneamente la milicia cristiana, y muchos llamados «cruzados» fueron a morir y a matar en nombre de Cristo. Lejos de nosotros tal pensamiento. Pero el ideal del caballero permanece: bondadoso, auxiliador del débil, entregado a un ideal, sacrificado, dispuesto a soportar todo tipo de contrariedades por amor a la justicia, confiado en el triunfo final de la fe. «Como fiel soldado de Cristo Jesús, no te eches atrás a la hora de las penalidades» (2 Timoteo 2:3, *BLP*).

Se habla del cristiano como soldado sólo por analogía, no propiamente. El cristiano no es un militar que recurre a la fuerza de las armas, sino una persona que ha hecho del servicio el ideal de su vida, de manera que es más semejante al caballero, al gentilhombre, que al soldado. Su distintivo es la gentileza. «Vuestra gentileza sea conocida de todos» (Filipenses 4:5), que es la expresión más perfecta de la bondad. La persona amable, gentil, bondadosa, habla de Galilea, no de Grecia, por más que debamos a los griegos. «El hombre moderno vive en un mundo nuevo, hecho nuevo no gracias al progreso de la ciencia solamente, sino gracias a los ideales de Jesús, que han transformado el pensamiento y revalorizado los valores»[28]. Cuando políticos y demagogos llaman a los pueblos a alistarse bajo su

---

28. E. S. Waterhouse, *What is Salvation?*, Hodder & Stoughton, London 1932, p. 93.

bandera, en cuyos pliegues se esconde la ambición y la destrucción, el cristiano tiene que, con pulso firme, levantar en alto el estandarte de su Señor y llamar a los pueblos a que se unan a él. «Como Moisés levantó la serpiente en el desierto, también el Hijo del Hombre tiene que ser levantado, para que todo el que cree en él, no perezca, sino que tenga vida eterna. Cuando yo sea levantado de la tierra, atraeré a todos a mí mismo» (Juan 3:14-15; 12:32, *VP*).

De Dios se dice que habita en la luz inaccesible (1 Tesalonicense 6:16). Tal es su resplandor que nadie puede mirarle de frente. Como el sol, basta una mirada para cegarnos. Por eso Cristo es y será siempre el mediador entre Dios y los hombres. La «pantalla» que nos permite ver a Dios en el resplandor de su rostro. Cuando acabe la presente economía de la salvación Cristo continuará su función de mediador. Cristo es imprescindible en cualquier imagen que nos formemos de Dios. Nadie va al Padre sino por él, el acceso a la luz inaccesible de Dios.

Algunos místicos hablaron de *visión real de Dios en esta vida*[29], pero ni aquí ni en la eternidad podremos prescindir de la mediación de Cristo en la visión de Dios. Es el problema de cierta espiritualidad platónica donde Cristo deja de ser necesario. Los cristianos de Colosas, acosados por los misterios y revelaciones de las religiones en torno, creyeron poder aspirar a otros tesoros de sabiduría y conocimiento además del ya obtenido, a saber, Cristo. Pablo tuvo que aclararles con toda firmeza que no era saludable buscar otros misterios e iluminaciones aparte de los ya conseguidos en Cristo, cifra y suma de toda la revelación divina. «Unidos en amor, alcancen todas las riquezas que proceden de una plena seguridad de comprensión, resultando en un verdadero conocimiento del misterio de Dios, es decir, de Cristo, en quien están escondidos todos los tesoros de la sabiduría y del conocimiento. Esto lo digo para que nadie os engañe con razonamientos persuasivos» (Colosenses 2:2-4). En Cristo se produce la revelación de una vez por todas, no hay que buscar nada más fuera de él por otras vías, pero a la vez, en cuanto la revelación excede todo conocimiento y toda experiencia, es preciso ahondar en esa sabiduría en un acto ininterrumpido de fe y obediencia.

Juan, el apóstol del amor, nos dice que Dios es luz en la misma medida que es amor. «Dios es luz, y no hay ningunas tinieblas en él» (1 Juan 1:5). Una vez más este conocimiento de Dios se revela en función de la experiencia y la práctica cristiana a las que busca iluminar, orientar en el camino de la voluntad divina. Si Dios es luz en su ser, que es a la vez relacional, la manera de ser de sus hijos tiene que corresponder a esa realidad que

---

29. Enrique Herp, *Directorio de contemplativos*, Sígueme, Salamanca 1991, p. 19 (introducción de Teodoro Martín).

regule su comportamiento con el exterior desde el interior. «Si decimos que tenemos comunión con él, pero andamos en tinieblas, mentimos, y no practicamos la verdad; mas si andamos en luz, como él está en la luz, tenemos comunión los unos con los otros, y la sangre de Jesús su Hijo nos limpia de todo pecado. El que dice: Yo he llegado a conocerle, y no guarda sus mandamientos, es un mentiroso y la verdad no está en él» (vv. 6-7; 2:4, *BLA*).

Jesús se presentó a sí mismo como la luz del mundo (Juan 8:12). Describe su misión como un acto de luminar. «Yo, la luz, he venido al mundo, para que todo aquel que cree en mí no permanezca en tinieblas» (Juan 12:46). «Aún por un poco está la luz entre vosotros; andad entre tanto que tenéis luz, para que no os sorprendan las tinieblas; porque el que anda en tinieblas, no sabe a dónde va. Entre tanto que tenéis la luz, creed en la luz, para que seáis hijos de luz» (Juan 12:35-36). La conversión del cristiano es descrita por Pablo como una segunda creación de luz en el alma creyente: «Pues el mismo Dios que dijo: *Resplandezca la luz desde el seno de las tinieblas*, la ha hecho resplandecer en nuestros corazones, dándonos a conocer por ella la gloria de Dios reflejada en el rostro de Cristo» (2 Corintios 4:6, *BLP*). En todos estos textos la luz no es sólo la expresión de una nueva gnósis o conocimiento secreto, sino la claridad de una conducta moral guiada por la sinceridad y la transparencia ética que brota del encuentro y relación con Dios. El cristianismo no es teoría, sino praxis, puesta en práctica del conocimiento salvífico del Evangelio.

No hay nada más difícil que ser objetivos, honestos con nosotros mismos. Percibimos la falta ajena pero raramente la nuestra. Es el viejo problema de ver las cosas según el color del cristal con que se mira. De ver las cosas no como son, sino como somos. Esto es inevitable, pertenece a la estructura de la humanidad conocer la verdad en perspectiva propia, cada individuo representa un matiz en la rica y amplia gama del color de la verdad. No hay por qué asustarse de este relativismo existencial. Lo preocupante, aquello que distorsiona la visión, es el defecto moral, la impureza del espíritu. «Los ojos son la luz del cuerpo. Si tus ojos son limpios, todo tú serás luminoso; pero, si en tus ojos hay maldad, todo tú serás oscuridad. Y si lo que en ti debería ser luz no es más que oscuridad, ¡qué negra será tu propia oscuridad!» (Mateo 6:22-23, *BLP*). «Desechemos, pues, las obras de las tinieblas y vistámonos las armas de la luz. Andemos como de día, honestamente; no en glotonerías y borracheras, no en lujurias y lascivias, no en contiendas y envidia, sino vestíos del Señor Jesucristo, y no proveáis para los deseos de la carne» (Romanos 13:13-14). Hay una guerra declarada entre la luz y las tinieblas, según las entiende el cristiano: «¿Qué compañerismo tiene la justicia con la injusticia? ¿Y qué comunión la luz con las tinieblas? ¿Y qué concordia Cristo con Belial? ¿O qué parte el creyente con el incrédulo?» (2 Corintios 6:14-15). Entre el cristiano y el mundo hay una línea divisoria marcada por la negrura de todo tipo de actos de injusticia y vanidad que se cometen contra la verdad de Dios y del hombre. El cristiano, determinado a andar en la luz, tiene que amonestar y denunciar la mentira, apartarse del error y colocarse en el lugar de la liberación humana.

De ahí no se deduce que la experiencia cristiana consista en una actitud negativa de denuncia de todo lo que, en un momento dado, considera inmoral en la sociedad. Se trata de un grave error. El Reino de Dios no es una agencias de denuncias y de manifestaciones anti todo lo que se mueve en la sociedad secular. Ser luz del mundo y sal de la tierra no significa erigirse en la «conciencia moral» de la nación. Hay mucha soberbia y mucha hipocresía escondida en esta pretensión. ¿Dónde estaba la Iglesia durante los largos siglos en que la esclavitud era legal y un negocio lucrativo? ¿Dónde estaba la Iglesia durante la revolución industrial y la explotación y miseria del mundo obrero? ¿Dónde está la Iglesia en el prejuicio racial, la explotación infantil, la reforma penitenciaria...? No es extraño que muchos califiquen a las iglesias de reaccionarias y retrógradas, enemigas del progreso y de la evolución humana. Muchos abusan de su concepto de los *derechos* de Dios, y sin ningún derecho arremeten contra los derechos de los demás, amparados en no sé qué concepto de representatividad divina como «ministros de Dios». Aun cuando así fuera, no hay que olvidar que los «representantes» de Dios no son Dios mismo.

De los males y peligros que los textos bíblicos advierten y previenen son, en primer lugar, todo lo relacionado con el comportamiento cristiano en medio del mundo en referencia a su actitud e intenciones. Debe resistir toda tentación a participar de las obras de las tinieblas, pero no a modo de aguafiestas, de un profeta de mal agüero, sino como un testigo de la luz. Alguien que no se deja sobornar porque su vida toda está abierta, en constante proceso de evolución hacia la suprema verdad de Dios. «La senda de los justos es como la luz de la aurora, que va en aumento hasta que el día es perfecto. El camino de los impíos es como la oscuridad; no saben en qué tropiezan» (Proverbios 4:18-19). No tiene nada que esconder ni nada que negar. Tampoco está obligado a regatear a los demás sus actos de luz cuando los realizan y reconocer que, incluso en aquel que está más intelectualmente alejado de Dios, pueden darse hechos extraordinarios, humanamente hablando. El carácter universal del cristianismo, no particularista ni sectario, se manifiesta en ese extraordinario pasaje de Juan 1:8, que dice que Cristo es la luz verdadera que alumbra a *todo* hombre. Y puesto que todos reciben de su luz en todos hay chispas, vislumbres de Dios, por más débiles y defectuosos que fuesen. De ahí brotan ideas que hacen progresar a los pueblos y a las ciencias, al mundo y todo lo que en él hay.

Un cristiano es aquel que no tiene nada que ocultar. Su vida está expuesta a la luz y es él mismo fuente de luz. «Vosotros sois la luz del mundo» (Mateo 5:14), dijo Jesús a sus discípulos. Los cristianos son Cristo existiendo como comunidad. Por eso lo que se aplica propiamente a Cristo en virtud de su ser, se aplica a los cristianos en virtud de su comunión con el ser de Cristo. En una novela escocesa titulada *El camino nuevo*, en un tiempo en el que se hacían largos viajes a pie, un viajante le dice a otro que se ofrece a acompañarle: «Si vas a venir conmigo es necesario que seas tan claro como el día». Para que haya comunidad tiene que haber claridad. La hipocresía, el disimulo no son propio de la luz. Pertenecen al oscuro submundo de la psicología humana. Rompen los lazos humanos. No puede haber comunión sin confianza. Andar en la luz significa un comportamiento en el que no hay lugar para el engaño, la comedia, los secretos maliciosos, los lugares sombreados por segundas intenciones. Andar en la luz corresponde a una mente abierta, a una mano tendida, a un corazón sincero. Se trata de una vida consciente de vivir bajo la mirada de Dios.

La luz no necesita ningún discurso que la anuncie al mundo. Su misma luminosidad es la mejor prueba de su existencia. Andar en la luz, tanto si es la luz que ilumina la vida, o la luz que brilla mediante la vida, convence y se evidencia por sí misma. «La gente piensa –dijo James Chalmers–, que los misioneros vamos a las remotas partes del mundo a no hacer otra cosa que predicar sermones desde la mañana a la noche. Es un auténtico error. No es tanto la predicación de un sermón como la manera que habla al corazón de los nativos»[30]. Otro misionero, refiriéndose a asuntos religiosos, informó que «los principales cristianos indios de Delhi expresaron su firme convicción de que una influencia silenciosa, vivida en la fragancia de la verdadera vida cristiana, tenía más valor que toda la enseñanza propagandística del mundo». Jesús no fue de un lugar a otro proclamando que él era el Cristo. Su poder y convicción residía en la fuerza inherente de su ser. Del interior de su corazón sacaba la simpatía, la generosidad, la energía para enfrentarse al mal. «En ese punto donde reside la diferencia entre el cristianismo que se anuncia a sí mismo y el que no se anuncia»[31].

No se trata de dos verdades opuestas, sino de dos aspectos importantísimos que tienen que ser integrados a la luz del Evangelio. Obrar y enseñar, enseñar y obrar. Es semejante a un reloj. La maquinaria de este puede trabajar a la perfección, sin detenerse un instante, pero si carece de agujas la gente nunca sabrá qué hora es. Apreciarán su mecanismo, pero no

---

30. Richard Lovett, *James Chalmers: His Autobiography and Letters*, Religious Tract Society, London 1903. Uno de sus libros más conocidos es *Adventures in New Guinea*, Religious Tract Society, London 1886.

31. Toyohiko Kagawa, *Meditations on the Cross*, SCM Press, London 1936, p. 18.

estarán muy seguros de su significado. Es preciso que la maquinaria y las agujas o manecillas actúen conjuntamente. El cristiano tiene que obrar con transparencia y amor, pero a la vez, en el momento propicio, debe expresar la fuente de donde le viene la luz y la energía de donde saca el amor para vivir y obrar correctamente, y así indicar a otros el camino que les lleve a participar de la misma experiencia.

VI
Recursos, medios y ayudas

El éxito de una empresa depende de la cantidad y calidad de los recursos con que se cuenta. Si los medios son insuficientes el fracaso está asegurado.

Cuando tenemos en cuenta la grandeza del llamamiento cristiano, lo elevado de su ideal, sus cualidades, sus obligaciones, el modelo de vida según Cristo, tenemos que preguntarnos: «¿Quién es suficiente?». «Es tan alto que no lo podemos alcanzar». Es hora de pensar en los recursos de que disponemos. Estos son de dos clases: humanos y divinos. De parte humana se divide en tres clases: práctica de la oración, vida de comunidad como ayuda y servicio, estudio y meditación de la Palabra de Dios. Entendiendo esto, que los medios *humanos* no son autónomos, como si se valiesen por sí mismos, sino que obran en el creyente desde la fuerza que viene de Dios. Nada hay en la vida espiritual que esté desconectado de la vida divina. Pero es cierto que a la iniciativa del cielo hay que corresponderle en la tierra, de modo que surja una cooperación entre ambas esferas. «*Ocupaos* en vuestra salvación con temor y temblor» (Filipenses 2:12). Son medios humanos en cuanto el hombre los ejercita, pero no habría tal ejercicio sin estimulación divina. Es cuestión de reciprocidad, semejante a la que se refiere Pablo en 2 Corintios 6:13. No se trata de que Dios lo hace todo en nosotros sin nosotros; ni que nosotros hacemos todo sin Dios, hasta el último momento, sino que Dios obra en nosotros y con nosotros todo lo que nosotros podemos hacer por nosotros mismos para el cumplimiento de su voluntad. Ni quietismo ni activismo, pasividad activa y actividad pasiva, como el agricultor que labra la tierra, la cultiva y la planta porque sabe que puede contar con la luz del sol y la lluvia de las nubes. Dios bendice nuestros recursos, porque son los medios que Él emplea para bendecirnos.

Si consideramos la oración, es Cristo quien ora en nosotros mediante la intercesión del Espíritu, otro tanto podemos decir de la Iglesia como comunidad que es Cristo manifestándose a nosotros mediante los hermanos y la lectura y comprensión de la Escritura cuyo sentido se nos abre gracias al mismo Espíritu que la reveló. Entonces, la oración, la comunión y el estudio son el medio y el fin en sí mismos.

1. La ayuda de la oración

La oración, como todo lo relativo a la fe cristiana, hay que entenderla desde Cristo. En nuestros días, el profesor Armando Bandera, ha puesto de relieve este punto con la elocuencia y claridad que le distingue, pensando en el lector católico, que en esta cuestión debe colocarse en la perspectiva cristocéntrica. «No se dice nunca, o sólo muy rara vez, que la oración de Cristo, además de ejemplo, al que nosotros volvemos la mirada, es también principio configurante de la vida cristiana en la cual imprime una exigencia o necesidad de oración. El 'evangelio de la oración' no está solo ni primariamente; en los textos bíblicos que hablan de oración, la recomiendan, y sugieren fórmulas para practicarla, etc.; la suprema 'palabra' sobre la oración es Cristo orante». Lo cual significa, que «una oración del cristiano que no brotase del misterio de Cristo, de la unión con él, del esfuerzo por identificarse con todas las situaciones en que él oró, tratando de penetrar en la intención o finalidad que él tenía en cada caso, sería una oración de escaso contenido cristiano o salvífico. La oración *cristiana* no se reduce a simple *religiosidad*, la cual es posible en quien no tiene ningún conocimiento de Cristo. La oración es cristiana no por el solo hecho de que la hace un cristiano, sino por su índole cristológica o por su inserción en Cristo»[1].

El cristiano tiene que orar desde su configuración en Cristo; la práctica de la oración significará entonces, que se cree de verdad en Jesucristo y que se toma en serio la tarea de identificarse con Él por los caminos que Él ha señalado. El cristiano, pues, ora como Cristo le enseñó, pero no de un modo extrínseco, sino intrínseco, fusionándose con Cristo, dejando que Cristo presida su oración y sea Él el *orante principal*[2]. Otro tanto escribía Karl Barth cuando fundamentaba la certeza de ser oídos por Dios cuando oramos, en el hecho de que Cristo oró y sigue orando: *Dios no puede dejar de acoger nuestras oraciones, porque es Jesucristo quien verdaderamente ora*[3]. Mucho antes, Adolph Saphir, señaló estas mismas verdades a sus hermanos. Advirtió que Jesucristo no sólo oró durante los días de su carne, ni intercede únicamente por nosotros en la gloria, «está ahora orando, no nos enseña solamente, ni nos influencia para orar. *Él es oración*, la fuente y el origen de toda oración, como también el fundamento y la base de todas las respuestas a nuestras peticiones. También en este sentido Cristo es la Palabra»[4].

Jesucristo nos enseñó a orar al Padre en su nombre, es decir, en base a su autoridad e identificación con Él. «De cierto, de cierto os digo, que

1. Armando Bandera, *Oración cristológica*, San Esteban, Salamanca 1990, p. 17.
2. Id., *Orar en cristiano*, PPC, Madrid 1991, pp. 57.76.
3. Karl Barth, *La oración*, Sígueme, Salamanca ²1980, p. 26.
4. Adolph Saphir, *The Lord's Prayer*, James Nisbet, London 1870, p. 3.

todo cuanto pidiereis al Padre en mi nombre, os lo dará. Hasta ahora nada habéis pedido en mi nombre; pedid, y recibiréis, para que vuestro gozo sea cumplido» (Juan 16:23-24). Se ora de este modo no cuando se añade el nombre de Cristo al final de nuestras oraciones como una coletilla, sino cuando sinceramente podemos decir: Cristo refrendaría la oración que hago; Él quiere para mí las bendiciones que solicito.

Para el cristiano la práctica de la oración no es índice de su religiosidad, sino de su gradual configuración conforme a la imagen de aquél que le redimió. Hay mucha gente que sin ser cristiana, ni siquiera creyente en un Dios personal, recomienda el ejercicio de la oración como una terapia saludable y positiva. El cristiano piensa que hay que orar a Dios desde Dios mismo, situando la vida de oración en el nivel no simplemente psicológico, sino en el estrictamente teologal[5]. No podemos rebajar la oración cristiana, sin menoscabo de la fe, a petición de favores o a deseos más o menos narcisistas de sentirse en comunión con la Totalidad de lo que existe. «El motivo determinante de la oración cristiana no es el remedio de una indigencia personal o social, sino la inserción en Jesucristo; a este motivo pueden añadirse otros muchos, siempre que sean coherentes con él o integrables dentro de él; pero ninguno de ellos será el punto de partida o fuerte de la oración»[6].

Es a partir de Cristo, viendo su hermosura y santidad, que cobramos conciencia de nuestra insignificancia y de la vanidad de nuestra autosuficiencia. Entonces, como Juan, podemos decir: «No soy digno de desatar encorvado la correa de su calzado» (Marcos 1:7). En este sentido, «orar consiste simplemente en decirle a Dios, día tras día, en qué modo sentimos nuestra impotencia. Nos inclinamos a orar cada vez que el Espíritu de Dios, que es espíritu de oración, nos muestra de nuevo nuestra incapacidad y desamparo, y advertimos lo impotentes que por naturaleza somos para creer, para amar, para esperar, para servir, para sacrificarnos, para sufrir, para leer la Biblia, para orar y para luchar los con deseos pecaminosos»[7]. Sin ayuda divina no somos capaces ni de orar como conviene.

Cuando Pablo describe el ideal cristiano, y presenta sus requerimientos, reconoce que sin asistencia divina es imposible vivir como cristianos. «Por ello me pongo de rodillas ante el Padre y origen de toda vida tanto en el cielo como en la tierra, y le pido que derrame en vosotros los tesoros de su bondad; que su Espíritu os llene de fuerza y energía hasta lo más íntimo de vuestro ser; que Cristo habite, por medio de la fe, en el centro de vuestra vida; que el amor os sirva de cimiento y raíz» (Efesios 3:14-17). Pablo no

---

5. Armando Bandera, *Oración cristológica*, p. 51.
6. Id., *Orar en cristiano*, p. 27.
7. Ole Hallesby, *Prayer*, Inter-Varsity Fellowship, London 1948, p. 17.

tiene dudas sobre el valor objetivo de la oración. Considera que la oración es la gran oportunidad de echar mano de las municiones celestiales para la lucha diaria en primera línea. Se dice que los primeros misioneros que salieron de la isla escocesa de Iona, al encontrarse con muchas dificultades y peligros en el viaje, fueron consolados con siguiente pensamiento: «La oraciones de nuestro de maestro Columba nos ayudan en los momentos que más necesitamos». El pensamiento de que Cristo intercede por nosotros debería consolarnos y animarnos a persistir en oración.

A pesar de que Cristo ora en nosotros y por nosotros, no hay que pensar que orar es una actividad automática, sin esfuerzo por nuestra parte, como la embarcación que se abandona a la fuerza de los vientos, a la deriva. Orar es un *trabajo* duro; lo que explica la falta de oración entre los cristianos. Como los tres discípulos antes del arresto de Jesús, le acompañan al lugar de la oración, pero no oran con Él, sino duermen, se dejan vencer por la pereza. «Orar es trabajar, es concentrar toda la energía de la voluntad en un punto. La oración está conectada con la meditación, el autoexamen y la conquista de sí; las palabras que pronunciamos deben ser espíritu y vida. Porque la oración es labor espiritual, en toda oración verdadera hay muerte y resurrección»[8].

Hay una forma peculiar e importantísima de oración, conocida como *intercesión*. Los personajes bíblicos se destacan por su espíritu de intercesión, mediando entre Dios y aquellos que eran incapaces de rogar por sí mismos. Abraham intercedió por Sodoma y Gomorra; Moisés lo hizo por Israel en su apostasía; Samuel oró por Saúl toda la noche; Daniel pidió la liberación de su pueblo cautivo en Babilonia y, finalmente, Cristo rogó por sus discípulos. La catástrofe más grande para la iglesia es la falta de intercesores, junto a la predicación de la Palabra es el ministerio apostólico ideal (Hechos 6:2-4). Dios busca intercesores, y se extraña de no encontrarlos. «Vio que no había nadie, y se asombró de que no hubiera quien intercediera» (Isaías 59:16). «Busqué entre ellos a alguno que levantara un muro y se pusiera en pie en la brecha delante de mí a favor de la tierra, para que yo no la destruyera, pero no lo hallé» (Ezequiel 22:30).

Si la oración en general es un duro trabajo, la oración intercesora lo es mucho más. Una carga pesada asumida por amor a los demás. William Carey tomó sobre sus hombros la carga de la India; Hudson Taylor la de China, David Livingstone la de África, John Patton la de Oceanía, Ress Howells la del avivamiento mundial y así uno tras otro de los grandes misioneros y benefactores de la Iglesia y de la humanidad. ¿Quién puede medir el trabajo de aquellos cuyo ministerio es interceder por otros? ¿Y quién puede calcular el bien que producen? «Los hombres que han hecho

---

8. Adolph Saphir, *op. cit.*, pp. 19.22.

para Dios una buena obra en el mundo, son los que han estado desde temprano sobre sus rodillas»[9].

Orar unos por otros es necesario y saludable. Podemos dudar de la conveniencia de decirles a los demás que estamos orando por ellos. Algunos pueden molestarse, otros pueden considerarlo un gran acto de benevolencia de nuestra parte, pero lo cierto es que dentro de la familia de la fe muchos sentirán sus corazones fortalecidos si tienen la seguridad de que alguien en alguna parte está orando por ellos. Jesucristo creyó conveniente decir a Pedro que estaba orando por él. Cuando Pedro cayó en deslealtad podría pensarse que la oración intercesora de Cristo había valido bien poco. Pero Pedro regresó; la esperanza y la oración de Cristo habían ganado.

La oración intercesora del capítulo diecisiete del evangelio de Juan revela la mente de Cristo tocante a su pueblo; nos muestra las cosas más queridas por él y aquella que más desea para ellos. El hecho de esta oración nos proporciona una gran expectación respecto a las cosas por las que él ora. Pablo no dudó en decir a sus amigos lo que él estaba haciendo y por lo que estaba orando. Ellos de ningún modo podían evitar aquello por lo que se pedía. Mucho antes de la invención y desarrollo de la técnica moderna, Pablo creía que la oración era un dicho que conquistaba el espacio; que ésta desataba el poder del cielo que puede mover las cosas de la tierra; que abre corrientes y pone en marcha fuerzas cuya vibrante energía ilumina, dirige y realiza lo que a ello se encamina.

Pablo solicitó la oración de otros en su favor. Cuando se encontraba bastante presionado por las circunstancias adversas pedía a sus hermanos en la fe que orasen por él para que Dios le otorgase el valor suficiente para enfrentarse con decisión a las nuevas y difíciles situaciones. Pablo fue un atleta del Evangelio entrenado en y por la oración. No sería extraño que el fracaso de muchos cristianos en crearse un carácter semejante al de Cristo se debiera a la escasez de oración. Es posible que el fracaso en el servicio a Dios refleje negligencia en la oración. El poder del creyente que tenía que haberse vigorizado mediante la oración se agota y finalmente muere cuando falta oración. Se falta al trabajo y el obrero abandona. Si nos tomamos el Nuevo Testamento en serio tenemos que creer que la oración es una de las grandes fuerzas espirituales del mundo. Muchos se pierden muchas cosas, en el orden de bendición espiritual, por el olvido de la oración. Quien falla en la oración falla en todo lo demás, pues la oración, además de ser un canal de bendición, es un deber contraído con Dios que no se puede descuidar sin incurrir en pecado.

Pablo no negó a nadie la ayuda que podía ofrecer. Comprometió el poder celestial con las tareas terrenales de los creyentes. «Por todo ello me

---

9. E. M. Bounds, *La oración, fuente de poder*, EEE, Barcelona 1972, p. 49.

pongo de rodillas ante el Padre, origen de toda vida tanto en el cielo como en la tierra, y le pido que derrame sobre vosotros los tesoros de su bondad» (Efesios 3:14, *BLP*). La intensidad de su anhelo le llevó a ponerse de rodillas, y el cielo se abre al creyente que acude de ese modo.

Constantino expresó su voluntad de ser representado en una estatua que no lo colocara de pie, como desafiando las amenazas u oportunidades del mundo, sino que lo representaran de rodillas, pues así fue como había vencido a todos sus enemigos. Puede que esto fuera un mero sentimentalismo en el caso de Constantino, pero es la pura verdad en la vida de Pablo. Esa fue la postura y el secreto de su victoria. Y más cierto todavía fue en el caso de Cristo. Recorramos los evangelios y veremos la frecuencia con que Cristo está de rodillas. Heinrich Hoffman pintó a Cristo en Getsemaní, rodeado por una nube y un cielo cargado y amenazante, como si la naturaleza conspirara contra él; lejos, los contornos difusos de la gran ciudad que le había rechazado; cerca, las formas durmientes de tres hombres demasiado cansados para vigilar; y Cristo solo sobre sus rodillas. Inclinado por la presión del pecado del mundo, conquistó la oscuridad y el misterio y la agonía espiritual sobre sus rodillas.

Aquí es donde el alma doblega a sus enemigos, tales como el miedo, la duda, la preocupación, la congoja. En la oración cada uno puede recibir valor y paciencia; ahí, aguardando nuestras peticiones, se encuentra la fortaleza de espíritu y los recursos inagotables de la gracia ilimitada. «¿Por qué ha ordenado Dios la oración?», se preguntaba Pascal, y él mismo respondía su pregunta: «Dios ha ordenado la oración en orden a comunicar a sus criaturas la dignidad de la causalidad», es decir, otorgarles alguna medida de creatividad, de permitirles ser la causa eficiente de ciertos resultados y sus consecuencias; de poner cosas en movimiento, y hacer que algunas cosas ocurran que de otro modo no tendrían lugar. Es aquí donde nos podemos ayudar mutuamente. La consecuencia objetiva de la oración es indiscutible. «Oleadas de oración de Gran Bretaña recorren Calabar», escribió María Slessor. Cada cristiano, hombre o mujer, joven o anciano, puede poner en marcha esas ondas de oración, y en diversos lugares, cerca o lejos, los creyentes tímidos se hacen fuertes, los obreros cansados se rejuvenecen; los desalentados toman ánimos; almas encuentran el Reino de Dios y no pasan de largo por la puerta, y otros tentados por el pecado son librados de caer. El privilegio de la intercesión es tan grande, su influencia alcanza tan lejos que es capaz de hacer más de lo que nos imaginamos. Cuando se olvida la Iglesia se empobrece, queda privada de uno de sus recursos más grandes. Estar por debajo de la marca de la oración es una de las crisis mayores de la Iglesia. «Orad sin cesar», es una de las notas que cierra la carta a los Efesios. Es la recomendación de la última palabra del apóstol.

Sólo en la medida en que la oración evita el derrumbamiento de la fe es capaz de transformar la vida. Dejar la oración es como cerrar la puerta a Dios e impedir que siga siendo el centro de nuestro ser, es renunciar a la amistad que nos tiene, olvidando que su amor potencia y dinamiza, libera y desata capacidades de entrega y donación. La falta de oración es semejante a aquel que consiste en esperarlo todo de todos menos de Dios.

La oración es la manera más práctica y efectiva de expresar el amor y el respeto a Dios. Orar es una manera eminente de adorar. El alma se ocupa directamente de Dios, de quien espera consuelo, ayuda, inspiración, fortaleza, visión. La oración realiza en nosotros la exigencia fundamental de nuestro ser cristianos: asimilarnos a Cristo, renovarnos en el Espíritu. La oración, no es, según Amy Carmichel, dar rienda suelta a nuestras emociones espirituales o místicas. «Es la comunicación entre la tierra y el cielo. Nuestras naves salen hacia el puerto celestial. No vuelven vacías. ¡Imposible! Pero no sabemos cuándo volverán. Estamos acostumbrados a pensar en términos de tiempo, pero Dios piensa en términos de eternidad. Nosotros vemos la parte cercana de un hilo en que están colgados nuestros momentos, minutos, horas y días, como perlas. No podemos ver el otro lado del hijo, pero es uno –indivisible–. A la parte próxima a nosotros la llamamos 'tiempo', a la parte lejana 'eternidad', como si en alguna parte el hilo se rompiese, pero no es así. Vivimos en la eternidad ahora. Que el Señor nos libre de lo trivial, lo temeroso, tanto en la oración como en la vida diaria. Es una experiencia inspiradora el vivir en la presencia del Eterno. Tal experiencia nos capacita para dejar a un lado la montaña de imposibilidades con la certeza de que nuestro Dios y Salvador siempre oye y contesta la oración. Es cierto que el amor no puede ni podría nunca impulsarnos a orar para dejarnos al final sin contestación».

2. El apoyo de la comunidad

En el lado humano el cristiano también cuenta con el apoyo de la comunidad eclesial, que es a la vez creación divina. Pablo siempre tuvo en mente la idea de una compañía de hombres y mujeres unidos en la común fe de Jesucristo. No dejó pasar ni un momento sin animar a otros con su visión de la vida en comunidad. Aunque por diversas influencias tomadas del misticismo platónico y oriental se llegó a creer que el ideal de la vida cristiana se alcanza a solas con Dios, retirado en el desierto, o aislado en una cueva, el cristianismo siempre ha sido una fe comunitaria desde sus mismos inicios. Hechos, capítulo II, es la prueba. Algo se muere en la soledad que podría ser muy valioso en contacto con los demás.

El Nuevo Testamento nunca habla del «santo» como un individuo que crece en santidad en la soledad y apartamiento de sus hermanos; siempre habla de «santos» en plural, para referirse a la compañía de los hombres y mujeres que forman la Iglesia o pueblo nuevo de Dios. Es en sociedad con los demás que el espíritu tiene que crecer en santidad. Juan el Bautista vivía en el desierto, aunque se nos dice que estaba rodeado por discípulos; Cristo vivió entre los pueblos y ciudades de su tiempo. Tenía tanta hambre de los demás como ganas de estar a solas con su Padre en oración. Ambas cosas iban unidas. El Espíritu de Cristo convierte al solitario en una familia.

Cristo abolió las paredes intermedias, terminó con las barreras de raza o sexo, no quiso saber nada de prejuicios, destruyó todo lo que se enfrentaba amenazante con el ser humano y sus ansias de salvación, de amor y aceptación, que, comenzando por Dios, termina en los demás. Cristo construyó una nueva comunidad. Sus seguidores tenían clara conciencia de haberse convertido en miembros de una nueva raza distinta de la judía y de la gentil, y a la vez abrazando a ambas. La venida de Cristo «ha traído la alegre noticia de la paz: paz para vosotros, los que estabais lejos, y paz también para los judíos, que estaban cerca. Unos y otros, gracias a él y unidos en un solo Espíritu, tenemos abierto el camino que conduce al Padre. Ya no sois, por tanto, extranjeros o advenedizos. Sois conciudadanos en medio de un pueblo consagrado, sois familia de Dios» (Efesios 2:17-19, *BLP*).

El concepto cristiano de comunidad tiene un sentido de intimidad que es preciso considerar. Se ha dicho que la vida solitaria es la madre tierra de los fuertes, y ciertamente nadie puede ser fuerte sin tiempos de silencio, de retiro, de incubación de uno mismo, de comunión íntima con Dios a solas. Pero hay cualidades humanas que precisan la compañía de los demás para su cultivación y desarrollo; necesitan el contacto estimulante de otras inteligencias, el intercambio de pensamiento, el comercio de la vida. El amigo íntimo de un hombre de estado caído en desgracia dio la siguiente explicación de su fracaso: «Era el hombre más solitario que jamás haya conocido». El trágico colapso de un hombre de negocios que decidió quitarse la vida se debía, según una persona que le conocía bien, a una sola falta: «Trabajaba demasiado solo». Un misionero que trabajó durante muchos años en prolongada soledad cuenta lo a menudo que se sintió deprimido, cerca de la desesperación. «Nadie debería estar solo», advirtió. Cada persona necesita compañía, amistades, gente con la que compartir.

«Ayudaos mutuamente a llevar las cargas, y así cumpliréis la ley de Cristo» (Gálatas 6:2). «Más valen dos que uno solo, pues tienen mejor remuneración por su trabajo. Porque si uno de ellos cae, el otro levantará a su compañero; pero ¡ay del que cae cuando no hay otro que lo levante» (Eclesiastés 4:9-10).

La misma vida natural nos enseña la importancia del instinto de grupo, así los animales se agrupan en rebaños, manadas, colonias, que contribuyen a la supervivencia de la especie. Cada ciervo de la manada participa en su estado de alerta, de vigilancia, cada uno tiene un alto sentido de los demás. El instinto de seguridad colectiva les mantiene a cada cual en su lugar. En los niveles más altos de la vida humana encontramos que el sentido de la cooperación ha introducido incalculable progreso en la historia. Por eso Pablo ora y ruega que los creyentes sean «capaces de entender, *en unión con todos los creyentes*, cuán largo y ancho, cuán alto y profundo es el amor de Cristo» (Efesios 3:18, *BI*). Cada individuo creyente aporta su parte de entendimiento de Dios, contribuye con su experiencia al resto de los demás. La Iglesia es la comunidad donde unos enriquecen a otros y viceversa. Cada creyente tiene su propio grado de inteligencia espiritual, su personal medida de fe, su propio sentido de Dios y de Jesucristo y de los dones del Espíritu. Al compartirse todas estas cosas y muchas más la vida de la Iglesia sale ganando.

La vida en comunidad requiere una disciplina, de otro modo se convierte en un infierno. Pablo es consciente del peligro. La solución no es otra que esforzarse cada cual en vivir su fe con integridad: «Desterrad la mentira. Sea cada uno sincero con su prójimo, ya que todos somos miembros de un mismo cuerpo. Aunque alguna vez tengáis que enojaros, no permitáis que vuestro enojo se convierta en pecado, ni que os dure más allá de la puesta del sol. No deis al diablo oportunidad alguna. Si alguno roba, no robe más, sino que se esfuerce trabajando honradamente con sus propias manos para que pueda ayudar al que está necesitado. No uséis palabras groseras; sea el vuestro un lenguaje útil, constructivo y oportuno, capaz de hacer el bien a los que os escuchan. No causéis tristeza al Espíritu Santo de Dios, que es en vosotros como un sello que os distinguirá en el día de la liberación final. Nada de acritud, rencor, ira, voces destempladas, injurias o cualquier otra suerte de maldad; desterrad todo eso. Sed, en cambio, bondadosos y compasivos; perdonaos unos a otros, como Dios os ha perdonado por medio de Cristo» (Efesios 4:25-32, *BLP*).

Si pudiéramos ver a Cristo como todos los demás creyentes lo han visto, nuestro conocimiento de él crecería en gran medida. Descubriríamos su justicia perfecta y su misericordia infinita descrita en los tonos más variados y llenos de matices, según la experiencia de cada uno y la acumulada por todos. Veríamos al Cristo que reforma la sociedad, y el que salva a los individuos. Comprenderíamos mejor su dolor, así como su alegría. Su calma y su valor cobrarían vida delante de nosotros. Hay quien ha sido atraído a seguir a Cristo por su amor salvífico; otros por su personalidad magnética. Unos se han detenido asombrados al contemplar su cariño por los niños; otros, su preocupación por los débiles y marginados. Si juntáramos todas las experiencias esparcidas que los hijos de Dios tienen de su Salvador, qué magnífico cuadro conseguiríamos de Cristo[10].

10. Jaroslaw Pelikan, *Jesús a través de los siglos*, Herder, Barcelona 1992.

Imaginemos por un momento una gigantesca mesa redonda donde se pudieran escuchar individuos de todas las naciones, tribus y razas del mundo dando testimonio de su conocimiento y experiencia de Cristo, ¡cómo aumentaría nuestra comprensión del Evangelio! Sólo en la comunión de los santos es posible un conocimiento anticipado del conocimiento futuro que tendremos de Cristo en el cielo. Esto significa aprender, aquí y ahora, a escuchar a los hermanos, a prestarles la debida atención. Fragmentos de Cristo nos alcanzan desde cada uno de ellos.

Cristo y su Iglesia son inseparables, como la cabeza y el cuerpo. Él ha elegido al Espíritu Santo como su vicario en la tierra, pero no como una inspiración errante que no sabe donde posarse. El Espíritu Santo es dado en promesa a la Iglesia. Esta manifiesta a Cristo al mundo, lo hace presente con su mensaje, con su comunión y con la vida que desciende de arriba y se expande por el mundo. El Espíritu Santo es la paloma que acompaña al arca de la salvación hasta el día que las aguas de la maldad desciendan y la tierra llegue a ser el paraíso recobrado donde more la justicia. El pecado contra la Iglesia es un pecado contra Cristo que la compró con su sangre y contra el Espíritu que mora en ella. «*No causéis tristeza al Espíritu Santo de Dios*», dice Pablo en el contexto de la vida en comunidad, «que es en vosotros como un sello que os distinguirá en el día de la liberación final. Nada de acritud, rencor, ira, voces destempladas, injurias o cualquier otra suerte de maldad; desterrad todo eso. Sed, en cambio, bondadosos y compasivos; perdonaos unos a otros, como Dios os ha perdonado por medio de Cristo» (Efesios 4:25-32, *BLP*).

Cristo necesitaba a sus discípulos, quería que estuviesen a su lado; les enseñaba todas las cosas. No eran las mejores personas, ni las más inteligentes. Duros de corazón y tardos de entendimiento tenían casi siempre su mira puesta en las cosas de la tierra, eran ambiciosos, egoístas, cobardes. Pero Jesús les amaba y no podía pasar sin ellos. Los convirtió en piedras fundamentales de su Reino y los transformó en apóstoles al mundo mediante el don del Espíritu.

Como estaba al tanto de la inclinación natural del corazón a dividirse y enemistarse, incluso de aquellos que forman parte de la misma comunidad y, temporalmente, gozan de la camaradería y hermandad de la fe, Jesús se preocupó mucho de enfatizar el amor, el servicio y la unidad entre ellos; de saberse miembros unos de otros, de que eran partes de un todo íntegro, por cuyo nombre y título, Cuerpo de Cristo, se indica la necesidad de pertenecer integralmente.

Pero, a pesar de todo lo dicho, la Iglesia no obedece únicamente a fines prácticos, como la edificación mutua y el compañerismo cristiano, es a la vez el testimonio más completo y perfecto de la realidad del mundo nuevo de Dios en el mundo de los hombres. Parafraseando a san Agustín podemos decir que dos amores fundaron dos ciudades. El amor a uno mismo, con olvido de Dios, construyó la ciudad terrenal. El amor a Dios, que se niega a sí mismo, edificó la ciudad celestial. La ciudad terrenal hace uso de la fuerza para erradicar el mal, mientras que la ciudad celestial recurre al amor a Dios para triunfar sobre el mal. Es el amor, de Dios a los hombres y de los hombres a Dios, que compendia toda la ley y la que al final terminará con el dominio egoísta de unos sobre otros. Para que esto sea así ahí están la Palabra y el testimonio cristiano como presencia en el mundo del humanismo libre en Cristo.

A la luz de este misterio de la unidad tan íntima de Cristo y su Iglesia, se hace más detestable la existencia de iglesias, o grupos e instituciones así llamados, que se aprovechan del buen nombre de Cristo y de su Iglesia para abusar de la gente; para intoxicar la mente y el corazón de los que caen bajo su influencia; para explotar económicamente la codicia de unos y la credulidad de otros. Es un fenómeno tan preocupante, que por muchas denuncias que se hagan nunca serán suficientes[11].

Como escribe Daniel G. Bagby, la Iglesia tiene poder para ayudar o para dañar. Es un hecho innegable. «La Iglesia del Nuevo Testamento fue diseñada para ser una familia redentora, pero a la vez es una institución humana y uno no puede hacerse ilusiones con respecto a su capacidad para hacer lo malo»[12]. Se impone, pues, una labor de *discernimiento de espíritus* a la hora de ser miembro de una iglesia. Pero no vamos a entrar en eso ahora, pues ocuparía otro libro. Hay un punto en los escritos apostólicos más que suficiente para saber cuál es la iglesia que a uno conviene. Se trata de la «edificación». Es una metáfora tomada del mundo de la arquitectura, presente también en otros aspectos de la vida cristiana[13]. La Iglesia es representada como un edificio espiritual (1 Corintios 3:9; Efesios 2:21), del que cada miembro es una piedra viva (1 Pedro 2:5). El crecimiento y el desarrollo del carácter de los creyentes es presentado bajo la metáfora de la «edificación» (Hechos 9:31; 1 Corintios 8:1; 10:23; 14:4.17; 1 Tesalonicenses 5:11). Los ministros de la Iglesia tienen por meta la edificación de los creyentes en el fundamento que es Jesucristo (1 Corintios 3:10.12.14; Efesios

---

11. Mary Alice Chrnalogar, *Escrituras Torcidas. Liberándose de las iglesias que abusan*, Vida, Miami 2006; A. DuPont, *Toxic Churches*, Chosen Books, Grand Rapids 2004; Ronald M. Enroth, *Churches That Abuse*, Zondervan, Grand Rapids 1993; David Johnson y Jeff van Vonderen, *El sutil poder al abuso espiritual*, Vida, Miami 2010; Bayardo Levy, *¿Ministros o trasquiladores?*, Palibrio, Bloomington 2011; Jaime Mirón, *¿Está su iglesia convirtiéndose en una secta?*, Tyndale House Publishers, Illinois 2012.

12. Daniel G. Bagby, *El poder de la Iglesia para ayudar o dañar*, Casa Bautista de Publicaciones, El Paso 1992, p. 6.

13. Cf. «Edificar, edificio», en *Gran Diccionario Enciclopédico de la Biblia*, CLIE, Barcelona 2014.

2:20; Colosenses 2:7; Judas 20). La vida cristiana es una labor continua y progresiva de edificación, de modo que ni siquiera los dones milagrosos tienen importancia si no contribuyen a la edificación (cf. 1 Corintios 14:4). El amor es el elemento clave de esta edificación (1 Corintios 8:1). La regla por la que ha de medirse una iglesia, y la vida cristiana en general, es si edifica o no edifica (1 Corintios 10:23). Soren Kierkegaard decía que si una reunión cristiana no contribuye a edificar, es acristiana, por más que se realice en nombre de Cristo y con la Biblia en la mano. «La regla cristiana, en efecto, quiere que todo, todo, sirva para edificar. Una especulación que no lo consigue es, de golpe, acristiana»[14].

El apóstol Pablo lo expresa con suma delicadeza: «Cuando ustedes se reúnan, unos pueden cantar salmos, otros pueden enseñar, o comunicar lo que Dios les haya revelado, o hablar en lenguas extrañas, o interpretarlas. Pero *que todo sea para edificación mutua*» (1 Corintios 14:26, *DHH*). El propósito de la edificación no es otro que la formación del Hombre Nuevo que es Cristo en cada creyente. La Iglesia es su cuerpo, y como tal debe ser *cristoforme* y *cristificante*. Mediante la edificación que recibimos y aportamos, vamos creciendo «en todo en aquel que es la cabeza, esto es, Cristo, de quien todo el cuerpo, bien concertado y unido entre sí por todas las coyunturas que se ayudan mutuamente, según la actividad propia de cada miembro, recibe su crecimiento para ir edificándose en amor» (Efesios 4:15-16). Cuando esto se produce, la Iglesia cumple el propósito para el que es llamada y es digna de ser amada, servida y seguida como corresponde a Cristo. Pero una iglesia que no sirve para edificar en Cristo, no sirve para nada. «Una iglesia enfermante es aquella que no ofrece las condiciones para que los creyentes desarrollen sus capacidades y ministerios hasta la plenitud en Cristo Jesús (cf. Colosenses 1:28)»[15].

3. El consejo de la Escritura

Un tercer recurso a disposición del cristiano desde el punto de vista humano es la ayuda de la Escritura, que en cuanto Palabra de Dios alimenta y nutre a los hijos de Dios. Pero para leer la Escritura como cristianos, aunque parezca una perogrullada, hay que leerla con ojos cristianos. Pablo, el fariseo, desde su conversión a Cristo, ya no lee los viejos textos sagrados del pueblo judío con los mismos ojos, los lee con los ojos de un hombre nuevo. En Cristo ha encontrado una nueva manera de acercarse y de interpretar la ley y los profetas.

14. Soren Kierkegaard, «Prólogo» a *La enfermedad mortal*, Trotta, Madrid 2008.

15. Alberto Daniel Gandini, *La Iglesia como comunidad sanadora*, Casa Bautista de Publicaciones, El Paso 1989, p. 85.

Educado en el judaísmo por buenos rabinos, Pablo tenía un conocimiento sólido del Antiguo Testamento. Todas sus cartas están llenas de alusiones, frases, citas y argumentos extraídos del texto sagrado. Al contemplarlo en su calidad de cristiano, el apóstol percibe la revelación de Dios como el desarrollo de una historia de salvación que culmina en Cristo. En su nueva percepción, entiende que «se trata del plan que Dios tuvo escondido para los hombres del pasado, y que ahora, en cambio, ha dado a conocer, por medio del Espíritu, a sus santos apóstoles y profetas. Y este plan secreto consiste en que las naciones todas comparten la misma herencia, son miembros del mismo cuerpo y participan de la misma promesa en Jesucristo. Todo por medio del mensaje de salvación» (Efesios 3:5-6, *BLP*).

Pablo no se contenta con la lectura de la Escritura como un libro cerrado, sino que da un paso adelante, y considera que su propio conocimiento, en cuanto experiencia del Señor resucitado, es parte de esa historia de la revelación dada a los padres y a los profetas: «Fue una revelación de Dios la que me dio a conocer el plan secreto del que os he escrito más arriba brevemente. Leyéndolo podréis comprobar cuál es mi conocimiento del plan secreto de Dios realizado en Cristo» (Efesios 3:3-4). «A mí, que soy el más insignificante de todos los creyentes, se me ha concedido este privilegio: anunciar a las naciones la incalculable riqueza de Cristo y mostrar a todos cómo va cumpliéndose este plan secreto, que desde el principio de los siglos se hallaba escondido en Dios, creador de todas las cosas» (Efesios 3:8-9).

Aquí Pablo presenta las credenciales de su autoridad apostólica, y al mismo tiempo descarga su apesadumbrado corazón en esta gran carta que, aunque Pablo mismo nunca lo supiera, se ha convertido en parte del tesoro de la Escritura. Leer la carta a los Efesios es como andar en otro camino de Emaús, nuestros corazones arden dentro de nosotros mientras nos habla y nos expone las Escrituras, cuyo fin es Cristo.

Leer la carta a los Efesios con imaginación y entendimiento no es como otra lectura cualquiera, es semejante a escuchar a un hombre que frecuentemente se queda sin respiración por la abundancia de sus ideas, la pasión de su corazón y la rapidez de su lengua.

«Leyendo podréis comprobar» (Efesios 3:4). Es mediante la lectura y la reflexión que maduramos. No hay otro camino.

Hay problemas que dejarían de preocuparnos, cargas que se volverían ligeras, preocupaciones que ya no corroerían más nuestro espíritu, temores que dejarían de perseguirnos, si la mente y el corazón almacenaran la palabra de gracia. «Leyendo», pero el problema es que no leemos y nos privamos a nosotros mismos de entendimiento, de paz y de sabiduría.

La Biblia es el soporte primario de la vida cristiana. Es la guía más segura de la conducta. «Amad vuestra Biblia –decía Jerónimo a sus lectores– y nunca daréis lugar a las pasiones de la carne». Ella comunica fortaleza y paciencia al corazón cansado y deprimido.

«Cuando estés instruido en las Escrituras divinas y sepas que sus leyes y testimonios son ligaduras de la verdad, lucharás con los adversarios, los atarás y llevarás presos a la cautividad y harás hijos de Dios a los en otro tiempo enemigos y cautivos.

Ruégote, hermano, vivas entre las divinas Escrituras, que las medites, que no conozcas ni busques otras cosas. Pues ¿no te parece ser la vivienda celestial ya en la tierra?

No quiero encuentres tropiezo en la simplicidad de las Santas Escrituras. Aprendamos en la tierra lo que ha de perseverar en el cielo.

¿Qué cosa más sagrada que los misterios de la Escritura? ¿Qué platos, qué mieles hay tan dulces como el saber la prudencia de Dios y el entrar en sus secretos, y el calar el sentido del Creador y las palabras de tu Señor Dios, de los que se burlan los sabios de este mundo, cuando están llenos de espiritual sabiduría? Tengan otros, si gustan, sus riquezas, beban en copas de perlas, reluzcan entre sedas, deléitense con el aplauso popular y busquen triunfar en su opulencia por sus placeres varios.

Nuestras riquezas sean meditar en la Ley de Dios día y noche, llamar a la puerta cerrada y piar las olas del siglo en pos de Cristo.

Oye, pues, consiervo mío, amigo, hermano; escucha un poquito por qué camino has de andar en las Sagradas Escrituras. Todo cuanto en los divinos libros leemos reluce ya en la corteza, pero es más dulce en el meollo. Pues el que quiera comer el núcleo casque la nuez»[16].

«Quien conoce su Biblia –dijo Crisóstomo–, como todos deberían hacerlo, soporta todo con noble aguante». La Biblia está llena de historias de personajes que soportaron toda prueba y todo sufrimiento sin dejarse vencer por él. Nos dice cómo se comportaron ante la enemistad del mundo y el valor con que enfrentaron las dificultades y las tentaciones porque Dios estaba en ellos. Una vez se le preguntó a Sócrates cómo puede uno encontrar dirección en la vida. Con candor y una cierta dosis de ironía, respondió que si uno se dispone a salir de viaje debería consultar a aquellos que han hecho antes el mismo viaje, prestando atención a todas las palabras que tuvieran que ver con el mismo. Del mismo modo nosotros deberíamos recorrer los caminos de esta vida con la mayor inteligencia que haya a nuestra disposición, y entonces correr el riesgo por nosotros mismos, a menos que hubiera alguna palabra enviada por Dios. La Biblia nos da ambas. Nos ofrece una guía mediante el ejemplo de sus personajes, y mediante la dirección que ellos recibieron de Dios. Cómo ellos la probaron y probaron a Dios.

16. *Cartas de san Jerónimo a Fabiola, Paulino de Nola y a Paula.*

Como es bien sabido Juan Bunyan describe al Cristiano a punto de iniciar su viaje con un libro en la mano. Es el libro que le convierte en peregrino. «Busco una herencia incorruptible, que no puede contaminarse ni marchitarse, reservada con seguridad en el cielo, para ser dada a su tiempo a los que buscan con diligencia. Esto dice mi libro, leedlo, si gustáis, y os convenceréis de la verdad»[17].

Hay un momento emocionante en la historia de Robinson Crusoe cuando recupera una Biblia entre los restos del naufragio, y en un día de gran aflicción la abre y comienza a leer estas palabras: «Invócame el día de tu angustia, y yo te libraré y tú me glorificarás». Desde entonces empezó a leer el Nuevo Testamento todas las mañanas y noches del día:

«A partir de ese instante, el pasaje 'invócame y yo te libertaré', me pareció encerrar un sentido que aún no había encontrado yo; porque, antes, no tenía la idea de más liberación que la de quedar exento del cautiverio en que estaba metido, es decir, salir de la isla que, por vasta que fuese, no deja de ser para mí una cárcel y de las más terribles, pero hoy me veo iluminado por una luz nueva, aprendo a dar otra interpretación a las palabras que había leído: ahora repaso con horror una vida culpable; la imagen de mis crímenes me inspira espanto y no pido a Dios sino que libere mi alma de un peso bajo el cual gime. En cuanto a mi vida solitaria, ya no me aflige; ya no pido siquiera a Dios que me libere de ella; ni en ella pienso, y ninguno de los demás males me afecta nada en comparación con éste. Añado esta última reflexión para hacer observar de paso a todo el que vea este pasaje de mi obra que, tomando las cosas en su verdadero sentido, es un bien infinitamente mayor el librarse del pecado que el librarse de la aflicción. Pero no quiero extenderme sobre esta materia y vuelvo otra vez a mi diario»[18].

La historia de la Iglesia cambió cuando del joven monje Martín Lutero comenzó leer y meditar la Escritura con frecuencia. Albert Greiner[19] dice que fue a partir de la lectura asidua de la Biblia que su oído espiritual se hizo más sensible a la verdad evangélica. «Actualmente ya percibe el aire jubiloso del Evangelio que otorga a los pecadores la buena nueva de la salvación». Es conmovedor el día que Mary Avenel encuentra la Biblia de su madre muerta escondida de las autoridades eclesiásticas debajo una baldosa en el suelo de la habitación, y comprendió que los subrayados de su madre también eran para ella[20]; y tales momentos dramáticos podrían multiplicarse por mil a lo largo de la historia y en todo el mundo: el descubrimiento de este libro de Dios es como el amanecer de un nuevo día; la

---

17. John Bunyan, *El progreso del peregrino*, cap. 2.

18. Daniel Defoe, *Robinson Crusoe*, cap. 11.

19. Albert Greiner, *Lutero*, Sarpe, Madrid 1985, p. 51.

20. Walter Scott, *The Monastery*, Fredonia Books, 2001, cap. 5. Original de 1820.

lectura de la Biblia es como encontrar un gran tesoro; la obediencia de la Palabra de Dios es el comienzo de una nueva experiencia para los individuos y una nueva historia para la humanidad.

La himnología cristiana testifica de la importancia vital de la Biblia para el creyente y para la comunidad eclesial. El gran propósito de Dios en la *inscripturación* de su Palabra es regular y guiar la experiencia creyente, con sus emociones y actos intelectuales. Nos introduce en la presencia de Dios y nos asimila a su imagen. No hay otro libro semejante que pueda transformar el carácter del cristiano a la imagen de Cristo.

> ¡Biblia preciosa de Dios enviada!
> ¡Celeste antorcha de la verdad!
> Su luz me basta, nada me falta,
> Por ella me habla, Dios Jehová.

> ¡Santa Palabra, grato tesoro!
> Ya canta mi alma su plenitud.
> Me guía a Cristo, do hallo reposo,
> Paz, regocijo, vida y salud.

> ¡Libro divino, guía supremo!
> En él confío y ando por fe.
> ¡Gran don del cielo al mundo entero!
> Por él poseo sumo saber.

El amor a la Biblia crece con el paso del tiempo. Cuando se es joven y se siente la pasión de los libros, es difícil centrarse en uno sólo, puede más el deseo por la variedad. Pero llega un momento que uno nota cómo la Biblia crece a medida que nuestra familiaridad con ella se profundiza. El Dr. Kennicott[21] dedicó treinta años de su vida a la edición de la Biblia hebrea. Durante ese tiempo la señora Kennicott le ayudó leyendo con él las diferentes porciones que su marido estaba considerando en su trabajo. Cuando se disponían a dar un paseo, el día después de completar su gran obra, ella le preguntó qué libro tenía ahora que coger, él exclamó: «Oh, comencemos con la Biblia de nuevo». La lectura de la Biblia es un romance siempre en progreso.

---

21. Benjamin Kennicott (1718–1783).

Hay algo en ella que parece infundir una especie de vigor inmortal en los escritos de quienes la conocen bien. Hay dos autores cuyos escritos respiran inmortalidad, cuyas obras vivirán a la par que millares de otras que se las tragará el olvido. Uno es John Milton y otro John Bunyan. La obra maestra de Milton es *El paraíso perdido*, y aunque cada página de su poema muestra la variedad de sus lecturas, parece como si debiéramos la vida de las mejores partes a la comunión profunda del poeta con las Sagradas Escrituras. Algunos de los pasajes más sublimes del *Paraíso perdido* son traducciones poéticas y paráfrasis del texto hebreo y griego. ¿Dónde está el secreto del *Progreso del peregrino* sino en que Bunyan era hombre de un solo libro, la Biblia?

Los grandes personajes de la historia de la Iglesia y del mundo han sido aquellos que se han formado al calor y a la luz de las Escrituras: Lutero, Calvino, Whitefield, Wesley, Spurgeon, Lloyd-Jones. John Wesley tiene un magnífico prefacio a sus sermones, que dice:

«Ningún temor abrigo al presentar ante hombres justos y racionales, los pensamientos más profundos de mi corazón, pues me considero una criatura de un día que pasa por la vida, semejante a una flecha que rasga el aire. Soy un espíritu enviado de Dios, suspenso por un momento sobre el gran golfo, hasta que dentro de algunos momentos, ya no se me verá más. ¡Pasaré a la eternidad inmutable. Una cosa anhelo saber: el camino del cielo; llegar salvo al puerto de salvación. Dios mismo se ha dignado enseñarnos el camino, puesto que a eso bajó del cielo. Lo ha escrito en un libro. ¡Oh, dadme ese libro! A cualquier precio, dadme el Libro de Dios. Ya lo tengo, y en él está atesorada toda la ciencia que necesito. Voy a ser *homo unis libri* (hombre de un solo libro)»[22].

Personas de temperamento tan distinto como el poeta William Cooper[23] y el ministro evangélico John Newton, aprendieron a amar por igual la Biblia y ambos, como uno solo corazón, extrajeron de ella la inagotable riqueza de sus tesoros. La madre de Newton le había enseñado a leer la Biblia y retenerla en su memoria cuando sólo tenía cuatro años, y, como él dice, «aunque con el tiempo eché a perder todas las ventajas de mis primeros años, aun así conservé sus lecciones conmigo; y de vez en cuando afloraron en mi consciencia, hasta que el Señor me abrió los ojos y descubrí el gran beneficio de haberlas aprendido de memoria».

---

22. John Wesley, *Sermones*, vol. I, Casa Nazarena de Publicaciones, Kansas City 21984.

23. William Cowper (1731-1800), poeta inglés, autor de muchos himnos evangélicos. Fue uno de los poetas más populares de su época.

3.1. El propósito de las Escrituras

El amor a la Biblia no es en razón de ella misma como libro, más o menos sagrado, sino en razón del mensaje que contiene, cuyo punto focal es la persona de Jesucristo. Es el testimonio de la Biblia, cuyo origen y meta es Dios, y no la Biblia misma lo que amamos; de otro modo caeríamos en una especie de «bibliolatría», pues sólo Dios es objeto de culto. El propósito original de la Biblia no es que nos detengamos en sus páginas, sino que desde ellas, como indicadores, elevemos nuestra vista a la trascendencia. La mayoría de los escritos bíblicos no fueron redactados para satisfacer nuestra curiosidad o pasión de saber cosas divinas o espirituales. Fueron escritos con el propósito específico de llevarnos a un conocimiento personal de Cristo. Si consultamos los Evangelios nos damos cuenta que sus autores tenían en mente un fin pragmático antes que académico. Por ejemplo Lucas 1:1-4: «Puesto que ya muchos han tratado de poner en orden la historia de las cosas que entre nosotros han sido ciertísimas, tal como nos lo enseñaron los que desde el principio lo vieron con sus ojos, y fueron ministros de la palabra, me ha parecido también a mí, después de haber investigado con diligencia todas las cosas desde su origen, escribírtelas por orden, oh excelentísimo Teófilo, para *que conozcas bien la verdad* de las cosas en las cuales has sido instruido». A pesar de todo su trabajo, ni Lucas, ni ningún otro evangelista, agotaron ni cubrieron toda la vida de Jesús, sino sólo aquellos aspectos que consideraban oportunos para la formación espiritual de sus lectores. Como Juan escribe: «Hizo además Jesús muchas otras señales en presencia de sus discípulos las cuales no están escritas en este libro. Pero éstas se han escrito *para que creáis* que Jesús es el Cristo, el Hijo de Dios, y para que creyendo, tengáis vida en su nombre» (Juan 20:30-31); intención que se reitera en 1 Juan 5:13: «Estas cosas os he escrito a vosotros que creéis en el nombre del Hijo de Dios, para que sepáis que tenéis vida eterna, y para que creáis en el nombre del Hijo de Dios». A todas luces el propósito del Nuevo Testamento es práctico, con vistas a la fe salvífica en Cristo. Y lo mismo que decimos respecto a esta parte de la Biblia, podemos decir, como cristianos, de la parte que le antecede, el Antiguo Testamento[24].

---

24. Actualmente disponemos de muchos estudios sobre este tema capital: James A. Borland, *Christ in the Old Testament: Old Testament Appearances of Christ in Human Form*, Christian Focus Publ. 2010; D. A. Carson (ed.), *The Scriptures Testify about Me: Jesus and the Gospel in the Old Testament*, Crossway 2013; Shirley Christian, *Types and Shadows: Prophetic Pictures to Wholeness in Christ*, Xulon Press 2006; Edmund P. Clowney, *The Unfolding Mystery: Discovering Christ in the Old Testament*, P & R Publishing 2013; Eugenio Danyans, *Conociendo a Jesús en el Antiguo Testamento*, CLIE, Barcelona 2008; Dennis E. Johnson, *Walking with Jesus through His Word: Discovering Christ in All the Scriptures*, P & R Publishing 2015; David Limbaugh, *The Emmaus Code: Finding Jesus in*

El apóstol Pedro dice que «los profetas que profetizaron de la gracia destinada a vosotros, inquirieron y diligentemente indagaron acerca de esta salvación, escudriñando qué persona y qué tiempo indicaba el Espíritu de Cristo que estaba en ellos, el cual anunciaba de antemano los sufrimientos de Cristo, y las glorias que vendrían tras ellos. A éstos se les reveló que no para sí mismos, sino para nosotros, administraban las cosas que ahora os son anunciadas por los que os han predicado el evangelio» (1 Pedro 1:10-12). Aquí no tenemos sino una aplicación práctica del método de Jesús expuesto a sus discípulos en el camino de Emaús, cuando «comenzando desde Moisés, y siguiendo por todos los profetas, les declaraba en todas las Escrituras lo que de él decían» (Lucas 24:27). El cristianismo siempre ha entendido que el valor del Antiguo Testamento reside en su carácter testimonial de Cristo. Leer el Antiguo Testamento es un ejercicio de fe por el que transcendemos las leyes y luchas históricas de Israel para discernir en ellas el testimonio que de Cristo aportan, como cuando Pablo dice que la roca de la que brotó agua en el desierto era Cristo (1 Corintios 10:4)[25], toda vez que sólo Cristo puede calmar la sed espiritual del pueblo. Si se toma el texto del Éxodo 17:6 (también Números 20:11) al pie de la letra, entonces hay que decir que Pablo está alegorizando demasiado. Pero si no nos está permitido leer tipológica y espiritualmente el Antiguo Testamento, entonces caemos irremediablemente en el viejo dilema de postular un Dios distinto para el Antiguo y otro para el Nuevo, incompatibles en naturaleza, carácter, trato, historia y promesas. Marción tenía razón en lo que respecta al interés por el Antiguo Testamento como mera historia del pueblo hebreo y de su experiencia religiosa. Gracias a la visión aportada por Cristo sabemos que el Antiguo Testamento tiene una lectura espiritual que no contradice su naturaleza histórica ni gramatical, sino que la eleva a nuevos niveles de significado, como hace el apóstol Pablo en el pasaje citado, y otros paralelos, por la sencilla razón que, como cristianos, estamos convencidos que «estas cosas acontecieron a los judíos como ejemplo, y

---

the Old Testament, Regnery Publishing 2015; David Murray, Jesus on Every Page: 10 Simple Ways to Seek and Find Christ in the Old Testament, Thomas Nelson 2013; Christopher J. H. Wright, Knowing Jesus Through the Old Testament, Intervarsity Press 22014.

25. «Los israelitas obtuvieron bendición con el agua de la roca que Moisés golpeó en Refidim (Éxodo 17:6) y en Cadés (Nm. 20:11) y en el pozo de Beer (Nm. 21:16). Los rabinos tenían una leyenda de que realmente el agua siguió a los israelitas durante cuarenta años, mediante una roca de cinco metros de altura que seguía al pueblo y que manaba agua. Baur y algunos otros académicos creen que Pablo adopta 'esta leyenda rabínica de que la roca acuífera de Refidim viajó junto con los israelitas' (Findlay). Esto es difícil de creer, aunque es muy posible que Pablo aluda a esta ilusión y le dé un giro espiritual como un tipo de Cristo de un modo alegórico. Pablo conocía los puntos de vista de los rabinos, y ocasionalmente empleó la alegoría» (cf. Gálatas 4:24). A. T. Robertson, Comentario al Texto Griego del Nuevo Testamento, CLIE, Barcelona 2003.

están escritas para amonestarnos a nosotros, a quienes han alcanzado los fines de los siglos» (1 Corintios 10:11).

Los escribas y fariseos de Israel pueden protestar contra esta lectura e interpretación del Antiguo Testamento, como lo hicieron con Jesús y los primeros cristianos, pero ese es su problema, no el de la Iglesia. Los cristianos mantuvieron viva la polémica con los judíos por causa de la interpretación literal que éstos hacían de las Escrituras. Pues, ciertamente, desde una perspectiva de interpretación literal, gramático-histórica, Cristo no cumplió las profecías. «Porque, según una profecía de Isaías, ¿cuándo podemos decir que fuera *ungido* para predicar el Evangelio a los pobres?», se pregunta Fairbarn en un apasionante estudio. O, según otra, «¿dio precisamente la espalda a los que le golpeaban? ¿En dónde podemos leer que, en conformidad literal con las palabras del salmista respecto a Él, sus orejas fueron horadadas, o que se hundiera en aguas profundas donde no había lugar para el pie, o que fuera oído de los cuernos de los unicornios? Estas cosas, y otras del mismo carácter, fueron escritas respecto al Mesías en los salmos y los profetas, y si todas ellas se rigen por el principio del literalismo histórico, hemos de aceptar, de modo inevitable, que la humillación predicha del Mesías se ha cumplido sólo en parte en Jesús de Nazaret; una conclusión que recibirían con mucha satisfacción los judíos no creyentes, y que es el resultado legítimo de sus propios principios carnales e interpretación»[26].

El cristianismo nos libera de un concepto «sagrado» del libro de Dios, peligrosamente cercano a la idolatría, toda vez que sólo Dios es sagrado, santo, apartado de los pecadores y el único que merece nuestro respeto, culto y veneración. Un libro, aunque lleve impresas las marcas de su origen divino, es un objeto creado por el hombre en lo que a su aspecto material y formal se refiere. La Biblia es Palabra de Dios no por su letra –su caligrafía y redacción–, sino por su espíritu –mensaje y contenido–. En la concepción cristiana del libro santo late su convicción de que Dios no nos comunica solamente un texto, *se* comunica Él a sí mismo. El texto es el canal, el medio por el que Dios alcanza nuestra conciencia. Con ello estamos diciendo que el propósito de la Biblia no es ofrecernos una literatura caída del cielo para ser reverenciada, sino un mensaje cuyo propósito esencial es darnos a conocer el misterio de Cristo y, desde él, informar nuestra conducta y acompañar nuestra experiencia.

En el caso paradigmático de Lutero, se observa que para él la Biblia nunca fue un manual de teología ni un arsenal de textos en donde encontrar armas para defender tal o cual opinión particular. «La Palabra de Dios

---

26. Patrick Fairbarn, *La profecía, su naturaleza, función e interpretación*, CLIE, Terrassa 1985, p. 83.

será siempre para él una fuerza y una vida, la misma vida de Cristo, que irrumpe en el mundo de la muerte, que en él se insta y lo transforma»[27].

Durante siglos se ha enfatizado la Escritura como un documento informativo, una especie de catecismo o manual de religión para saber qué hacer en todo momento y qué creer sobre todo lo humano y divino, con los consiguientes conflictos entre la religión y la ciencia, la moral y la casuística, la fe y la razón. Por el Nuevo Testamento sabemos que la función de la Biblia es formativa, no sólo informativa. Informa para formar nuestra mente y nuestro carácter a imagen y semejanza de Cristo. «Toda Escritura es inspirada por Dios, y útil para enseñar, para redargüir, para corregir, para instruir en justicia, *a fin de que el hombre de Dios sea perfecto, enteramente preparado para toda buena obra*» (2 Timoteo 3:16-17).

En la carta a los Colosenses, el apóstol ora por los creyentes para que sean «llenos del cabal conocimiento de la voluntad de Dios en toda sabiduría e inteligencia espiritual» (Colosenses 1:9). Esta oración no sólo busca contrarrestar los efectos nocivos del gnosticismo entre los recién convertidos, oponiendo a la *ciencia* más *ciencia*, sino, como dice a continuación: «*para que andéis* como es digno del Señor, agradándole en todo, llevando fruto en toda buena obra» (v. 10). El propósito general de la revelación es acompañar la experiencia cristiana para llevarla a una mayor adecuación a la naturaleza y carácter de Dios. «El fin de todo conocimiento es la conducta», decía J. B. Lightfoot comentando este pasaje. El conocimiento bíblico es siempre un conocimiento con vistas a un fin práctico, a saber, crecer «en el pleno conocimiento de Dios; fortalecidos con todo poder, conforme a la potencia de su gloria, para toda paciencia y longanimidad; con gozo dando gracias al Padre que nos hizo aptos para participar de la herencia de los santos en la luz» (vv. 10-12).

Desde el mismo principio, advirtió el apóstol Pablo que la «letra mata, pero el Espíritu da vida» (2 Corintios 3:6), dando a entender el modo de entender e interpretar la Escritura, sus leyes, historias y ejemplos.

Dicho esto, debemos precavernos contra las trampas de nuestro entendimiento que cual péndulo inestable nos lleva de un extremo a otro. En virtud de la prioridad espiritual y práctica del contenido de la Escritura no podemos deducir que haya una especie de enfrentamiento entre la autoridad de Cristo, que nos llega por su Espíritu, y la de la Escritura, que nos llega como libro al que llamamos Biblia; o que uno es el testimonio del *espíritu de Cristo* y otro el de la letra de la Biblia. Se trata de una oposición o dicotomía artificial creada por nuestro lenguaje. Cristo nos habla en la Escritura, la Escritura nos habla de Cristo. Nada sabríamos de Cristo con certeza si la Escritura no existiese, a lo más tradiciones y vagas leyendas

---

27. Albert Greiner, *Lutero*, p. 51.

en contradicción unas con otras, como podemos observar en la literatura gnóstica y los evangelios apócrifos. Lo que decimos es que el Espíritu es el que toma la letra, muerta en sí misma, y la hace viva al inscribirla en la corriente general de la revelación que tiene a Cristo por meta. En su calidad de signo, la letra no es nada sin referencia a su significado.

Como cristianos entendemos que Cristo es la clave hermenéutica de la Escritura, el criterio que rige su interpretación. En este sentido tiene razón Dionisio Byler, cuando dice que Cristo es la autoridad suprema de la Iglesia, no la Biblia. De aceptar este punto, «ya no debatiríamos asuntos doctrinales, sino que apropiaríamos para nuestras propias vidas los diversos sucesos narrados en los evangelios. La tarea hermenéutica principal no sería llegar a comprender las profundidades teológicas de la fe, sino seguir a Jesús. Abandonaríamos así la pretensión de ser teólogos y nos conformaríamos con ser discípulos»[28]. Esto es totalmente cierto, y muy sano de ser observado en la práctica, tanto por el bien propio como por el de la comunidad, ya que muchos, creyéndose maestros, con la Biblia en la mano, crean una serie de problemas por cuestión de temas y doctrinas insuficientemente asimiladas. Si la lectura de la Biblia no nos lleva a ser mejores seguidores de Jesús y servidores de su comunidad, sino que nos «autoriza» a crear cismas y divisiones debido al descubrimiento de «verdades» no reveladas a los demás hasta ese momento, entonces estamos entendiendo mal nuestra relación con la Biblia.

La Biblia, la Escritura, está al servicio de Jesucristo y su Iglesia. En ello reside su autoridad. Nadie en sus cabales debería poner la autoridad de la Biblia por encima de la autoridad de Cristo, sino al contrario, como decía el Dr. Martyn Lloyd-Jones respecto al problema de la autoridad en la Iglesia. El orden de prioridades va de Jesucristo al Espíritu Santo, pasando por la Biblia, nunca entendida como un fin en sí mismo, una especie de manual sobre todo lo conocido y desconocido de Dios, sino como un testimonio de Cristo y su salvación[29]. El cristiano se somete a la autoridad de la Escritura como Palabra de Dios por la autoridad de Cristo que en ella se revela[30].

A pesar de esta precaución de primer orden, no podremos eludir que surjan debates doctrinales o de cualquier otro signo a raíz de la lectura de la Biblia. El debate en sí no tiene nada de reprochable. Cristo debatió con los intérpretes de la ley y autoridades de su época, como también lo harán

---

28. Dionisio Byler, *La autoridad de la Biblia en la Iglesia*, CLIE, Terrassa 1995, p. 147.

29. David Martyn Lloyd-Jones, *La autoridad de Jesucristo, la Biblia y el Espíritu Santo*, Certeza, Buenos Aires 1959.

30. C. H. Pinnock, *The Inspiration of Scripture and the Authority of Jesus Christ*, en *God's Inerrant Word*, Bethany Fellowship, Minneapolis 1973, p. 201.

sus discípulos[31]. No es el debate lo perjudicial, sino el *modo* de llevarlo a cabo. Lo condenable en toda controversia, del tipo que sea, y por el motivo que sea, es el afán de ridiculizar al contario, o de quedar por encima de él, sin consideraciones a la ética y el amor cristiano, amor que apunta a la verdad y comprende las dimensiones psíquicas y emocionales de la persona. La doctrina, como la teología, son los instrumentos imprescindibles que la mente necesita para poder alcanzar una experiencia significativa, y en este caso cristiana. Lo que pensamos de Cristo está íntimamente relacionado con cómo vivimos a Cristo. La *doctrina de Cristo* es el aspecto intelectivo de nuestra experiencia de Cristo, sin el cual ésta carece de fundamento y se disuelve en la nada.

3.2. Cristocentrismo bíblico

Los antiguos, con toda razón, se atrevieron a utilizar una analogía significativa respecto a las Escrituras como testimonio de Jesucristo. Dijeron que el Verbo que primero se *encarnó* en la persona de Jesús, después se *escriturizó* en los escritos apostólicos. «El Verbo se hace carne en cada una de las palabras escritas» (San Máximo Confesor). «Cuando leemos la Sagrada Escritura, tenemos entre las manos al Verbo de Dios» (Ruperto de Deutz). Nótese que se dice en la Sagrada Escritura, desde Génesis al Apocalipsis, no sólo en los Evangelios, pues, como Lutero decía, Cristo se encuentra en cada página de la Biblia. «El Hijo de Dios está sembrado en todas las partes de la Escritura» (San Ireneo). «Jesús es la misma palabra de la Escritura» (Orígenes). «El centro y la luz de los dos Testamentos» (San Ambrosio). En resumen, «*la espiritualidad patrística* ofrece para todas las épocas y escuelas unas pautas fundamentales: escuchar (*contemplar*) al Verbo encarnado (Cristo), escondido en las palabras de la Escritura»[32].

«Una ley de concentración y de irradiación preside toda la Escritura: En ella todo converge y se orienta a Cristo. Y de Cristo todo deriva; y a todos. Llamémosla mejor, Ley de «solidaridad»: Esperanza y Bendición, Promesa y Alianza, Reino y Consagración, todo se aúna y se suma, todo se realiza y se plenifica en Cristo. Y así el Antiguo Testamento es todo él «cristiano». Todo en él esbozo, figura, preanuncio, promesa de Cristo»[33]. «Del conocimiento de Cristo como de su principio original dimana la firmeza y la inteligencia de toda la Escritura. Por donde es imposible que nadie entre a conocerla si antes no tuviera infusa la fe de Cristo, como lámpara y puerta, y fundamento de toda la Escritura» (Buenaventura).

---

31. Cf. John R. W. Stott, *Las controversias de Jesús*, Certeza, Buenos Aires 1975.

32. Juan Esquerda Bifet, *Caminar en el amor. Dinamismo de la vida espiritual*, Atenas, Madrid 1989, p. 50.

33. José M. Solé, *Tú eres el Cristo, el Hijo de Dios*, Claret, Barcelona 1975, p. 51.

«La Biblia está toda empapada de mesianismo. La Ley y la Alianza prefiguran y preparan la futura Alianza Mesiánica. Los profetas encaminan los hombres hacia el esperado Mesías. Toda la historia de Israel es en cada uno de sus sucesores una Promesa soteriológica y en cada uno de sus protagonistas un Tipo Mesiánico. Si suprimimos al Mesías la Biblia es toda ella enigma y absurdo. Con él y en él todo es coherente y armónico»[34].

4. El poder del Espíritu

Los recursos de la vida cristiana son poderosos del lado humano. Pero nada serían si no fuera porque Dios los ha determinado para ese propósito. Son parte de los medios de gracia, las ayudas visibles de lo invisible; los instrumentos materiales de la gracia sobrenatural. Ciertamente Dios obra mediante la instrumentalidad humana. Pero también hay recursos indispensables que vienen directa e inmediatamente de Dios mismo. El primero de ellos es el poder del Espíritu. Pablo dedicó una gran parte de su pensamiento a la actividad del Espíritu Santo en los creyentes y en la Iglesia. Sin la presencia del Espíritu la vida cristiana es una visión pasajera que podemos perseguir pero nunca alcanzar. «Al ser injertados en Cristo, habéis sido sellados con el Espíritu Santo prometido» (Efesios 1:13). No se trata del sello o la marca externa que se grababa en los esclavos o en los animales, sino la identificación interior y la marca de la propiedad espiritual de Dios. «El Espíritu Santo de Dios es en vosotros como un sello que os distinguirá en el día de la liberación final» (Efesios 4:30).

El Espíritu Santo es el medio de acceso al Padre (2:18). Gracias a su actividad la Iglesia se construye como un templo santo para el Señor (Efesios 2:22). Él es la fuente del conocimiento, el que revela a los apóstoles y profetas los misterios de Dios (Efesios 3:5). La fuerza y la energía provienen de Él como dones (Efesios 3:16). Es el Espíritu de unidad y armonía (Efesios 4:3). Todo cristiano debe guardarse de entristecerle (4:30). El fruto del Espíritu son la bondad, la rectitud y la verdad (Efesios 5:9). El Espíritu es el intérprete de la Palabra, que la utiliza como una espada (Efesios 6:17), con la cual el creyente puede hacer frente a las fuerzas del mal, a la vez que combatirlas. La oración es parte del ministerio del Espíritu en el alma creyente (Efesios 6:18). De ahí que el cristiano tiene por tarea ser lleno del Espíritu (Efesios 5:18) por encima de cualquier otra ocupación o distracción que el mundo pueda ofrecer.

La persona sellada y sumergida en la realidad del Espíritu se abre a nuevos horizontes y nuevas facultades en su vivir. «Acritud, rencor, ira, voces destempladas, injurias o cualquier otra suerte de maldad» (Efesios

34. *Ibid.*, p. 53.

4:31), son elementos que causan tristeza al Espíritu y difuminan su sello o distintivo hasta el punto de volverlo irreconocible. La santidad es una forma elevada de sensibilidad. El corazón renovado crece en sensibilidad; cosas que antes le atraían ahora le disgustan, y aquello que le parecía molesto y tedioso ahora lo encuentra agradable. Incluso las mismas cosas de antes, sensaciones, apetencias, gustos dejan de ser las mismas. El Espíritu hace crecer en el alma una nueva sensibilidad. Santa no es la persona con aires de indiferencia a las realidades del mundo, sino aquella que siente profunda y distintamente esas mismas realidades a la nueva luz de Dios.

El Espíritu Santo fortalece el hombre interior. En tiempos de presión, de peligro, de ansiedad, o simplemente, de llevar a cabo la obra de Dios y la tarea de todos los días, el Espíritu Santo es el aliado que ofrece graciosamente sus recursos al alma que a Él acude.

La «llenura» del Espíritu sugiere, en su forma verbal, que hay distintos grados de posesión del Espíritu, o lo que es lo mismo, niveles diferentes de ser poseídos por el Espíritu de Dios. Es una verdad tan clara como el agua que no todos los cristianos gozan de la misma madurez ni crecen con idéntico discernimiento espiritual y humano. Esto se debe a las distintas maneras que tenemos de ponernos a disposición del Espíritu. Nosotros no poseemos a Dios, sino que Él nos posee a nosotros. Sería contrario al carácter divino concebirlo como un ser a *disposición* humana, cuando la verdad es todo lo contrario.

No podemos hacer reservas de Dios como quien almacena alimentos y bebidas para casos de emergencia. El carácter de la vida cristiana es enteramente personal y se desenvuelve en el diario caminar y como tal obedece a una relación siempre renovada en fidelidad y seguimiento en un constante «hoy», «ahora». «En nuestra vida cristiana tiene que existir una realidad sobrenatural, momento tras momento», decía Francis Schaeffer[35].

«Si vamos a elevarnos a las regiones de la luz y el poder espiritual que nos marcan las Sagradas Escrituras, debemos perder el mal hábito de ignorar lo espiritual»[36].

5. La presencia de Cristo

Tan pronto como Pablo menciona la fuerza y la energía del Espíritu en el creyente, hace referencia al punto central de la dispensación actual del Reino de Dios: «Que Cristo habite, por medio de la fe, en el centro de vuestra vida; que el amor os sirva de cimiento y de raíz. Seréis así capaces de

35. F. Schaeffer, *La verdadera espiritualidad*, p. 214.
36. A. W. Tozer, *La búsqueda de Dios*, Alianza Editorial, Harrisburg 1977, p. 57.

entender, en unión con todos los creyentes, cuán largo y ancho, cuán alto y profundo es el amor de Cristo; un amor que desborda toda ciencia humana y os colma de la plenitud misma de Dios» (Efesios 3:17-19). El Espíritu da testimonio de Cristo y lo va configurando en la vida de los creyentes. Cristo y el Espíritu van unidos, donde está uno está el otro.

La presencia de Cristo en la vida creyente, como su centro y circunferencia, aun con ser de carácter inefable, difícil de describir con palabras, puede ilustrarse con una experiencia común. Aquella que en presencia de otra persona de la que se quiere saber más, uno daría todo lo que tiene por introducirse en su mente y conocer las intenciones de su corazón, aunque sólo sea por un momento. En el caso de Cristo él no viene a nuestra vida para conocernos mejor, sino todo lo contrario, para que nosotros le conozcamos más. Podríamos usar otra ilustración. Se refiere al dicho de los indios americanos de estar uno en los mocasines del otro, o aquel más popular «ponte en mi lugar». Si las personas fueran capaces, tan sólo por un hora, de situarse en el interior de los demás, de manera que el rico estuviera dentro del pobre, el europeo en el árabe, el blanco en el negro, el hombre en la mujer, el padre en el hijo, el sofisticado en el simple y viceversa, qué transformación no se produciría a escala mundial. Si Cristo estuviera dentro de los cristianos de modo real y vivo durante media hora nadie puede imaginarse qué consecuencias tendría para el mundo y para la Iglesia. Quien esté dentro de Cristo y Cristo en él sabría al momento la diferencia que hay entre la verdad y la mentira, la justicia y la injusticia, el odio y el amor. Y esa es, precisamente, la aspiración cristiana: la presencia interna de Cristo en los suyos, por medio de la fe y del Espíritu. Y no durante media hora, sino toda la vida. Demasiado solemne para decirlo tan deprisa y no temblar ante perspectiva tan majestuosa. *Cristificados*. Ser parte real de Cristo y Cristo parte real de nosotros. A esta experiencia ya no responde la categoría de creyentes, de discípulos, de seguidores, sino de hermanos, de amigos, de íntimos. Tal es la vocación del cristiano, no hay otra como la suya. Todo lo demás que hay en el mundo, toda filosofía o toda religión, todo programa o todo plan de mejoramiento personal es un juego de niños comparado con la presencia de Cristo en el interior de los suyos.

¿Es esta una experiencia mística, es decir, extraordinaria, fortuita, de vez de en cuando, o permanente, común, a la altura de nuestras posibilidades? La psicología humana es ambivalente. Tan pronto sentimos miedo como tenemos una confianza absoluta, tan pronto saltamos de alegría que nos hundimos de tristeza, tan pronto tenemos fe para mover montañas que acto seguido no sabemos ni lo que creemos. Nuestra comunión con Cristo es tan débil que se puede decir que un día estuvo con nosotros pero que después se marchó y sólo nos queda el recuerdo nostálgico de su presencia. Somos incapaces de vivir sintiendo su presencia de un modo continuo y consciente. Henry Francis Lyte[37] lo expresó en un poema:

No te pido una estancia breve, una palabra de paso:
Sino que como tú estuviste con tus discípulos, Señor,
familiar, condescendiente, paciente, libre,
Ven, no para marcharte, sino para quedarte en mí.

Disfrutar la presencia de Cristo hasta ser uno con Él es el nivel más alto de espiritualidad, y cada persona que se toma en serio el nombre de Cristo puede tener tanto como el que más haya tenido. A veces las amistades, y el amor entre dos seres queridos, debido a su intensidad, pueden convertirse en una obsesión, algo enfermizo, patológico. Esto ocurre cuando la personalidad de uno queda absorbida por la del otro. Pero no tiene por qué ser así. La amistad y el amor verdadero no tienen que comportarse de esa manera, no lo hacen. Al revés, refuerzan la personalidad con la adición de seguridad y confianza. El amor y la amistad suman, no restan. «Ya no soy yo quien vive; es Cristo quien vive en mí. Mi vida en este mundo consiste en creer en el Hijo de Dios, que me amó y entregó su vida por mí» (Gálatas 2:20). Cuando Cristo tomó posesión de Pablo, el apóstol se hizo una persona más grande y con mayor fuerza. Cristo le expandió, le aumentó desde dentro, al convertir su personalidad en una fuerza mental y moral más saludable y dinámica. El Evangelio nunca anula la personalidad sino todo lo contrario, lo que anula y arranca de raíz es el ego centrado en sí mismo, narcisista, egoísta, incapaz de ponerse en el lugar de otro y, por tanto, dar lugar al otro supremo. «¿No sabéis que vuestro cuerpo es templo del Espíritu Santo que habéis recibido de Dios y habita en vosotros? Ya no sois los dueños de vosotros mismos. Dios ha pagado por vuestro rescate; glorificadle, pues, con vuestro cuerpo» (1 Corintios 6:19-20). Mediante este símil de la compra Pablo quiere enseñar a los creyentes la tremenda realidad de una vida reorientada del yo a Cristo, del egoísmo a la comunión. En este sentido uno ya no es suyo, pertenece a Dios. Lo que ocurre es que a cambio Dios nos devuelve enriquecidos a nosotros mismos y a los demás, como en el milagro de la resurrección del hijo de la viuda de Naín. «Lo dio a su madre» (Lucas 7:15).

---

37. Henry Francis Lyte (1793-1847), teólogo anglicano, himnólogo y poeta, recordado por su bien amado himno «*Abide with Me*». Cf. Allan Sutherland, *Famous Hymns of the World, Their Origin and Their Romance*, Frederick A. Stokes Co., New York 1906; Amos R. A. Wells, *Treasure of Hymns; Brief biographies of 120 leading hymn- writers and Their best hymns*, W. A. Wilde Co., Boston 1945.

Personajes claves en las misiones como William Carey, Henry Martyn, James Gilmore, Adoniram Judson, David Livingstone, John Mackay, James Moffat, María Slessor, Hudson Taylor, C. T. Studd, Patricio Symes y muchos otros más podrían decir lo que John G. Paton: «Sin el sostén consciente de la presencia y el poder del Señor Jesús, nada en este mundo podría haberme evitado perder la razón. Sus palabras: 'He aquí, yo estoy con vosotros siempre' (Mateo 28:20), eran tan reales para mí que no me hubiera sorprendido verle saliendo entre la maleza. Sentí su poder fortalecedor. Podía llevar a cabo todas las cosas mediante Cristo Jesús que me sostenía». Cristo siempre está detrás del creyente y dentro de él; ineludible aunque invisible. Está con los suyos porque se ha dado él mismo a ellos.

De muchos modos y maneras Cristo dice a todo aquel le escucha: «Sígueme». Al hacerlo se reconoce a Cristo como Señor y maestro, pero a la vez él se convierte en el motivo y el momento decisivo de sus vidas. No vino a destruir la personalidad, sino a perfeccionarla. Sus llamados a «negarse a uno mismo» y a «tomar la cruz» (Mateo 16:24), no son sino llamados contra el egoísmo narcisista. Jesucristo de ningún modo anula la fuerza vital de la persona, al contrario, pone su vida divina en ella. Es el pecado el que destruye y esclaviza, es el pecado el que mata y roba, por eso el Evangelio comienza por ser una buena noticia para los pecadores, en cuanto les indica el camino para salir de él y les otorga el poder para lograrlo. El pecado paga con la muerte por todos los servicios que se le hayan hecho. Dios regala la vida eterna no por nada que hayamos hecho de bueno, sino para que podamos hacerlo.

6. La plenitud de Dios

La vida del cristiano es existencialmente trinitaria[38]. El Espíritu actualiza la presencia del Hijo para que el Padre se manifieste en toda su plenitud. Hay una interrelación y un orden de carácter espiritual existencial que se da en la experiencia cristiana, de modo que si falta un elemento se rompe la cadena y es imposible lograr la plenitud de la realidad cristiana en esta vida. «Es el amor de Cristo, un amor que desborda toda ciencia humana y os colma de la plenitud misma de Dios» (Efesios 3:19). Pablo vivía, se movía y tenía su ser en los superlativos del pensamiento y del lenguaje. Fuerza el vocabulario humano a fin de encontrar palabras para lo inexpresable. Sólo el amor de Cristo se le resiste a la definición; está más allá de la expresión ordinaria y de la razón común. Sobrepasa el entendimiento, pero aun con todo Pablo se esfuerza en medirse con ese amor todo el tiempo. Y busca lo mismo para los demás, que nadie ignore lo que

---

38. Cf. Francisco Lacueva, *Espiritualidad trinitaria*, CLIE, Terrassa 1976.

Dios significa. «Llenándoos de la plenitud total, que es Dios» (Efesios 3:19, *NBE*). ¿Qué significa esto? ¿Qué ser humano tiene la capacidad de contener la grandeza de Dios? ¿Puede un agujero en la playa contener toda el agua del mar? ¿Se podría introducir la luz del sol en la llama de una vela? No, indudablemente; sin embargo, nosotros estamos hablando de la total plenitud divina llenando el pequeño e insignificante corazón humano. ¿Cómo es esto posible? Porque al hablar de Dios no estamos haciendo referencia a magnitudes físicas sino personales, no tiene nada que ver con la materia sino con el espíritu.

El ser humano es *capaz* de Dios porque, a pesar de su miseria actual y su relativa menudez, es un ser destinado para la gloria, es decir, para tener comunión con la realidad que fundamenta todo cuanto hay y hace que haya. Dios no es competidor del ser humano, tampoco su enemigo, ni su polo opuesto; es la realidad en que se mueve y es; es la plenitud total del ser humano. Una vida sin Dios es una vida incompleta, por consiguiente, una vida llena de Dios es la perfecta realización de la vida. Por plenitud se entiende en Efesios 3:19 «abundancia». «La *plenitud de Dios* es esa excelencia de la que Dios mismo está lleno» (Crisóstomo). Es la plenitud de la perfección divina, que como en Colosenses 2:9 reside corporalmente en Jesús.

La plenitud de Dios es el modelo al que se debe aspirar. Todo el Nuevo Testamento está saturado de esta verdad desde el principio al fin. La encontramos primero en los labios de Jesús: «Sed vosotros perfectos como vuestro Padre celestial es perfecto» (Mateo 5:48), que a su vez nos remite al llamamiento del padre de los creyentes, Abraham: «Camina delante de mí y sé perfecto» (Génesis 17:1)[39]. Hallamos sustancialmente la misma verdad en Efesios 4:13, donde Cristo representa la plenitud visible y humana de la Divinidad. «Que todos lleguemos a la unidad de la fe y del conocimiento pleno del Hijo de Dios, a la condición de un hombre maduro, a la medida de la estatura de la plenitud de Cristo». Ya Pablo había argumentado que el propósito y fin de la elección era con vistas a la restauración del ser humano a su primigenia gloria en comunión con Dios. «A los que de antemano conoció, también los predestinó a ser hechos conforme a la imagen de su Hijo, para que Él sea el primogénito entre muchos hermanos» (Romanos 8:29). Ya vimos anteriormente el aspecto cristoforme del ser cristiano. Cristo, el Hijo unigénito del Dios es el Hijo del Hombre perfecto, como Dios es el Dios perfecto, por tanto, la perfección del ser humano consiste en ser lleno de Dios[40]. La plenitud

---

39. Comparar: «Porque yo soy Yahveh vuestro Dios, vosotros os santificaréis; y seréis santos, porque yo soy santo... Me seréis santos, porque yo, Yahveh, soy santo y os he separado de los pueblos para que seáis míos» (Levítico 11:44-45; 20:26).

40. Charles Hodge, *Ephesians*, p. 134.

de Dios se convierte en el modelo al que el cristiano debe aspirar en su configuración existencial, *cristificada*.

Como en el caso de la llenura del Espíritu, la llenura de la plenitud de Dios es una acción en movimiento constante. Un proceso que no cesa debido a la calidad inabarcable de su objeto. Es crecimiento hacia la perfección absoluta, que se prolongará en la misma gloria y más allá de la misma, por toda la eternidad. Dios es el *ideal último* del ser humano aquí en la tierra como en el cielo.

La plenitud de Dios no se produce en el aire, ni tiene lugar en ninguna comida sagrada que nos haga parte de Dios, sino en la fe. Cristo, la plenitud de la Deidad, mora en los corazones mediante la fe (Efesios 3:17). Jesucristo es, desde cualquier ángulo que lo miremos, el único camino que nos lleva al Padre. Nadie puede recibir nada de la mano de Dios sin Cristo como mediador. «Nadie conoce al Padre, sino el Hijo y aquel a quien el Hijo lo quiera revelar» (Lucas 10:22).

La plenitud de Dios nos es accesible en Cristo, no está fuera de nuestro alcance ni es preciso recurrir a alguien más aparte de Él. La mujer samaritana estaba en lo cierto: «El pozo es hondo y ni siquiera tienes con qué sacar agua» (Juan 4:11). Hay muchas cosas que nos son imposibles, ya sea a causa de su profundidad, o a causa de su altura. Entonces Jesús corrige nuestra visión, o falta de la misma: «Si conocieras el don de Dios, si supieras quién soy yo» (v. 10). No es una nueva imagen de Cristo lo que necesitamos, sino a Cristo mismo hecho realidad en el centro de nuestra vida.

VII
Vida en sociedad

Llamamos *deberes* a aquellos aspectos relacionados al seguimiento de Cristo o vida cristiana desde la perspectiva de la acción humana. En el capítulo anterior consideramos la parte de Dios en la obra del creyente, en este miraremos la parte del creyente en la obra de Dios, que guarda siempre una relación de causa y efecto, siendo la causa la gracia de Dios y efecto la vida del creyente según la dinámica de la respuesta: «Habla, oh Señor, que tu siervo escucha» (1 Samuel 3:9). «Creí; por tanto, hablé» (Salmo 116:10).

Toda doctrina bíblica tiene una dimensión práctica en cada uno de sus contenidos. La Escritura, como ya sabemos, tiene el propósito de acompañar, guiar e impulsar la experiencia cristiana para que cada vez más se asemeje al Reino de Dios, que es Dios reinando supremo en la vida de hombres y mujeres abiertos a la salvación transcendental de Jesucristo. El cristianismo no puede entenderse a sí mismo, sino como una forma específica de tratar con Dios. Antes que una doctrina sobre la universalidad del amor como moneda de cambio entre los seres humanos, el cristianismo es una manera original de entender a Dios y relacionarse con él. A partir de este punto capital giran todos los demás y tienen su origen y sentido *cristiano*. Comencemos, pues, desde el principio.

1. El cristiano en adoración: adoramos

La fe cristiana se entendió siempre como fe vivida en comunidad de adoración y servicio a Dios y al prójimo. Es inseparable de un pueblo que desde un principio comenzó a denominarse pueblo de Dios. Los autores apostólicos lo adornan con todos los elementos propios de la divinidad, en cuanto, el pueblo de Dios, la Iglesia, es depositaria de una revelación y de unos dones que se han de transmitir de generación en generación conforme al modelo fijado por Cristo y sus apóstoles.

La excesiva atención prestada a los defectos de la Iglesia, es decir, de sus miembros componentes, ha llevado a muchos a fijarse sólo en las debilidades humanas y no en la realidad divina que hay detrás, dentro y delante de la Iglesia como cuerpo de Cristo y pueblo de Dios, animada, dirigida y alimentada por los dones del Espíritu. Casos no faltan para componer una historia escandalosa del cristianismo, pero adviértase que la Iglesia como tal, en sus operaciones y actividades propias de adoración, alabanza y servicio de amor, no es culpable de los delitos que algunos de sus hijos han cometido y cometen en determinadas cuestiones y tiempos. La Iglesia, en sí misma considerada, no puede pecar, es santa, según la antigua confesión del credo, en cuanto carece de un cuerpo físico localizable en un punto del espacio que pueda cometer actos impropios. El carácter de cuerpo de la Iglesia es espiritual o místico y se expande en toda la tierra. Su fuente de energía moral está en cielo, donde está su cabeza, sentado a la derecha del Padre; en su concreción histórica la Iglesia comprende tanto los miembros que son propiamente iglesia como aquellos que no lo son, que figuran en sus filas, pero cuyos corazones están vacíos del amor de Dios. Además de eso la Iglesia es un compuesto de humanidad y divinidad, y es cierto que en determinadas ocasiones y momentos un buen número de sus componentes ha estado más en el lado de la humanidad que en el de la divinidad, y esto ha afectado, indudablemente, a su testimonio, a su ser y estar en el mundo como cristianos. En ese sentido, la Iglesia es santa y pecadora a la vez. Santa por lo que corresponde a Dios obrando en el ser interior de sus hijos, pecadora en la resistencia que éstos oponen a su acción sobrenatural.

Cristo señala el amor como la marca distintiva de sus seguidores, porque el amor nunca será destruido y está henchido de esperanza. «El amor todo lo cree, todo lo espera» (1 Corintios 13:7). Él tiene el poder curativo y tonificante de la Iglesia, pues que Dios es amor y el que ama es nacido de Dios (1 Juan 4:7). Quien cae en la cuenta de los defectos de su iglesia o congregación, en lugar de apresurarse a aumentarlos y renegar de la misma, debe intensificar su amor y su esfuerzo por curarla y fortalecerla en el bien. El cristiano responsable, además, sufrirá los pecados del resto como si fueran suyos; al ver las faltas de otros se preguntará si él no habrá sido indirectamente culpable, ya que todos formamos un mismo cuerpo, somos partes unos de otros. Si es así, ¿por qué nuestro amor sincero, fe y servicio fueron incapaces de salvar los pecados y debilidades en medio de nuestra comunidad? Sea que hallamos fallado personalmente o no, ¿no habría que decir, como Pablo, «en mi carne, completando lo que falta de las aflicciones de Cristo, hago mi parte por su cuerpo, que es la Iglesia?» (Colosenses 1:24, *BLA*). Entendiendo que no es que la pasión de Cristo esté incompleta en sí misma, sino que su aplicación histórica, generación tras generación, individuo tras individuo, supone la incorporación a ella de los esfuerzos y sufrimientos asumidos por amor a Cristo, en cuanto trato pastoral y relaciones fraternales[1]. «Hijitos míos, por quienes de nuevo sufro dolores de parto hasta que Cristo sea formado en vosotros» (Gálatas 4:19).

---

1. Luis Cencillo, *La comunicación absoluta. Antropología y práctica de la oración*, San Pablo, Madrid 1994, p. 197.

Pablo, en su larga experiencia misionera, como veterano y experto fundador de nuevas comunidades cristianas en el mundo gentil, conoció de primera mano los efectos desastrosos de la «carne» en las cosas del «espíritu», cómo los «santos y amados» de un determinado lugar permitieron toda suerte de inmoralidad e injusticia, que destrozaron su corazón de apóstol de Jesucristo. Pablo, sin embargo, tiene un concepto claro y propio de la Iglesia cristiana, vista a la luz de su vocación y de su propósito en Cristo. En la epístola a los efesios la llama «cuerpo de Cristo y, como tal, plenitud del que llena totalmente el universo» (1:23). «Cristo es cabeza y salvador del cuerpo que es la Iglesia. Por ella entregó su vida, a fin de consagrarla a Dios, purificándola por medio del agua y por la palabra. Se preparó así una Iglesia radiante, sin mancha, ni arruga, ni nada semejante; una Iglesia santa e inmaculada» (5:23-27). ¿Ha fracasado Cristo en su intención y obra, está Pablo exagerando? Hasta el día de hoy la Iglesia está entre nosotros semejante a aquél que fue maltratado por sus adversarios, traicionado y vendido por sus amigos. Muchos amontonan sobre la Iglesia de Cristo acusaciones y reproches no siempre justos ni bien intencionados. Al participar del carácter de Cristo en la Iglesia se cumple el mismo destino de su maestro. Perseguida y aborrecida desde el principio, ha tenido que soportar la cárcel, la tortura, el exilio, la muerte. La Roma de los césares la persiguió con violencia y saña durante siglos. Pequeña en número, sin personas influyentes entre sus filas, sin riqueza ni poder, la Iglesia se vio zarandeada por sus enemigos, pero resistió la carga y triunfó finalmente, no para cambiar su destino propio de mártir, sino para prepararse para una nueva era y desafíos nuevos[2].

La Iglesia es la creación especial de Cristo. A ella le ha confiado todas sus promesas: «Yo estaré con vosotros siempre» (Mateo 28:28), y la ha investido de un poder indestructible en medio de su debilidad: «Las puertas del infierno no prevalecerán contra ella». Cristo se pasea en medio de sus iglesias para reconvenirlas, alentarlas y llevarlas a una nueva dimensión de amor y servicio. «Fijad vuestra vista en Atenas –dijo Pericles a los suyos–, convertíos en amantes de ella». Es lo que el cristiano tiene que hacer en la hora presente.

Como a una novia Cristo ha engalanado a su Iglesia con algunas joyas y la ha enriquecido con sus dones. Entre ellos se encuentran, mencionados por Pablo: «Apóstoles, profetas, anunciadores del mensaje salvador, encargados de dirigir y enseñar a los creyentes. Capacita así a los files, para que, desempeñando debidamente su tarea, construyan el cuerpo de Cristo hasta que todos alcancemos la unidad propia de la fe y del conocimiento

---

2. Cf. A. Ropero, *Mártires y perseguidores. Historia general de las persecuciones*, CLIE, Barcelona 2010.

del Hijo de Dios» (Efesios 4:11-13). Es un privilegio grande y santo ser comisionado para servir al cuerpo de Cristo. Ser miembro de este cuerpo es ser responsable de la pureza y santidad del mismo, cuidando su honor y su buen nombre. La Iglesia no puede ser destruida desde fuera, ¿pero qué ocurriría si fracasara a nivel interior, sería entonces destruida? La persecución no puede acabar con ella, pero su propia impureza e infidelidad la pueden conducir a la desgracia total, a su perdición, en cuanto iglesia local o comunidad particular de creyentes. Una iglesia determinada, local o regional, puede quedar descalificada por su propia vida y su candelero pasar a otro lugar. Hay una solemne leyenda sobre el templo judío referente a la noche anterior a la destrucción de Jerusalén por las tropas romanas. Dice que los guardias oyeron una voz misteriosa que decía: «Vámonos de este lugar». Entonces se escuchó el sonido de unas alas que poco a poco se iban perdiendo en el espacio. Al día siguiente Jerusalén cayó y el templo fue destruido. Cuando la presencia de Dios abandona un lugar éste queda sin protección. La Iglesia es fuerte por la presencia de Dios en medio de ella. Esta es reconocida mediante la adoración y la alabanza.

«Cantad entre vosotros salmos, himnos y cánticos inspirados. Cantad y tocad para el Señor desde lo hondo del corazón, dando gracias siempre y por todo a Dios Padre en el nombre de nuestro Señor Jesucristo» (Efesios 5:19-20). Pablo no se estaba refiriendo en este lugar a los himnos y cánticos que se suelen entonar en los cultos dominicales en conjunto, está pensando más bien en la edificación mutua que se deriva de la adoración en comunión. La Nueva Biblia Española lo traduce más acertadamente: «Expresaos entre vosotros», es decir, tanto durante el culto como durante el trato común buscad el enriquecimiento espiritual. «Entonces los que temían al SEÑOR hablaron cada uno a su compañero» (Malaquías 3:16). El interés común lleva a la participación y al diálogo en aquello por lo que uno se siente interesado. El interés supremo del cristiano es su Dios y todo lo que concierne a su persona, lo cual incluye toda la creación.

La verdadera religión produce gozo, trae alegría a la vida. El cristiano verdadero es aquel que hace que Cristo se convierta en música en su vida. Plinio escribió a Trajano sobre la adoración de los cristianos, cómo solían reunirse antes de despuntar el día para cantar a Cristo como a Dios. Antes de que los creyentes tuvieran edificios destinados para el culto, la adoración tenía lugar en las casas en grupos, allí donde fuera posible alabar el nombre de Dios. Les unía el deseo de reunirse y el sentido de obligación en recuerdo de aquel que había muerto y resucitado por ellos. «No dejando de congregarnos» (Hebreos 10:25). La Iglesia es más ella misma en adoración. Cuando se reúne para orar y alabar a su Señor es cuando manifiesta de modo consciente y deliberado su ser *en* Dios y *de* Dios.

Señor, qué deleitoso es
contemplar una asamblea en adoración.
Ahora cantan, después oran,
escuchan al cielo y aprenden el camino.

He estado allí y todavía volveré;
es como un pequeño cielo en la tierra.
Ningún otro placer ni diversión
me hará olvidar aquel día[3].

Nada hay más serio en el mundo que el Evangelio de Jesucristo. Al mismo tiempo nada hay más alegre en este mundo que su mensaje. Quienes lo descubren encuentran que Dios cambia su lamento en baile. En medio de la persecución y de las pruebas, de la debilidad y los problemas, de las espinas y de los desprecios, los cristianos soportan todo con la serenidad propia de hijos de Dios, que sorprende a sus enemigos.

2. El cristiano en el hogar: amamos

Cuando Napoleón se puso a clasificar los libros de su biblioteca colocó a la Biblia en la sección de política. Error de estadista. La Biblia no puede adjudicarse a ninguna sección de una biblioteca. Pertenece tanto a la poesía como a la prosa, a la historia como a la filosofía; la Biblia es única y su lugar apropiado es el hogar. Contiene más de ochenta referencias al matrimonio. Alude a los maridos más de ciento treinta veces, y a las esposas no menos de cuatrocientas cincuenta. Está llena de escenas familiares. Todas las luces y sombras de la vida doméstica se reflejan en sus páginas con una tremenda honestidad. Así tenemos la historia de personas que alcanzaron el éxito en la sociedad y fracasaron en sus propias casas; leemos de un padre que servía a Dios y a su pueblo mientras que sus hijos se convirtieron en adoradores de Belial; una madre que dejó su hijo para que pudiera ser libre. Podemos leer los pecados secretos de las personas religiosas, y cómo al final salió el secreto a relucir y el estrago que produjo en la familia. Tenemos también la descripción de una madre que ora; grandes frases desafiantes, como aquella que dice: «Yo y mi casa serviremos al Señor». El padre debe adquirir sabiduría de lo alto si quiere saber dónde están los límites de su autoridad, de modo que no provoque a sus hijos a la ira, por su rigor y aspereza.

---

3. Himno de Isaac Watts, «Lord, how delightful 'tis to see», 1715.

Hace unas décadas el cine y las novelas, que siempre reflejan las priori-dades y las costumbres de una sociedad, dedicaban su atención a los éxitos y fracasos en el noviazgo. Luego llegaba el matrimonio y con él el fin de la historia, la felicidad culminaba el romance y un beso cerraba la escena. Más tarde, los guionistas y escritores se dedicaron a enseñar lo que viene después del matrimonio, su éxito o su fracaso, sus lágrimas y sus sonrisas; su comunión y su separación. Hubo un tiempo que todos los matrimonios terminaban en tragedia; todo lo contrario a las llamadas «novelas rosa», quizá como una reacción a las mismas. Después, el matrimonio dejó de adquirir importancia y se comenzó a presentar una sociedad de hombres y mujeres «liberados», cambiando de pareja con la misma facilidad con que se comienza la relación. En nada se ha cambiado tanto como en las relaciones entre la pareja. En cuestión de unos años se ha pasado de estar todo prohibido a estar todo permitido. Lo que cuenta es la satisfacción inmediata de los instintos y de las emociones.

La imagen cristiana de la vida familiar es bastante diferente. Pablo co-loca el ideal bastante alto y hace que Jesucristo esté presente en el corazón del hogar y que una los lazos de la pareja y de la familia en un amor re-cíproco. Dios es el autor del matrimonio y por eso es solemnizado en su nombre, dando a entender la importancia de Dios en la vida de la pareja. No se puede comenzar un matrimonio, y esperar que sea feliz, dejando a Dios a un lado; por eso la Iglesia quiere intervenir en un acto de este tipo para enseñar, mediante la ceremonia del matrimonio, que Dios es el Señor de la pareja, su garante y su defensor. En cierto sentido el matrimonio es una *vocación*. Vocación es aquello a lo que nos sentimos llamados, un deber a cumplir, una empresa a realizar con todas las fuerzas de nuestro ser. No todos están preparados para el matrimonio. Casarse con una persona no es casarse con la perfección, ni en el mejor de los casos. Es una aventura para la que el deseo y la buena voluntad no son suficiente. El cristiano tiene que echar mano de todos sus frutos espirituales y virtudes del alma, como la paciencia, el perdón, el sacrificio y el amor entregado. En la vida con otro hay mucho dolor y mucha dificultad, mucho estrés y mucho sinsabor, aun así el secreto de la paciencia y de la victoria está en el amor que nunca deja de ser, nunca se rinde, nunca es indiferente o descuidado, sino que llega hasta el final. Es el amor de Cristo viviendo en la pareja.

Un problema grave hoy día es la cuestión de la autoridad. ¿Quién man-da en el hogar? El apóstol Pablo nos ayuda a ver cómo esta cuestión debe-ría solucionarse desde la fe. «Como si de Cristo se tratase». Esta perspecti-va determina la actitud y pone orden en la casa; corrige la actitud de darse importancia o de mando personal, toda vez que el punto de referencia últi-mo es Cristo mismo. «Guardaos mutuamente respeto en atención a Cristo» (Efesios 5:21), significa que las relaciones humanas, tanto en la pareja como en la familia, nunca son individuales o partidistas, Dios interviene en las mismas. «La raíz del malestar en el matrimonio reside en lo poco que se mira a Dios. Es cierto que el nombre de Dios es usado con frecuencia, pero en los asuntos familiares se comportan como mejor entienden. Algunos buscan riqueza y ganancia, otros placer y satisfacción. No es de extrañarse que se termine en confusión cuando el comienzo está viciado»[4]. Hay quien confunde autoridad con dominio. En el matrimonio uno no es el amo y el otro el esclavo; no hay jefes ni mandados. La construcción o destrucción de una casa es la construcción o destrucción de unas almas que comparten un techo y unos intereses. En ese sentido no es un *sacramento* que hace todo por nosotros mágicamente, sino una *vocación cristiana* que nos obliga a desarrollar lo mejor de nosotros mismos. Si la vida de hogar es controlada por el principio «en atención a Cristo», entonces habrá menos exigencias inoportunas e innecesarias, menos espíritu provocativo, menos buscar las faltas del otro, y por contra habrá más coraje y valor y paciencia y buen ánimo para enfrentar las distintas situaciones de la vida. Una evidencia notable del poder del Evangelio en aquellos países donde no se conocía ha sido y es la dulcificación de las relaciones en el hogar, el rechazo de todo tipo de machismo y competencia entre los miembros de la familia.

A estas alturas, y dado los muchos malentendidos, es conveniente detenernos unos segundos es una cuestión académica que tiene mucho que enseñarnos. Se refiere a la etimología de la palabra «autoridad». Tiene que ver con autor, luego lejos de ser un concepto negativo, usado para reprimir, es bastante positivo y creador. «Quien recibe autoridad la posee para convertirse en *autor* del bien para el que se le comisiona *a fin de aumentarlo*; *autor* proviene de *augere*, que significa aumentar»[5]. La autoridad, como los gobiernos, están establecidos por Dios para el bien del común de las gentes. Si son fieles a su vocación suprema y constituyente, cuando exigen obediencia, presuponen la concurrencia y asentimiento de los demás, para entre todos contribuir a aumentar el bienestar general, como el timón gobierna la nave, no por sí, sino al servicio de quien lo maneja. La autoridad varonil, a quien la Biblia confiere la responsabilidad del timón, es semejante a una *relación creativa* y está lejos de la fuerza impositiva.

Calvino tiene una visión respecto a la relación de la pareja que continúa teniendo validez en la actualidad, pese a que la época y la sociedad en la que él escribió son totalmente diferentes a la nuestra. Muestra, además, como la enseñanza bíblica bien aplicada contribuye a dulcificar las relaciones personales y sociales de culturas salidas de costumbres más bien bárbaras. Según él, la mujer que no quiere soportar a su marido se opone

---

4. Juan Calvino, *Sermons on Ephesians 5:22*, Banner of Truth, Edimburgo 41987.

5. R. Régamey, *La voz de Dios en las voces del tiempo*, Sal Terrae, Santander 1971, p. 70.

a la majestad de Dios, pero, «cuando el hombre insiste en gobernar la casa como a él le plazca, menospreciando a su esposa, o tratándola con abuso y desprecio, demuestra que desprecia a Dios y le desafía abiertamente. La autoridad del hombre debe ser de camaradería antes que de señorío. El hombre no tiene una posición de superioridad excepto para el beneficio y el bienestar de su compañera». Pablo, señala Calvino, pone al Señor Jesucristo como modelo al que deben sujetarse los esposos, «de modo que no abusen de la autoridad que se le concede, ni falten a la amistad que debe mantenerse en el matrimonio, la cual muchos rompen siendo abusivos, tal como estaban acostumbrados a hacer»[6].

La Palabra de Dios nos ayuda a entender cómo deben tratarse todos los asuntos relacionados con los asuntos personales. Incluso el amor debe corresponder al amor de Cristo por su Iglesia, desinteresado y creador. Tener autoridad es tener la oportunidad de ser generosos. Querer mandar es simplemente la oportunidad de prestar un servicio. Cuando los dos tienen por objeto a Cristo no hay peligro de que uno se aproveche de la generosidad y desprendimiento del otro. Uno no será infiel al otro. No esperará que el otro dé todo y aún exigirle más, sino que siempre ofrecerá lo que le gustaría que el otro le ofreciera.

¿Hay límites a las responsabilidades en el hogar? Una vez más, Pablo dice: «Como si de Cristo se tratase». «Nadie ha odiado jamás a su propio cuerpo; todo lo contrario, lo cuida y alimenta. Es lo que hace Cristo con su Iglesia» (Efesios 5:29). Un amor como este, en el espíritu y a la escala de Cristo, hace que uno monte guardia sobre su casa, la cuide y la alimente como Cristo hizo y hace por su Iglesia, y la mantiene día tras día y año tras año, sin límites y sin final.

Es algo grande cuando a uno se le da por primera vez la llave de la casa. Uno puede entrar y salir cuando quiera. Aquí es el símbolo de la felicidad o infelicidad. Sólo el amor posee la llave del hogar contento y armonioso. Es algo grande que dos personas, conforme avanzan en edad, puedan mirarse a la cara uno al otro y decir que la vida ha sido algo bueno y grande y hermoso porque han vivido juntos, caminado por la misma senda, tomado la misma mano, mirado en la misma dirección, lo cual no lo hubieran conseguido de haber vivido por separado y solos.

Imagino que si hay algo más difícil en el mundo que ser un buen pastor es ser un buen padre. «Una buena mujer es un don de Dios», dice la Escritura; también lo es un buen marido, un buen padre y una buena madre; como asimismo los hijos y las hijas, los hermanos y las hermanas. Entonces, ¿por qué es a veces es tan difícil la vida en familia? ¿Por qué es

---

6. Juan Calvino, *Sermons on Ephesians*, Banner of Truth Trust, Edimburgo 1987, p. 572. Original de 1562.

la casa el lugar más difícil donde poder ser cristiano? ¿Por qué son los hijos desobedientes e irrespetuosos? ¿Por qué son desagradecidos y desconsiderados? ¿Por qué somos de una determinada manera en el hogar y de otra distinta fuera del mismo? «Este u oeste, mi casa es mi suerte», reza un dicho inglés (*East-west, Home's best*).

Malgasta su tiempo quien no tiene en cuenta la voluntad de Dios. Muchos discuten entre sí sin parar, se pasan toda la vida discutiendo, sin llegar a un acuerdo. Si son cristianos esta actitud es bastante pecaminosa. Roba a Dios la gloria, pues actúan como si Dios no tuviese nada que decir sobre los distintos asuntos que preocupan al hogar. La familia tiene que aprender a escuchar a Dios y dejarle que intervenga en sus decisiones, de ese modo se elimina una buena parte de motivos egoístas que llevan a la discusión y al enfrentamiento. ¡Qué dice Dios en su Palabra es una pregunta tan importante para el creyente que busca la verdad de su fe como para la pareja que quiere vivir su amor en la voluntad de Dios!

Para entender completamente nuestra vida familiar como *vocación* es necesario primeramente haber nacido de nuevo; comenzar sabiendo que hay un Dios que nos llama a vivir delante de Él, y en y para Él todas las cosas.

3. El cristiano en el trabajo: servimos

El apóstol Pablo provee el ideal cristiano para las relaciones en el trabajo a ambos niveles de contratados y contratantes, aunque en su época la situación laboral era bien diferente a la nuestra. En aquellos días la mayor parte del trabajo manual era realizado por esclavos, carentes de derechos legales e indefensos ante las arbitrariedades y abusos de sus amos. Como revelan las distintas revueltas de esclavos, principalmente la protagonizada por Espartaco, el malestar y la rabia reprimida era mucha. La situación era difícil. Había un dicho que decía: «El número de esclavos es igual al número de enemigos». Una condición tan humillante como la esclavitud, o cualquier otro tipo de privación de la libertad y dignidad humana produce un resentimiento difícil de controlar. Los filósofos estoicos hablaban mucho de la dignidad e igualdad de todos los hombres, pero no hacían nada por conseguirla en la práctica, pese a que uno de ellos, Marco Aurelio, llegó a ser emperador del imperio. ¿Qué tenía que decir la fe cristiana en medio de estas circunstancias? ¿Cómo se iba a comportar el Evangelio frente a aquel estado social que nadie se atrevía a cuestionar? Conforme al principio salvífico-liberador del cristianismo, el apóstol Pablo se propuso redimir el trabajo de su sentido de humillación.

A los siervos les recomienda obedecer a sus jefes de buena gana, como si fuera al Señor y no a los hombres. «Los que seáis esclavos debéis acatar con profundo respeto y lealtad de corazón las órdenes de vuestros amos temporales, como si de Cristo se tratara. No en plan adulador o como alguien que se siente vigilado, sino como esclavos de Cristo que tratan de cumplir con esmero la voluntad de Dios. Prestad vuestros servicios de buen grado, teniendo como punto de mira al Señor y no a los hombres. Y recordar que el Señor recompensará a cada uno según el bien que haya hecho, sin distinguir entre amo y esclavo» (Efesios 6:5-8). Hoy día esto nos parece insuficiente, e incluso reaccionario. Pero la cuestión no es la legalidad e ilegalidad de la esclavitud, sino el hecho de tener que vivir en una sociedad dada, donde unas personas tienen que convivir con otras. Pablo no defiende la esclavitud, sino el trato personal honesto y valiente que comienza por respetarse a sí mismo, haciendo bien su trabajo como si de un llamamiento, o vocación divina se tratara. Es una manera de decir que se llega a la santidad mediante el trabajo. Que el trabajo no está excluido de la esfera de servicio a Dios. La *vocación*, entendida como un servicio de consagración a Dios, no es un atributo del sacerdote, del asceta, del llamado «religioso», sino que corresponde a todo aquel que en todo lo que hace tiene en cuenta su labor como función divina. Como Zacarías de antiguo dijo que en los tiempos mesiánicos «estará grabado sobre las campanillas de los caballos: Santidad a Yahveh» (Zacarías 14:20), así Pablo quiere que todo siervo, todo esclavo, todo obrero inscriba en sus herramientas de trabajo: «Santidad al Señor».

Por cuanto de lo que se trata, una vez que las relaciones humanas comienzan a verse desde la perspectiva de Cristo, es de la relación personal como personas con el trabajo, el apóstol no duda en enseñar a los amos y capataces del mismo que traten a sus siervos y empleados de la misma manera que a ellos les gustaría ser tratados. «Prescindid de amenazas y tened en cuenta que tanto vosotros como ellos pertenecéis a un mismo amo, que está en los cielos y no entiende nada de favoritismos» (Efesios 6:9). En ningún momento dictó Pablo una ley para los pobres y otra para los ricos. «En consideración a Cristo» es una misma ley para todos y en todo momento: en la iglesia y en el hogar, en el trabajo y en la diversión. Nada queda excluido de la soberanía de Dios. «Amos, vosotros correspondedles dejándoos de amenazas» (*NBE*). Tanto el sistema antiguo como el moderno se basan en la amenaza: ayer de la muerte, hoy del despido. Llevando hasta sus últimas consecuencias el principio asentado por Pablo, la oportunidad de dar empleo a alguien es la oportunidad de servir a Cristo, lo que significa la consagración de todo privilegio, de toda propiedad, de todo control, de toda condición y medios laborales, y una preocupación seria por el bienestar de todos los que están al servicio de uno. Cada cual será juzgado por la palabra de Cristo que dice: «Os aseguro que todo lo que hayáis hecho en favor del más humilde mis hermanos, a mí me lo habéis hecho» (Mateo 25:40).

Una de las grandes tentaciones que afecta por igual a todos los seres humanos es menospreciar lo pequeño, lo humilde, lo insignificante; y esto en todos los aspectos de la vida. Creer que los trabajos pequeños pueden hacerse de cualquier modo es un peligro a evitar. Jesucristo, buen conocedor de la psicología humana, dijo: «El que es fiel en lo poco, también lo será en lo mucho, y el que no es fiel en lo poco, tampoco lo será en lo mucho» (Lucas 16:10). Fidelidad a la tarea encomendada es prueba de un gran carácter. Y un buen trabajador no tiene en cuenta lo grande o lo pequeño del producto o la tarea, sino el trabajo bien hecho. Un círculo es un círculo, no importa a qué escala se haga. El carácter, la personalidad es una unidad de pensamiento y acción, y «quien es fiar en lo de nada, también es de fiar en lo importante; quien no es honrado en lo de nada, tampoco es honrado en lo importante» (*NBE*). El escudo de una nación es el mismo en una moneda pequeña que en una grande.

Hoy se habla mucho de *motivación* en el trabajo, ya sea con las faenas del hogar que con las correspondientes a los deberes del colegio o la universidad. Pablo dice que el motivo cristiano para hacer algo es considerar a Cristo en todo lo que hagamos. Thomas Carlyle, consolando a su madre después de la muerte de su padre, dijo que si él pudiera escribir tan buenos libros como su padre construyó las casas que le encargaron, no tendría nada que temer. Es bastante lamentable que todavía se distinga entre una profesión que escribe libros y otra que construye edificios. Una parece más noble o importante que la otra, o al revés, una menosprecia a la otra, cuando desde el punto de vista cristiano, tan divina es la mano que maneja una paleta o un nivel, que la que utiliza una pluma o un teclado electrónico. Un artista no es más que un artesano, ni tampoco menos. El genio de uno y otro debe estar presente en lo que hace. El que una persona sea esto u lo otro depende, en gran medida, de diversos factores como la clase económica en la que se nace y el tipo de sociedad en que se vive.

En Cristo no hay nada sagrado ni nada secular, nada grande ni nada pequeño, nada importante ni nada insignificante; según se mire, todo es a la vez lo uno y lo otro; desde una perspectiva verdaderamente espiritual lo que cuenta es la manera de ser fiel al deber que en cada momento uno está llamado a cumplir, como expresión de un compromiso de buen hacer respecto al que encarga el trabajo, la tarea o la faena. Ese compromiso es el resultado de una personalidad íntegra, equilibrada, que ama su trabajo en la misma medida que se siente amado por Dios y quiere expresar ese amor en el buen trabajo por sus semejantes. Un novelista escribió acerca de cierto hombre que tenía una *especie* de llamamiento a ser frutero, ¿por qué una *especie* de vocación de este tipo va ser menos que un llamamiento ministerial, tan digno como servir a Dios en las misiones o en la predicación de la Palabra?

Mucha gente idealista y de buena fe vive con mala conciencia, algo frustrada, por no haber dedicado su vida a algo más importante que vender alimentos, recolectar fruta o pintar casas, como ayudar a los pobres de algún país lejano, contribuir al bienestar de los demás, a la educación del que no sabe, a la curación de los enfermos, etc. Estar sanamente insatisfechos con lo que hacemos no es malo, nos lleva a superarnos, a hacer mejor las cosas y buscar nuevas áreas de servicio, pero no apreciar lo que tenemos o lo que hacemos, no nos ayuda demasiado, ni a nosotros ni a nadie. Aunque nuestro trabajo sea semejante al de un esclavo, y mucha veces lo es, es bueno reajustar la visión, mirar a Cristo en medio del tedio y hacer lo que tengamos que hacer de la mejor manera posible. «Todo lo que hagáis, hacedlo de buen ánimo como para el Señor y no para los hombres» (Colenses 3:23). «La convicción del obrero cristiano es que cada una de las piezas de trabajo que produce debe ser lo suficientemente buena como para mostrarla a Dios» (William Barclay).

John Newton decía que si Dios enviara dos ángeles del cielo a la tierra con la misión de gobernar una ciudad uno y de barrer la calle otro, ninguno de ellos cambiaría su lugar por el del otro. Cuando las sociedades humanitarias y las ONGs piden voluntarios y ayuda para los necesitados, no sólo solicitan médicos o enfermeras, o ingenieros o profesionales, también solicitan mecánicos, albañiles, ayudantes de muchos tipos. Una ciudad no puede pasar ni un sólo día sin médicos y personas que velen por su seguridad, ¿pero qué ocurriría si no hubiera quien retirara la basura de las calles?

La vida más grande que ha conocido la tierra pasó la mayor parte de su vida dedicado a una oscura y rutinaria labor de carpintería. Pero no parece que considerara su trabajo como indigno de un descendiente de reyes y elegido por Dios como Mesías de su pueblo. Jesucristo sabía que la realidad última del universo es un Dios que trabaja; y el Hijo no iba a estar por encima del Padre. «Mi Padre, hasta el presente, sigue trabajando y yo también trabajo» (Juan 5:17, NBE). Cuando se cumplió su hora, Cristo dejó su hogar y su trabajo habitual, pero no para dejar de trabajar, sino para otro tipo de trabajo: el de anunciar el Reino de Dios a las gentes; salvar y servir a los perdidos. Tan grande fue Jesús predicando desde la montaña las soberbias bienaventuranzas, como adoptando la forma del siervo más humilde de la casa, lavando los pies a sus discípulos.

La prueba de la vida cristiana es la semejanza a Cristo, conformarse a Cristo en todos los aspectos y áreas de la vida, formarlo en la vida de uno, expresarlo en todo nuestro ser y hacer. Conscientes de nuestro alto llamamiento en Cristo, de nuestra vocación en todo lo que hagamos, en consideración a Cristo. Florence Nightingale dijo de una de sus enfermeras, Mary Jones, que parecía como si siempre estuviera en los negocios de su padre, por la dedicación y esmero que ponía en su trabajo.

Se sirve a Cristo predicando, orando y también trabajando y sirviendo a otros. Ningún vestuario sacerdotal es más santo que el mono de un mecánico o el traje de vestir de un administrativo.

Pero hay otro aspecto más serio y comprometedor relacionado con el trabajo: su *propósito* y su *fin*. «El ladrón, que no robe más; mejor será que se fatigue trabajando honradamente con sus propias manos *para poder repartir con el que lo necesita*» (Efesios 4:29). Aquí tenemos una fina ironía por parte del apóstol Pablo. El ladrón es quien vive perjudicando a los demás, nada más contrario a su naturaleza y ocupación que pensar en el bien ajeno. Bien, pues como una prueba de haber nacido de nuevo, de la realidad y radicalidad de la fe, Pablo dice a esa persona que hasta aquí ha vivido ilegalmente beneficiándose de los demás, que comience a hacer dos cosas que hasta ese momento no había hecho: trabajar con sus manos, en un sentido fácil de cumplir y al alcance de todos, creyentes y no creyentes, y otra, que el fruto de su sudor vaya a parar a las manos de los necesitados. Él, que vivió substrayendo, de ahora en adelante, y por amor a Cristo, debe vivir distribuyendo; porque el fin del trabajo no es el enriquecimiento personal, sino tener con qué ayudar a los necesitados. Ya los mismos filósofos griegos, como Platón, dice a Arquitas: «No nacimos para nosotros solos, sino que una parte de nuestro nacimiento lo reclama la patria y la otra parte los amigos». Los areopagitas entre los atenienses, y los censores entre los romanos, inquirían y averiguaban las vidas, rentas y costumbres de cada uno para juzgar y sentenciar con las leyes y penas hasta qué punto las administraba cada cual por el bien del conjunto.

«Hay que trabajar no sólo para vivir honestamente –advertía Samuel Rosewell allá por el siglo XVIII–, sino para poder dar para las necesidades del prójimo. Entonces, ¡qué hemos de pensar de los llamados cristianos, que se enriquecen con fraude, opresión y prácticas engañosas! Para que Dios acepte las ofrendas, no deben ganarse con injusticia y robo, sino con honestidad y trabajo. Dios odia el robo para los holocaustos»[7].

Según la Escritura el hombre no es nunca dueño de lo que posee, sino sólo su administrador. Como una señal de ello Dios dispuso el diezmo, para que el hombre no olvide que el resto de lo que queda es por la gran liberalidad de Dios, y que debe administrarlo con sabiduría y cuidado. Lo que el hombre posee no es suyo, sino de Dios. Mediante la ofrenda de su dinero el creyente expresa que Dios es también Dios de su vida económica, que su Dios no es el dinero, sino el que le salvó y le sustenta con el poder de su gracia. Juan Luis Vives decía que es «ladrón y robador todo aquel que desperdicia el dinero en el juego, quien lo tiene en su casa inmovilizado, quien lo derrama en fiestas y banquetes o en vestidos de precio

---

7. Samuel Rosewell, «Efesios», en *Matthew Henry Bible Commentary*.

exagerado, o en aparadores llenos de piezas de plata y oro; aquel a quien se le apolillan en casa los vestidos, los que consumen su caudal en comprar con frecuencia cosas superfluas o inútiles, o lo dedican a vanas y ambiciosas construcciones. Y, en resumen, ladrón es todo aquel que no hace a los pobres particioneros de lo que le sobra, y si no le alcanza el castigo de las leyes humanas, algunas de las cuales las hay punitivas, con toda certidumbre no evitará el castigo de las leyes de Dios»[8].

4. El cristiano en guerra espiritual: combatimos

La imagen última que el apóstol Pablo utiliza en Efesios para describir la vida cristiana, es la del soldado. «No tenemos lucha contra sangre y carne, sino contra principados, contra potestades, contra los gobernadores de las tinieblas de este siglo, contra huestes espirituales de maldad en las regiones celestes. Por tanto, tomad toda la armadura de Dios, para que podáis resistir en el día malo, y habiendo acabado todo, estar firmes» (Efesios 6:10-20). El Reino de Dios es gozo y paz en el Espíritu, pero al mismo tiempo es conflicto y lucha contra enemigos externos e internos. «El camino de la vida espiritual no es fácil –advertía Spurgeon–: tendremos que pelear en cada paso, pelear contra el mundo, la carne y el diablo. Si vivimos para Dios vamos a necesitar prepararnos para una lucha diaria, y pisotear a los poderes de la muerte y el infierno»[9].

Se necesita mucho coraje y valor para vivir como cristiano. La santidad no es una vida placentera en la que dejarse llevar por pensamientos elevados; requiere una voluntad decidida. «Nada de lo que el cristiano hace, o puede hacer, es sino un acto de valor. Se requiere más poder y grandeza de espíritu para obedecer a Dios fielmente que para mandar un ejército»[10].

Lo primero que un creyente tiene que hacer en esta lucha inevitable es tomar posiciones, decidirse por quién combate, por qué y para qué. Trazar una raya en el suelo y ponerse del lado del que considere más justo. En *La guerra santa* de John Bunyan, se habla del Capitán Cualquiercosa que a la hora de tomar partido se acomoda a las varias partes en litigio para así evitar el riesgo del compromiso y la lucha. No le importa la verdad o mentira de los partidos, sino su única y exclusiva seguridad personal. Imagen

8. Juan Luis Vives, *Obras sociales y políticas*, Publicaciones Españolas, Madrid 1960, p. 77.

9. C. H. Spurgeon, «Eternal Life within Present Grasp», *The Metropolitan Tabernacle Pulpit*, Número 1, 946; Febrero 6, 1887.

10. William Gurnall, *The Christian in Complete Armour*, Banner of Truth, Edimburgo 1964, p. 12. Original de 1655. Versión cast.: *El cristiano con toda la armadura de Dios*, Editorial Peregrino, Edimburgo 2011.

típica de muchas personas que esconden su falta de principios bajo la capa de la neutralidad. Jonathan Swift llamó a este tipo de personas «Nadazán», y el poeta Dante expresó su descontento con esta criatura «Cualquiercosa» al otorgarle un lugar muy tormentoso en su *Inferno*.

La persona que toma partido en la vida puede tener sus problemas, pero el que rechaza hacerlo no por eso conseguirá escapar de ellos. La persona que elude formar parte por un bando u otro, encuentra que su neutralidad aumenta y agrava sus problemas. «El capitán 'Cualquiercosa' terminó aporreado por los dos bandos en pugna», dice John Bunyan.

Ciertamente no hay nada mejor que «buscar la paz con todos» (Hebreos 14:4; Salmo 34:14; Mateo 5:9), pero es evidente que vivimos en un mundo donde seguir la paz conlleva en muchas ocasiones el enfrentamiento con todos los tipos de males e injusticias que nos rodean, aunque el enfrentamiento, en el caso cristiano, eluda la violencia y los actos de fuerza que dañen al prójimo.

El mismo Reino de Dios sufre violencia (Mateo 11:12) y la verdad es detenida con injusticia (Romanos 1:18). Si el Evangelio ha de tener futuro, será a costa de abrirse camino en este mundo con ánimo pronto, decisión y fortaleza. «Pelea la buena batalla de la fe» (1 Timoteo 6:12), se le exhorta a Timoteo, y más concretamente: «Sufre penalidades como buen soldado de Jesucristo» (2 Timoteo 2:3).

Dios mismo reconoce que la vida humana es un campo de batalla, que queramos o no, tenemos que pelear y vernos envueltos en muchos conflictos por causa de la verdad y la justicia. Nacemos en un mundo que vive en constante estado de guerra por múltiples intereses creados. La vida no es un viaje de vacaciones; no es una guardería infantil; ni un hogar hospitalario; es un lugar peligroso, competitivo, cruel muchas veces, *un valle de lágrimas* como se describe en antiguas oraciones, un sinfín de sinsabores. Haya paz o haya guerra, la vida es una dura batalla contra demasiadas cosas, tangibles unas, intangibles otras. La vida es una lucha cuerpo a cuerpo contra el pecado en sus variadas ramificaciones. Es una guerra sin cuartel, cuyas avanzadillas surgen por cualquier parte, en la familia y fuera de la familia, en la iglesia y fuera de la iglesia, en uno mismo y fuera de uno mismo.

Igual que se nos insta a «vestirnos de Cristo» (Romanos 13:14), se nos habla de «vestirnos de toda la armadura de Dios» (Efesios 6:11). Se dice que es *de Dios* para enseñarnos que en esta batalla no cuenta la estrategia humana, ni depende de la astucia de cada cual. Depende del Dios que provee la armadura y las causas por las que luchar. Cuando la motivación viene de Dios, podemos esperar un final feliz. Es *de Dios*, espiritual, no carnal (2 Corintios 10:4); es un regalo del cielo.

Pero hay más, nuestras armas no sólo son un don celestial, sino que nuestra guerra también es *de Dios*. ¿En qué sentido? En que «Dios está más involucrado en nuestra salvación más que nosotros mismos. Como creyentes solemos pensar esencialmente en lo que tenemos que hacer y poner de nuestra parte y recurrimos a Dios sólo cuando las cosas se ponen feas. Olvidamos que el principio fundamental de nuestra fe es que Dios está en el origen y el fin de ella. Él ha iniciado su obra en nosotros y está dispuesto a continuarla. Como nos recuerda el Dr. Martyn Lloyd-Jones, no es una guerra pesonal, en un combate privado. «Somos parte de un gran ejército que está luchando en una gran campaña. En otras palabras, la realidad, la cuestión final no es tanto mi lucha contrra el diablo, como la lucha de Dios contra el diablo. Esta es la manera de ver el asunto. Nosotros no decidimos la estrategia ni el tipo de equipamiento. Eso está en otras manos»[11]. No es nuestra guerra, sino la guerra de Dios; de él, de sus órdenes y recursos debemos estar pendientes.

Por eso, antes de ponerse uno la armadura, lo primero es examinar el grado de compromiso con Dios y su gracia. «Y para terminar os pido que os hagáis fuertes, unidos al poder irresistible del Señor» (Efesios 6:10). La fuerza del cristiano se deriva de su comunión con la fuente de intendencia divina. La lucha no es contra la carne y la sangre. El poder del cristiano viene de arriba y opera desde dentro, no según el poder del mundo, sino el poder del espíritu. De ahí la paradoja del apóstol Pablo cuando dice que *nos hagamos fuertes, unidos al poder irresistible del Señor* y, por otra parte: «Cuando soy débil, entonces soy fuerte» (2 Corintios 12:10). ¿Cómo explicar esta paradoja?

Algunos son demasiado fuertes para Cristo, es decir, son tan autosuficientes que no le dejan lugar y se pierden en una lucha sin resultado definido, porque pelean más su propia guerra que la guerra de Dios. El *débil* es quien tiene conciencia de sus limitaciones, y por más dones y aptitudes que otros le atribuyan, es el que humildemente admite que no hay nada que él pueda hacer si no es por la gracia de Dios en él. «Por la gracia de Dios soy lo que soy» (1 Corintios 15:10), dice Pablo. Uno se hace fuerte cuando se une al poder irresistible del Señor que mora en él.

Paradójicamente una vez más, la guerra no está sólo fuera de nosotros, sino dentro de nosotros. Es un conflicto interior, que algunos desvían hacia fuera, hacia el mundo, hacia los otros, hacia el diablo. Pablo nos llama a hacernos fuertes en el Señor, porque sabe que no lo somos por nosotros mismos, y por eso nos dirige al poder irresistible del Señor. Primero hay que ponerse en orden uno mismo, antes de entrar en orden de batalla.

11. D. Martyn Lloyd-Jones, *The Christian Soldier, an Exposition of Ephesian 6:10 to 20*, The Banner of Truth Trust, Edimburgo 1997, p. 27. Cf. también su obra previa: *The Christian Warfare*, 1976.

A menudo el conflicto comienza por y con nosotros mismos. Cierta persona confesó en una ocasión que tenía más problemas consigo misma que con cualquier otra persona, experiencia que se puede hacer extensiva a un buen número de cristianos. «Si yo estuviera bien conmigo mismo –dijo otro– nada más estaría mal en mi vida». «¡Infeliz de mí!», ¿quién me librará de este cuerpo portador de muerte? A Dios habré de agradecérselo por medio de Jesucristo nuestro Señor» (Romanos 7:24-25).

Pablo encontró en su propia experiencia lo que recomendaba a otros: Cristo, fortaleza del creyente. Cristo toma partido contra la debilidad del hombre, contra su indolencia y su temor, contra su indecisión y su volubilidad. Lutero escribió a Melanchton: «Ruego al Señor para que te conceda dormir bien, te de tranquilidad y guarde tu corazón de las preocupaciones; esos dardos ardientes de Satán». Hay cosas en la vida, cargas y preocupaciones, estados de ánimo y complejos personales que son buena parte de nuestro problema, de tal modo que somos incapaces de vencerlas sin fortalecernos en el Señor y en el poder de su resurrección. Cristo toma partido por nosotros, y del mismo modo que hizo que nuestros pecados fueran sus pecados para enterrarlos en lo profundo del mar, quiere que nuestras cargas sean sus cargas para elevarnos sobre las mismas. «Venid a mí –dice–, todos los que estáis trabajados y cargados, que yo os haré descansar» (Mateo 11:28). Su causa es nuestra causa, y la nuestra es suya.

Hay también enemigos externos para los que el soldado cristiano necesita estar bien equipado, con las armas adecuadas. En el ejército se exige lealtad y obediencia a los mandos, pero también el uso y buen empleo del material que se le entrega. A nadie le puede ir bien en la vida cristiana sin recurrir al equipamiento provisto por Dios. «Utilizad todas las armas que Dios os proporciona, y así haréis frente con éxito a las estratagemas del diablo» (Efesios 6:11). Es la orden suprema de uno que sabe por experiencia las asechanzas del enemigo, sus traiciones y su vigor. El peligro asalta en la parte menos pensada cuando uno no está en guardia y bien armado. Una y otra vez Jesús no se cansó de decir: «Velad y orad para no entrar en tentación» (Mateo 26:41).

Pablo habla de *utilizar* o *tomar* las armas de Dios, no de *hacerlas*, pues cada pieza que necesitamos está provista de antemano. No peleamos por nuestra propia cuenta ni con nuestras propias armas; luchamos por el Reino de Dios con la armadura que procede *de Dios*.

Para no caer en un espíritu belicoso al que parecen tan aficionados algunos creyentes, hay que advertir que todas las partes de la armadura de Dios mencionadas por Pablo, son de naturaleza *defensiva*, no *ofensiva*. Incluso «'la espada del Espíritu' (Efesios 6:17) es arma defensiva, pues no se trata de la espada larga de ataque (la *rhomphaía*), sino la *mákhaira*, la daga o espada corta para el combate cuerpo a cuerpo, que llevaban al costado los soldados»[12]. «La razón de esto es que el enemigo está ya de antemano derrotado legalmente en la Cruz del Calvario (Colosenses 2:15; Efesios 2:21) y no puede ganar la guerra, no puede sacarnos de nuestra firme plataforma de victoria en Cristo; lo que sí puede hacer es que caigamos al suelo dentro de la posición que ocupamos. Por eso, urge el apóstol a 'estar firmes' y a 'resistir' (Efesios 6:13), pero no a 'atacar' ni a 'avanzar'»[13].

Hay quien siempre está dipuesto a entrar en combate ante la menor provocación, con la excusa o pretensión de defender la verdad divina, el honor de Dios, la ética cristiana. Pablo no está hablando de este tipo de guerra ofensiva. Él anima a la paciencia y llama a los creyentes a estar en paz con todos los hombres, en cuanto dependa de ellos (Romanos 12:18). Es del todo desaconsejable y contrario a la batalla espiritual a la que Pablo hace referencia hacer de la llamada «guerra espiritual» una parte principal de la vida cristiana, enseñando que los creyentes deben tomar un rol activo atacando a Satanás y sus demonios.

Es cierto que nuestra lucha no es «contra sangre y carne, sino contra principados, contra potestades, contra señores del mundo, gobernadores de estas tinieblas» (Efesios 6:12), ¿pero a qué principados y potestades está Pablo aquí haciendo referencia? No a los demonios o espíritus malos invariablemente.

La primera vez que se nombran en la carta a los Efesios (1:21) estas potestades no son presentadas como potencias hostiles, tal como se hará después en 6:11ss. De estas potencias se habla muy frecuentemente en las dos epístolas gemelas –a los Colosenses y a los Efesios–, precisamente porque en la región de Éfeso se había iniciado un falso culto a los ángeles y a las potencias, que pretendían anteponer en rango y poder a Cristo. «Pablo habla aquí desde el punto de vista de sus adversarios, sin tomar quizá posición respecto a la existencia de estas potencias. Mucho menos piensa en clasificarlas o en exponer una angelología. La multiplicidad de jerarquías angélicas le viene muy bien para destacar, con una plenitud literariamente expresiva, el único pensamiento verdaderamente importante, o sea, que Jesucristo, el glorificado, en todo caso domina todo lo que hay y puede haber en la tierra y en la eternidad; lo conocido y lo desconocido, o sea, 'todo nombre que se nombre': cualquiera que fuese el sonido pomposo

12. «Para nosotros es 'palabra de Dios', ante todo, la Sagrada Escritura. Y si es una espada, hay que manejarla con la mano; por tanto, se necesita mucha resistencia y un incansable entrenamiento. La palabra de la Escritura tiene que estar a nuestro alcance, o sea, tenemos que conocerla; tiene que convertirse en una íntima y vital posesión. Con ella conoceremos las artimañas de Satán, y la correspondiente receta para superar cada una de ellas. El mismo Señor nos ha dado ejemplo de ello en aquel duelo con Satán del que hablan nuestros Evangelios (Mateo 4:1-11)» (M. Zerwick, *Carta a los Efesios*, Herder, Barcelona 1967).

13. F. Lacueva, en *Comentario Bíblico de Matthew Henry*, CLIE, Barcelona 1999.

que intente cubrir personalidades misteriosas: 'principados, potestades, virtudes, dominaciones'»[14].

Toda esa parafernalia de «espíritus territoriales» no tiene nada que ver con la Escritura, sino con algunas mentes delirantes que van más allá de lo que está escrito. En cualquier caso, lo que hay que tener en cuenta es el menaje positivo del evangelio que enseña que aunque hay cosas y personas que se interponen entre Cristo y nosotros, para que el Señor no sea el primero en todo (Colosenses 1:18), lo cierto es que nada nos puede separar del amor de Cristo. «Estoy seguro, dice el apóstol Pablo, de que ni la muerte, ni la vida, ni ángeles, ni principados, ni potestades, ni lo presente, ni lo por venir, ni lo alto, ni lo profundo, ni ninguna otra cosa creada nos podrá separar del amor de Dios, que es en Cristo Jesús Señor nuestro» (Romanos 8:35-39). A nosotros nos corresponde no permitir que estas potencias sean en nuestra vida más poderosas que Cristo.

Ciertamente hay *potencias invisibles que dominan en este mundo de tinieblas*. La mayoría de la gente quiere un mundo mejor y muchos luchan sin descanso por eliminar los males que afligen este mundo, pero ocurre que cuando todo parece indicar que se está tocando el borde la Tierra de Promisión, un Nuevo Orden Mundial más justo, las cosas se tuercen de un modo imprevisto, y las catástrofes se agolpan exponencialmente, de manera que se cumple la ley de Murhpy: no hay nada que vaya tan mal que no pueda ir peor.

El problema del mal no es sólo una cuestión que inquieta a los teólogos, es una constante que preocupa a toda la humanidad desde los albores de la historia. A la hora de explicar el mal en el mundo siempre hay algo que se escapa al juicio ordinario y rompe todos los esquemas. Categorías como locura, monstruosidad, se quedan cortas. Existe una especie de genios maliciosos que disfrutan enredando las cosas. Hay muchas decisiones que escapan al control humano. Se pueden alegar motivos de corte político, económico, o cultural, pero una vez explicado todo, siempre queda un resto que se resiste a explicación. No cabe duda que lo «demoníaco» es una hipótesis que no se puede dejar a un lado.

Al referirse Pablo a poderes superiores a la «carne y la sangre», lo que está tratando de decir es que en la vida muchas veces nos enfrentamos a dificultades que superan todo lo que tiene que ver con los seres humanos. Como decía Calvino en su día: En el plano humano, «resistimos a la fuerza con la fuerza; a la espada con la espada, a la estrategia con la estrategia,

---

14. M. Zerwick, *op. cit.* El tema es tratado extensamente por John R. W. Stott, en *La nueva humanidad. El mensaje de Efesios*, Certeza, Downers Grove 1987; y Hendrikus Berfkoff, *Cristo y los poderes*, TELL, Grand Rapids 1985. Cf. Irene Foulkes, «Potestades», en A. Ropero, *Gran Diccionario Enciclopédico de la Biblia*, CLIE, Barcelona 2013.

pero aquí se trata de un caso totalmente diferente. Nuestros enemigos no son poderes humanos que podamos enfrentar corporalmente»[15]. Con esto somos avisados a tener en cuenta que no siempre podemos tratar nuestros problemas con nuestras propias fuerzas o sentido común. Hay enemigos que nos sobrepasan, y aunque no debemos temerles como seres invencibles, «porque mayor es el que está en vosotros que el que está en el mundo» (1 Juan 4:4), hay motivos más que suficientes para buscar con toda fe y diligencia la dirección y ayuda del Señor[16].

Aunque nuestro enemigo sea muy poderoso, no se deduce de ahí que haya que enfrentar la batalla con miedo, al revés, nos lleva a ser comedidos y tener siempre nuestro ánimo atento a las múltiples ramificaciones del mal que nos enfrenta, de modo que no seamos negligentes y confiados en nuestra propia habilidad. Una vez más, tenemos que tener cuidado de no bajar la guardia respecto a nuestro enemigo interior, y confundirnos de enemigo. Como advierte el apóstol Santiago: «Nadie diga cuando es tentado: Estoy siendo tentado de parte de Dios; porque Dios no puede ser tentado por el mal, ni él tienta a nadie; sino que cada uno es tentado, cuando es atraído y *seducido por su propia concupiscencia*» (Santiago 1:13-14).

Es a lo «demoníaco» en sus múltiples manifestaciones a lo que el creyente se enfrenta desde la fe y la confianza en el Cristo que en su día venció todos los principados y potestades de maldad y los puso a sus pies (Efesios 1:22). Identificados con Cristo en su muerte y su resurrección por la fe, estamos siendo asociados a su victoria sobre los poderes de las tinieblas, cualesquiera que sean sus nombres, de tal manera que podemos decir que «en todas estas cosas somos más que vencedores por medio de aquel que nos amó» (Romanos 8:37).

---

15. Juan Calvino, *Comentario a Efesios 6:12*, en *Commentaries on the Epistles of Paul to the Galatians and Ephesians*, Baker Book House, Grand Rapids 2009, p. 335.

16. «Pablo describe nuestro enemigo como formidable, pero no para sumirnos en el temor, sino para despertar nuestra diligencia y seriedad» (J. Calvino, *op. cit.*, p. 336).

BIBLIOGRAFÍA

Joseph Alleine, *A Sure Guide to Heaven*, Banner of Truth Trust, Edimburgo 1967. Original 1671.

Johann Arndt, *Cristianismo auténtico*, CLIE, Barcelona 2014. Original 1605.

William Barclay, *The Mind of St. Paul*, Fontana Books, London 1965.

C. G. Berkouwer, *Faith and Sanctification*, Eerdams, Grand Rapids 1969.

J. Todd Billings, *Union with Christ. Reframing Theology and Ministry for the Church*, Baker, Grand Rapids 2011.

Kenneth Boa, *Conformados a su imagen. Un acercamiento bíblico y práctico para formación espiritual*, Vida, Miami 2006.

Thomas Boston, *Human Nature in its Fourfold State*, Banner of Truth Trust, London 1964. Original 1720.

Bernard Bro, *Jesucristo o nada*, Narcea Ediciones, Madrid 1978.

Constantine R. Campbell, *Paul and Union with Christ*, Zondervan, Grand Rapids 2012.

Stephen Charnock, *The Necessity of Regeneration*, Evangelical Press, Welwyn 1980. Original 1688.

Bernard Citron, *New Birth: A Study of the Evangelical Doctrine of Conversion in the Protestant Fathers*, The University Press, Edimburgo 1951.

James A. Fowler, *Man as God Intended*, CIY Publishing, Fallbrook 2005.

— *Union with Christ*, CIY Publishing, Fallbrook 2005.

J. M. González Ruiz, *Marxismo y cristianismo frente al hombre nuevo*, Marova, Madrid 1972.

— *El cristianismo no es un humanismo*, Ediciones Península, Barcelona 1966.

A. J. Gordon, *The Twofold Life or Christ's Works for Us and Christ's Work in Us*, Hodder & Stoughton, London 1896 (versión cast.: *La doble vida del cristiano*, CLIE, Barcelona 1984.

Domenico Grasso, *Génesis y psicología de la conversión*, Librería Religiosa, Barcelona 1956.

Michael Green, *Nueva vida, nuevo estilo*, CLIE, Barcelona 1994.

Norman P. Grubb, *The Deep Things of God*, CLC, Fort Washington 1974.

— *God Unlimited*, CLC, Fort Washington 1989.

William Guthrie, *The Christian's Great Interest*, Banner of Truth Trust, Edimburgo 1982. Original 1658 (versión cast.: *Partícipes de Cristo*, Editorial Peregrino, Ciudad Real 2008.

Dietrich von Hildebrand, *Nuestra transformación en Cristo. Sobre la actitud fundamental del cristiano*, Ediciones Encuentro, Madrid 1996.

Anthony A. Hoekema, *El cristiano visto por sí mismo*, CLIE, Barcelona 1980.

Evan H. Hopkins, *The Law of Liberty in the Spiritual Life*, Marshall, Morgan & Scott, London 1952.

Michael S. Horton, *Union with Christ*, Zondervan, Grand Rapids 2004.

Moyer V. Hubbard, *New Creation in Paul's Letters and Thought*, Cambridge University Press, 2002.

Mark Jones, *Knowing Christ*, Banner of Truth Trust, Edimburgo 2015.

Rufus M. Jones, *Social Law in the Spiritual World: Studies in Human and Divine Inter-Relationship*, The John C. Winston Co., Philadelphia 1904.

— *The Inner Life*, Macmillan Co., Toronto 1916.

Marcus P. Johnson, *One with Christ. An Evangelical Theology of Salvation*, Crossway, Wheaton 2013.

Francisco Lacueva, *Espiritualidad trinitaria*, CLIE, Barcelona 1976.

Jorge A. León, *¿Es posible el hombre nuevo?* Editorial Certeza, Buenos Aires 1971.

Robert Letham, *Union with Christ: In Scripture, History, and Theology*, P&R, Phillipsburg 2011.

D. Martyn Lloyd-Jones, *Vida en Cristo: Estudio sobre 1 Juan*, Editorial Peregrino, Ciudad Real 2006.

Grant Macaskill, *Union with Christ in the New Testament*, Oxford University Press, Oxford 2014.

John Macbeath, *The Life of a Christian*, Marshall, Morgan & Scott Ltd, London s/f.

Albert N. Martin, *Unión con Cristo*, Pub. Faro de Gracia, México 2008.

Javier Melloni, *El Cristo interior*, Herder, Barcelona 2010.

Thomas Merton, *El hombre nuevo*, Plaza & Janés, Barcelona 1974.

Johann B. Metz, *Por una mística de ojos abiertos. Cuando irrumpe la espiritualidad*, Herder, Barcelona 2013.

Albert Nolan, *Jesús, hoy. Una espiritualidad de libertad radical*, Sal Terrae, [5]2007.

Josep Otón Catalán, *Debir, el santuario interior*, Sal Terrae, Santander 2002.

John Owen, *Communion with God*, Banner of Truth Trust, Edimburgo 1991.

Federico Pastor-Ramos, *Para mí, vivir es Cristo. Teología de San Pablo*, Verbo Divino, Estella 2010.

Albert Peyriguère, *Dejad que Cristo os conduzca*, Nova Terra, Barcelona, 1968.

Samuel E. Pierce, *A Treatise upon Growth in Grace*, London 1804.

— *El Evangelio del Espíritu*, CLIE, Barcelona 1984.

Arthur T. Pierson, *In Christ Jesus, or the Sphere of the believer's Life*, Funk & Wagnalls, New York 1898.

— *El camino a la vida eterna*, CLIE, Barcelona 1985.

Michael Reeves, *Rejoicing in Christ*, IVP Academic, 2015.

John H. P. Reumann, *Creation and New Creation: The Past, Present and Future of God's Creative Activity*, Augsburg, Minneapolis 1973.

Bernard Rey, *Creados en Cristo Jesús. La nueva creación según san Pablo*, Fax, Madrid 1972.

Maurice Roberts, *Union and Communion With Christ*, Reformation Heritage Books, 2008.

William Romaine, *Life, Walk and Triumph of Faith*, Farncombe & Son, London 1908. Original 1793.

Charles Ross, *The Inner Sanctuary*, Banner of Truth Trust, London 1967. Original 1888.

John Charles Ryle, *El secreto de la vida cristiana*, Banner of Truth, Edimburgo 1977.

Francis A. Schaeffer, *La verdadera espiritualidad*, Logoi, Miami 1974.

Max Scheler, *Arrepentimiento y nuevo nacimiento*, Encuentro, Madrid 2007.

Frieda J. Schneider, *ABC's for Christian Living*, Zondervan, Grand Rapids 1961.

Albert Schweitzer, *The Mysticism of Paul the Apostle*, Henry Holt and Co., New York 1931.

Henry Scougal, *The Life of God in the Soul of Man*, Nichols and Noyes, Boston 1868. Reeditado por Sprinkle Publications en 1986.

Lewis B. Smedes, *Union with Christ: A Biblical View of the New Life in Jesus Christ*, Eerdmans, Grand Rapids 2009.

James S. Stewart, *A Man in Christ*, Regent College Publishing, 1935.

John R. W. Stott, *Hombres nuevos. Un estudio de Romanos 5–8*, Certeza, Buenos Aires 1974.

— *La nueva humanidad. El mensaje de Efesios*, Certeza, Downers Grove 1987.

W. Ian Thomas, *The Saving Life of Christ*, Zondervan, Grand Rapids 1989.

— *The Indwelling Life of Christ: All of Him in All of Me*, Multnomah Books, 2006.

— *The Mystery of Godliness: Experiencing Christ in Us*, CLC Publications, 2015.

A. W. Tozer, *Ese increíble cristiano*, Christian Publications, Harrisburg 1979.

Salvador Vergés, *El hombre creado en Cristo. Trinidad y Creación*, Secretariado Trinitario, Salamanca 1975.

— *La conversión cristiana*, Secretariado Trinitario, Salamanca 1981.

Thomas Watson, *The Godly Man's Picture*, Banner of Truth Trust, Edimburgo 1992. Original 1666.

— *The Doctrine of Repentance*, Banner of Truth Trust, Edimburgo 1987. Original 1668.

Alfred Wikenhauser, *Pauline Mysticism. Christ in the Mystical Teaching of St. Paul*, Nelson, Edimburgo 1960.

Dallas Willard, *Renueva tu corazón. Sé como Cristo*, CLIE, Barcelona 2004.

— *El espíritu de las disciplinas*, Vida, Miami 2010.

— *La gran omisión*, Vida, Miami 2015.

Maurice Zundel, *El Evangelio interior*, Sal Terrae, Santander 2002.

Made in the USA
Monee, IL
06 April 2021

64966745R00125